"劳"有乐 "动"生慧

特色班级文化创建下的劳动教育

丁向阳 编著

复旦大学出版社

参著名单（按姓氏笔划）

丁向阳　王　斌　汤海凌　沈　维
陈　芳　金辉召　范　宁　钟　艳
黄佳丽　程仁慧　董国凤　路青睐

本书寄语

在《关于全面加强新时代大中小学劳动教育的意见》《大中小学劳动教育指导纲要(试行)》《义务教育劳动课程标准(2022年版)》文件颁布之后,各校开展了如火如荼的劳动教育实践与研究。我们以"班级特色项目推进家校劳动教育融合育人的实践研究"作为主题,通过特色班级文化创建,实施富有特色的劳动教育,加强家校协同,真正培养学生独立生活与自主管理的能力,促成学生从他律到自律的劳动养成,在劳动中融合育人,提升人格素养。

——丁向阳

丁向阳工作室学员合影

序

在2015年的"上海市中小学班主任内涵发展高端研修班"里,我认识了丁向阳老师。他的儒雅大方和在小组研讨中表现出的风趣幽默,给我留下了深刻的印象。

在2016年底的"上海市优秀班主任"颁奖典礼上,丁老师获得了"十佳"班主任称号,我也是从他的事迹介绍中对他有了更深入的了解。他热爱教育事业,钟爱班主任岗位,三十年如一日地辛勤耕耘,坚守村小第一线。他爱生如子,把家访当作必修课,走进学生和家长的心田;他资助困难学生渡过难关,帮助一批批特殊学生转变习惯和行为。他是一位才华出众、极具人格魅力的优秀班主任。

2020年初,经过层层遴选,丁老师成为第五期上海市班主任带头人工作室主持人。作为工作室导师,我跟丁老师又有了更多的交流,还知道他先后被评为"全国模范教师""全国优秀少先队辅导员"及"上海市'四有'好教师"。

作为上海市班主任带头人丁向阳工作室的主持人,期待更多优秀班主任的成长成为他新的追求。他带领青年班主任先后开展了"农村祖辈家庭教育的指导与研究""农村小学家庭礼仪教育的实践探索与研究""基于中队辅导员视角的少先队活动课的研究""埭·学堂——乡村家校协同育人的实践研究"等,充分利用育人平台,培养青年教师,奉献自己的教育智慧。

2020年初,中共中央、国务院发布《关于全面加强新时代大中小学劳动教育的意见》，教育部印发《大中小学劳动教育指导纲要（试行）》，他认真阅读，并带领工作室学员一起开展课题研究，走科学研究促专业发展之路，在教育实践中发掘劳动教育的树德、增智、强体、育美等综合育人价值。

当下，家庭、学校以及社会普遍基于片面的劳动认知对学生开展相关劳动教育，导致小学生难以形成正确的劳动价值观。学校在实施常规的劳动教育中，根据学生年段不同，布置相应的劳动内容，家庭劳动也是同样，结果导致活动的延续性、创新性不够，学生对劳动的价值认知明显不足。另外学校劳动教育存在窄化问题，日常生活中的劳动范围狭窄，劳动形式单一，服务性劳动少，从而导致小学生缺乏正确的劳动观念。家庭教育中普遍存在劳动教育缺失的问题，甚至出现溺爱子女、包办代劳、有偿劳动等现象，缩减了学生参与劳动锻炼的时间，从而导致家庭劳动教育效率低下、学生劳动素养匮乏等，学生难以形成良好的劳动品质。

那么如何在"以劳育人"的过程中，借助班级载体，在创设特色文化基础上，充分挖掘劳动素材，加强家校劳动教育的兼容，真正培养学生独立生活与自我管理的能力，切实提升学生人格素养与魅力？丁老师和他的团队成员基于工作室研究项目"班级特色项目推进家校劳动教育融合育人的实践研究"，开启了以学习、实践、研究、反思为一体的研训模式。

众所周知，劳动教育与德育、智育、体育、美育的任何一育都有着密不可分的基础性关联。劳动教育强调动脑与动手、实践和体验相结合，在全方位的素质教育中有其他教育不可替代的优势。劳动知识、技能、态度、方法与习惯的习得是以每个学生的个体经验和亲身实践为基础的。通过自我服务劳动，可以提高生活自理能力；通过集体互助劳动，可以增强集体观念和互助意识；通过参与社会公益劳动，可以培养学生热爱社会、遵守社会公德的意识；通过参加生产实践劳动，可以培养学生爱岗敬业、遵守职业道德的观念。

工作室的老师们在研究过程中,逐渐形成各具特色的班级文化;在此实践过程中又有针对性地撰写了教育故事、劳动教育案例、带班育人策略、劳动主题班会的设计等。本书的研究不仅"接地气",适合于当下一线班主任创新劳动教育的实施,同时也有助于提升班主任的专业素养,真正体现以劳育德、以劳促智、以劳健体、以劳塑美。

　　如果你细细品读这本书,你会发现,这些班主任在建班育人实施过程中尽显智慧。他们不仅打造了适合本班实际的"一班一品",而且把劳动教育内容融合于班级建设过程中、班本课程中,以及家、校、社的育人实践中,让每位读者都能体会到劳动教育的综合育人功能,更让每个孩子找寻到劳动的快乐。

上海市德育特级教师、正高级教师　蒋雯琼

目 录

前言 　　　　　　　　　　　　　　　　　　　　　　　001

第一章　特色项目助推劳动教育：融合育人

班级建设助推家校劳动育人
　　——"蓝精灵乐园"的特色创建　　　　　　　　　003
让班级成为每个孩子的家
　　——"家"文化班级下的家校劳动教育　　　　　　018
"五色光"特色项目推进小学家校劳动育人　　　　　041
班级特色项目推进家校劳动教育融合育人
　　——以凝心聚力"蚂蚁班"建设为例　　　　　　　056
芦苇文化助推家校劳动教育　　　　　　　　　　　　072
以"竹"为媒，推进家校劳动教育　　　　　　　　　085
"鱼化龙"行动推进家校劳动教育　　　　　　　　　097
塑"水"之魂　育劳之美
　　——以"小水滴中队"劳动项目为例　　　　　　　111
"以劳引领　棋融五育"下的班级特色项目推进家校劳动育人　124

第二章　带班方略建设特色班级：智慧蕴劳

小学传统节日德育班本课程在特色班级建设中的运用
　　——以"五星五福，融文共创"文化自信班集体建设为例　　143
同伴互助　合作共享
　　——小组合作在特色班集体中的运用　　151
以"竹"为媒，激励学生主动成长
　　——以"小青竹"中队新成长班集体创建为例　　157
建自治班级　育担当少年
　　——基于管理育人视角的小学生自主能力培养　　164
浅析"以文化人"理念下特色班级建设的策略与实践
　　——以涵育凝心聚力的"蚂蚁班"实践为例　　170
随"诗"潜入班，润"心"细无声
　　——古诗文化引领下的特色班级建设　　177
石文化融入班级建设的实践研究
　　——以朱泾小学"五彩石"班级建设为例　　185
立象树魂　棋融五育
　　——传统文化下的建班方略探索　　193
以植物为媒　探育人路径
　　——生态教育理念下的特色班级建设实施策略　　199
书香浸润锤炼真本领　实践创新筑梦向未来
　　——项目引领下的建班育人实践初探　　207
小学高年级心理健康教育融入班集体建设的实践研究　　214
和而相融　融而不同
　　——"和融"理念下的小学班集体建设实践探索　　219
一路前行　群"鲤"化龙
　　——小学低年级特色班集体建设育人方略初探　　226

基于地域特色的农村班级育人方略及实践研究　　233

第三章　实践活动促进班级文化："乐"在其中

"小鬼"当家　　241
学习劳模精神　争当儒雅少年　　246
看我72变
　　——亲子手工制作创意象棋活动　　251
"小芦芽"会劳动　　257
"锦鲤"游渔村
　　——知历史　乐劳动　　263
小岗位"转"起来　　267
领航成长，劳动榜样在身边　　273
知"竹"常乐　"竹"以致用　　278
我是洗衣小能手　　282

第四章　主题班会搭建展示平台：特色彰显

慧收纳，悦生活　　290
书包整理我能行　　296
清洁我在行　争当"小贤竹"　　303
高效劳动！你、我、他　　309
晒桌行动
　　——从"大使"到"大师"　　316
一粒种子的成长　　321
平衡膳食　科学点餐　　326
有"法"可依，让劳动杠杠的　　331
以纸传情，妙手生花　　337

家务劳动那些事儿	343
温馨教室，温暖你我	348

第五章　育人理念引领学生成长：以劳润德

班有"杠精"　管理要"精"	354
我是一个兵	358
"特殊"学生的平凡岗位	362
乘风破浪　一起向未来	
——我和我的家委会的故事	366
开心"逗"成长记	370
成为一束光　照亮身边人	
——一个"小捣蛋"的成长	374
拯救桌肚大作战	378
"糖衣炮弹"也需要方向	382
为孩子撑起一片晴空	386
云中谁寄锦书来	391
秋天的果实	396

参考文献	399
附录：工作室成员简介	401
后记："建"特色文化之椽　"筑"劳动教育之基	404

前　言

为全面提升学生劳动素养，落实"立德树人"的根本，中共中央、国务院颁布了《关于全面加强新时代大中小学劳动教育的意见》，教育部印发了《大中小学劳动教育指导纲要（试行）》，2022年新颁布了《义务教育劳动课程标准（2022年版）》，要求以丰富开放的多样载体，有目的、有计划地组织学生参加日常生活劳动、生产劳动和服务性劳动，让学生动手实践、接受锻炼、磨炼意志，培养学生正确的劳动价值观和良好的劳动品质。

丁向阳工作室以"班级特色项目推进家校劳动教育融合育人的实践研究"作为班主任专业发展研修项目，凝聚一线班主任教育智慧，在班级文化建设中开展劳动教育的实践活动，以项目化建设为载体，体现劳动的综合育人功能。同时培养具有课题研究能力、劳动创新能力以及班主任专业素养的骨干教师队伍。

本研究项目的10位学员分别来自上海市崇明、奉贤、松江和金山等区，学员们拥有丰富的研究与实践经验，也是各区县的优秀骨干班主任。

本研究项目从2020年5月至2022年底，已开展两年多的时间，学员们做到研究与实践相融合，积极利用寒暑假和双休日开展项目研讨工作。

本研究项目构建了"理论学习、实践研究、项目驱动"的框架，以学员学习力、研究力、创新力的提升作为专业发展点，聚焦"班级特色文化创建、劳动项目打造、家校社劳动项目融合",开展专题学习,促进班主任专业发展。

本研究项目围绕班主任班级特色文化创建,以"一班一品"为实施项目,同时注重劳动教育养成,体现与学校生活融合、与家庭生活衔接,双线并举。根据学生班情、学情,以及年龄特点,创设班级特色项目,形成班级特色文化下的劳动教育实施架构,将班级劳动与家庭劳动教育相统合,实施劳动教育融合育人(见图1)。

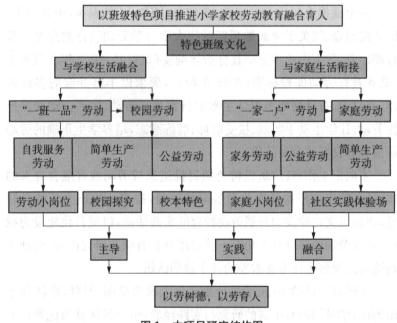

图1　本项目研究结构图

在规划班级特色劳动教育课程内容时,积极组织实施劳动内容研究。在学校生活融合中,通过"一班一品"劳动项目和两个校园劳动体验场,开展小岗位建设,同时进行轮岗、评价等,提升学生学校劳动的自主性。依托班级特色文化项目打造,落实班本课程体验,融合学校学科与探究型课程,进一步明确班级劳动教育的内涵与意义。

为体现家庭中劳动项目的实施，本研究围绕家务劳动、简单生产劳动和公益劳动等内容，开展了"一家一户"亲子劳动活动，设立两个家庭劳动实践场，创设适合不同班级文化下的劳动系列活动。对学生家庭劳动教育内容进行创新与实践，在活动中提升亲子情感，形成亲子劳动项目，进一步完善班级特色项目下的劳动教育。

本研究注重家校劳动教育融入式育人的特点，工作室学员结合自身班级实际，有效落实劳动项目研究，真正体现以劳树德、以劳促智、以劳健体、以劳育美的德育内涵。通过劳动项目的实践，最终形成"一班一品"特色劳动项目课程，"一家一户"亲子家庭劳动实践场，及项目实施下的劳动教育融合育人实践报告，劳动主题得以充分落实。在实践研究过程中，学生对生活化劳动体验有了更深的认识。本研究注重以生动的实践案例、典型教育故事、系列劳动方案、有效主题班会、智慧型育人策略，充实项目研究成果，体现出教师专业发展领域独特的劳动教育研究路径。

# 第一章　特色项目助推劳动教育：融合育人

特色文化创设下的劳动体验，融通家、校、社劳动教育一体化开展。在项目引领下，学生参与劳动更加主动、全面，在融合育人实践中全面提升了综合素养。

班级建设助推家校劳动育人

——"蓝精灵乐园"的特色创建

上海市金山区张堰小学　黄佳丽

习近平总书记在全国教育大会上提出：在学生中弘扬劳动精神，崇尚劳动，尊重劳动，懂得劳动最光荣、劳动最崇高、劳动最伟大、劳动最美丽。《义务教育劳动课程标准(2022年版)》强调以习近平新时代中国特色社会主义思想为指导，注重挖掘劳动在树德、增智、强体、育美等方面的育人价值，将培养学生的劳动观念、劳动精神贯穿课程实施全过程，引导学生树立正确的劳动价值观，崇尚劳动、尊重劳动，增强对劳动人民的感情，发展创新意识，提升实践能力和社会责任感，成为懂劳动、会劳动、爱劳动的时代新人。

当前，随着社会经济水平的提高和人民生活质量的改善，加上部分家长对孩子的百般宠爱，出现了不少"娇男娇女"，他们没有养成良好的劳动习惯和劳动观念，心理素质较差，普遍缺乏吃苦耐劳、勤俭节约、奋发向上的精神，这不得不令人感到担忧！据调查显示，经常帮父母做家务的孩子仅占1/4，且每天劳动的时间在半小时以内。家庭教育不当，会导致孩子出现很多问题，如：学习不求上进；不孝敬老人，不尊敬父母；不知勤俭节约，互相攀比。在应试教育的背景之下，劳动教育在学校中被弱化，在家庭中被软化，在社会中被淡化，导致当代中小学生普遍存在缺少劳动机会、劳动意识淡薄等问题。

小学生年龄小，且处于价值观的形成阶段，是劳动习惯养成的最佳时机。因此，我以工作室课题"班级特色项目推进家校劳动教育融合育人"为指导,借助"蓝精灵乐园"的创设,以家、校、社协力共育为抓手,重点培养学生良好的劳动观念,使学生享受劳动带来的快乐,并养成良好的劳动习惯。

童话具有鲜明的道德观念,蕴含着丰富的道德智慧,因而是对学生进行道德教育的优质载体。童话人物对于班级文化的导向有着天然的优势。

"蓝精灵"是学生耳熟能详的动画人物,代表着善良、单纯、质朴,象征对生活的热爱与向往。蓝精灵们看着相似,但每一个都是独一无二的,如同我们的每个学生都有自己的特色。通过创设"蓝精灵乐园",学生可以学习蓝精灵的性格品质,同时汲取他们之间团结合作、不怕困难、勇于解决问题的精神品质。

一、齐心协力,初显劳动特色

基于对班级内涵的解读,我将班级的育人目标分为班集体育人目标和学生培养目标。

班集体育人目标:

勤奋上进、求实创新、宽容和谐、坚持不懈的蓝精灵班风。

热爱集体、互相帮助、齐心协力、建设共同的蓝精灵家园。

学生培养目标:

阳光向上:尊重自己,尊重他人。

乐学探究:勤学善思,勇于挑战。

自立担当:自强自立,合作共享。

没有规矩不成方圆。班规是班级关于共同的行为标准、思想道德标准和文化标准的约定,是教师进行班级管理的重要工具,是学生自我管理的重要制度。班规在一个班级的日常运转中发挥着重要作用,使得大家可以求同存异,和睦相处。在交流合作中共享规范学习和生活的快乐,是学生全面发展的有效手段和形成良好班风的保障。

随着学生年龄的增长,思想、行为等都会有所不同,每个学期的班规在班级育人目标和学校目标的引领下会有所侧重,有所不同。我们班升入四年级时,经过小半个学期的居家学习,学生多多少少有思想和行为上的改变,因此开学第一周我召开了班干部会议,在上学期班规的基础上,一起商讨和制定本学期的第一版班规,之后利用班会课开展整班性讨论,修改完成最终版班规。学生讨论,集体酝酿,充分发扬民主精神,让全体班级成员参与到班级"立规"中,使每个学生既成为自主的立法者,又是班规的监督对象。引导每个学生自觉地成为执法者和被监督者,激发学生的积极性和主动性,培养民主意识,使学生成为班级的主人。

环境造就人。班级文化建设对学生的影响和熏陶是潜移默化的,对学生的成长起着重要作用。开学前,我邀请了班级中的"墙面艺术大师"们(班级小岗位之一)来校一起商讨布置温馨教室。按照惯例,学生们会来征求我的建议或者意见,但这次对于教室的布置我决定全权放手,由"艺术大师"们自己设计版面,自己布置。其间,我捕捉到了几位"大师"合作的场景:他们偶尔一起低头商讨这个部分应该贴在哪里,偶尔小声交流那样布置比较好看……商谈完毕就开工了,你来指挥,我来布置,互相合作,事半功倍。在学生们的自主合作劳动下,温馨教室的雏形就慢慢具备了。教室的每一面墙都是学生们自己精心设计的,上面有他们自己最喜欢的、最得意的作品。这样的班级文化会潜移默化地影响着学生的行为,有利于他们养成高尚的情操。

体力和脑力是劳动力素质的两个不同方面。脑力具有无限的广延性和创造性,容量极大,具有明显的历史继承性和积累性。现今社会,很多人会认为体力劳动才是劳动,脑力劳动不属于劳动的范畴。为了避免学生也有这样的误解,在制定班规、布置温馨教室等活动中,我始终坚持以班干部或者各小岗位人员一起讨论商议为主,班会课集体讨论为辅,最后再确定实施,这样可以凸显学生的智慧,更是脑力劳动的体现,让每个学生进行体力劳动的同时享受到脑力劳动带来的乐趣与成就,同时达成育人目标。

二、履行岗位,提高劳动意识

在进行班情分析时,经过观察,我发现:不少学生胆子较小,课上不愿意举手发言;个别同学存在拖拉的现象(作业拖拉、上学拖拉等);部分比较优秀的学生自我感觉良好,合作意识稍显欠缺;三分之一的学生做事情粗心大意,不懂得慢工出细活等。基于以上几点,我认为后续班级建设中需要关注学生在个性发展、规则意识、协作能力等方面的需求。

在班级管理中,建设小组合作机制,有利于提升学生综合素养。学生在小组合作活动中体验着同伴之间带来的集体归属感,在提高自主管理能力的同时,学会合作共享。在合作的过程中,学生学会"换位思考",社会意识和社交能力也得到了发展。

小组合作机制同时也提高了班级管理效率。小组合作管理可以充分发挥集体的教育作用,学生通过参与班级管理能更好地发挥主观能动性,从而使班级归属感和主人翁意识不断提高,班级凝聚力和向心力逐渐形成,有助于构建和谐的生生关系、师生关系。

正因为蓝精灵们都各有特色,我根据劳动岗位的性质和人物的特点,又结合小组合作制,把班级中的一些劳动小岗位分成6组(见图1),"蓝爸爸组"的小岗位能够起引领的作用,如晨读管理员,一日之计在于晨,在晨读管理员的带领下,大家开始了一天的学习劳动生活。顾名思义,"蓝妹妹"是非常爱美的,所以"蓝妹妹组"的岗位职责就是美容美化,不但要注意仪容仪表,还要关注环境美,那么"蓝妹妹组"的小岗位就可以设立仪容仪表督促员和护绿小卫士,仪容仪表督促员关注的是学生个人的形象美,而护绿小卫士关注的则是班级整体的形象,都是美育的体现。"笨笨"的形象是憨憨的,所以"笨笨组"的岗位特色就是踏实能干。班级中的讲台保洁员、黑板保洁员、门窗管理员等小岗位看似不重要,可少了他们,班级将会无法正常地运行。"厌厌"看着形象不太好,但是这源于他特别追求完美,所以"厌厌组"的岗位需要时刻关注各个环节。这个组中的节能小卫士、板报设计者、"墙面艺术大师"想要完美地完成任务可都是要注意细节的。"聪聪"聪明伶俐,做事之前都要思考一番,别具特色。"聪聪组"中的防疫小卫士、垃圾分类专管员不但要掌握防疫小知识、垃圾分类投放的知识,还要指导同学是去实行,做好宣传工作可不容易。"勇勇组"要负责任、有担当,这些小岗位就需要指出小伙伴的不良行为,并帮助他们改正。

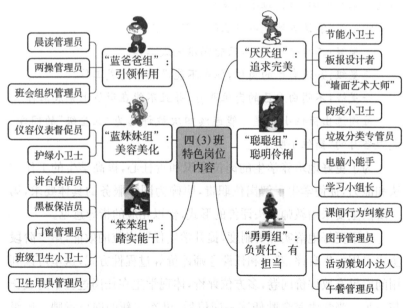

图1 四(3)班特色岗位内容

这样的岗位设置看似简单,实则每个都"暗藏玄机",在学生自主选择的同时,教师也可以给予一定的建议,让每个孩子找到适合自己的岗位。组员之间偶尔也可以相互提醒、相互帮助,这样的集体才能更和谐、更友善。学生找到自己适合的岗位,也会更加积极地为班级服务。

但由于学生年龄较小、学业压力大,在履行岗位职责过程中,个别学生难免会出现责任心不强、管理不当,或能力不够等问题,因此评价制度不可少,评价制度能够客观、准确地反映学生在真实情境下劳动素养的表现水平。针对不同类型的劳动内容、不同人物群,评价的侧重点也有所不同。根据我班劳动小岗位的设立和制定的标准反馈等,经过班干部会议讨论,岗位评价主要围绕岗位态度、岗位责任、团结协作、任岗效率、任岗考勤等,分为5个星级:

五星级:能认真负责地完成工作,能热情地为大家服务,能帮助遇到困难的同学。(岗位小明星)

四星级:能认真地完成自己的本职工作。

三星级:工作热情不够,只能偶尔完成工作。

二星级:知道自己的岗位,但是不能很好地完成工作。

一星级:不明白自己的岗位职责,并且不能在岗位上完成工作。

每周选出岗位小明星。能连续四次被评选为"五星级"的同学,成为当月的"岗位小明星"。

为了更好地培养学生的岗位意识和责任心,提高学生的工作方法和能力,促使学生了解岗位职责,明确为同学服务的具体要求,第一阶段主要采用教师口头评价的形式,辅以相应的指导意见。

为了更好地落实评价制度,提升学生任职岗位的效能,第二阶段主要采用学生自评、互评和任课老师评价等过程性方式,这里可以利用问卷星发放评价问卷,多方位评价,体现学生在任岗过程中的成长与不足。当学生完全胜任这一岗位后,可参与新的岗位竞聘。班级工作岗位一般任期为一个月,这样有利于每个学生得到全方位的锻炼,促进德、智、体、美、劳全面发展,同时也能充分体现机会均等原则,让学生尝试更多的岗位,可以培养更强的工作能力、合作能力和适应能力,去担任更富有独立性、自主性、创造性和协作性的职位。

学生不一定了解轮岗制的目的、意义及具体做法。为了给轮岗制的实施打下基础,就要把轮岗制的目的、意义、设想、操作过程告诉学生,使学生对岗位轮岗制有较清楚的了解,这样实施起来就会比较顺利。

根据岗位的设定,轮岗的方式也会有所不同,有每天轮换、每周轮换、每月轮换、学期轮换。具体情况如下:

日轮换(周轮换):在我们班级有一个特殊的岗位是每天轮换的,那便是"两操管理员"(每周五人,一人一天,不耽误学生锻炼身体)。

月轮换:主要适用于晨读管理员、图书管理员、学习小组组长等。这些综合性强、能力要求高的岗位轮换频率不能太高。太过频繁的轮换不利于学生个人能力的提高,也容易造成班级的不稳定。

学期轮换:班干部、班会组织管理员、板报设计者等职位存在特殊性,频繁轮换不利于班级的发展。

低、中、高年级学生的知识和能力存在差异,不同年级轮换的周期应是不同的,班主任应分析学生个体的特点,针对个别学生灵活换岗。

同时,家长也要及时了解孩子在任职过程中的具体情况,及时填写反馈信息,对孩子体现出的责任心、解决问题的能力等方面进行评价,并将孩子在家的表现及时反馈给班主任。

家校协作,从学生的实际需求和实际能力出发,从提升学生的管理水平和综合能力出发,学生占主导,班主任退居幕后,更多地担任组织者和协调者的角色。班主任只需在重要的事项上把握好方向,对学生任职过程中出现的问题进行协调。班主任要用好评价机制,充分发挥评价的反馈改进功能,更好地帮助学生了解自己的劳动学习和实践情况,并及时提出改进策略,促进劳动育人价值的实现,在提升学生综合能力的同时,也提升自己的管理智慧。

三、基于家、校、社协作,提升劳动技能

《义务教育劳动课程标准(2022年版)》中明确指出,3—4年级的学生主动分担家务,协助参与家庭环境卫生清洁,能制作简单的日常饮食,初步学会简单的家务劳动技能,形成生活自理能力。初步体验简单的种植、养殖、手工制作等生产劳动,能规范地使用常用的劳动工具,了解常用材料的作用与特征,对劳动过程中遇到的问题具有好奇心和探究欲望。

结合"蓝精灵乐园"这一特色主题,我制定了和植物相关的班本劳动教育集体内容,以劳树德、以劳促智、以劳健体、以劳育美,家、校、社共育,开展一系列与学校生活融合、与家庭生活衔接的劳动教育活动(见表1)。

表1 劳动教育内容渗透表

主要内容	具体内容和要求		备注
	与学校生活融合	与家庭生活衔接	
自我服务劳动	班级文化创建(以植物角为特色)	班级岗位与家庭岗位相融合	结合班级特色,创设小岗位;自主选择各小岗位,认真履行岗位职责
	认真履行班级小岗位职责	认真履行家庭小岗位职责	
家务劳动	亲子活动成品带入班级展示	开展家庭亲子活动(用花卉植物装扮家庭)	在亲子活动中开展与植物花卉相关的活动,动手又动脑(美育);结合二十四节气,了解中国传统文化;观察植物的花开花谢,感知生命的价值(德育)
	参加校园卫生清洁、绿化美化等劳动	照顾家中植物,查阅相关资料,了解植物的生长过程(在劳动过程中遇到问题具有好奇心和探索欲望)	
		洗菜,切菜,会做简单的凉拌菜	

续　表

主要内容	具体内容和要求		备注
	与学校生活融合	与家庭生活衔接	
简单生产劳动	学科类（与自然课、美术课、活动课等相结合，如画一幅画，写一条帖子，画一张小报等）	制作花环等简单的工艺作品，亲子制作花盆、花篮等	校内课程和校外活动相结合，五育融合
	与校本课程（小农场）结合，选择一至两种常见蔬菜进行种植（如大白菜、黄瓜、西红柿等）	学习二十四节气与植物的生长规律	
		开展花卉种植、养护（自家小花园）	
公益劳动	参与社区送花、献爱心活动	参与亲子小队活动（环境保护等），担任蓝精灵主题乐园小导游（小讲解员）	在劳动的同时，增加职业体验，增强学生的社会责任意识
	参与植物园的花卉养护活动		

班级活动以我班创设的"沁园"植物角（见图2）为主要劳动教育实施途径。在这个区域中，学生不但可以进行植物的种植、养护等一系列劳动探索活动，而且可以更加直接、深入地观察和了解植物，满足学生对于植物的好奇心与对科学探究的兴趣。创设"沁园"之初，为了给植物角取名字，学生们"八仙过海，各显神通"。经过班会讨论最终确定"沁园"这个名字，寓意是"用心浇灌的花园"，希望植物角中的植物在大家的精心照

图2　植物角"沁园"

顾下苗壮成长。

学生的劳动实践包括从植物花卉的挑选到小组分工合作,小组长之间进行协商,尽量不要选太多相同的植物,这样能让植物角的品种丰富一些。适合不同季节的植物是不同的,植物的特性各不相同,那么在植物角的养护过程中学生就会主动探索,查找资料,了解二十四节气植物的生长特点,以劳育促进智育,感知中国传统农耕文化。而花开花谢,可以让学生得到生命教育,感知生命的价值。

国庆假期结束后,原本生机盎然的植物角中有三株植物枯萎了,小小园丁们非常伤心。于是我利用中午的十分钟队会课与学生开展了"花儿怎么了"主题教育活动,一起探讨植物养护过程中的小诀窍。孩子们通过观察,发现是7天长假里,气温太高,花盆没有储水功能而导致植物缺水、枯萎。于是我借机问:"我们可以怎么做?"学生们纷纷献计献策,有的说可以废物利用,制作简易储水托盘;有的说可以在植物种植的时候在花盆底部埋入一条棉线,棉线的另一头放在储水的瓶中,这样能更好地解决长时间没有浇水的困扰……第二天,我更是收到了一个大大的惊喜。小张同学觉得每棵植物都有它的生长习性和种植中应该注意的事项,可是小小园丁们不是很清楚,于是提议制作植物名片,同时自己制作了一张波斯菊的名片,详细介绍了波斯菊的属性、外形和生长规律。两天后,本来打蔫的波斯菊慢慢"复苏"了,这给了孩子们莫大的鼓励与惊喜。不久,一本孩子们自制的植物花名册诞生了,植物角成为孩子们探索知识的海洋。

高年级的学生有自己的审美特点,所以劳动教育中我结合班级特色,以用植物装扮环境作为活动内容,来提升学生的审美情趣,深化学生对创意、造型、色彩和选材等问题的理解与运用,激发丰富的想象力,培养创新思维与动手能力,促进学生养成耐心细致的好习惯。综观之前植物角的植物以及学生的家中布置图,不难发现花盆几乎都是一样的,缺乏美感,怎么办?利用国庆假期,我组织开展了一次亲子活动——"手工制作花盆"。从花盆样式的选择、材料的选择到颜色的搭配,学生和家长之间默契配合。小心翼翼的动作、认真的眼神,无不让人动容。完成作品后亲子间相视一笑,亲子关系在劳动中变得更加亲密。如今,这一个个珍贵的手工制作花盆,为班级的植物角增添了一抹不一样的颜色,提升了学生的审美,将劳育美展现得淋漓尽致。这样的亲子活动,在创造家庭成员共同劳动的机会、促进亲子关系和谐的同时,让更多学生有机会向家长学习,达到亲子共同成长的目的。

家庭劳动教育活动以家庭小岗位为主线,开展各项与植物种植、养护相关的活动,如照顾家中植物,帮助长辈种植、采摘蔬菜和水果,制作简单的美食……疫情期间,孩子们把植物角的植物都带回家养植了,在他们的精心照顾下,一棵棵植物茁壮成长。学生们在劳动的过程中也体会到了长辈的辛苦,懂得了感恩,更加珍惜现在的生活了。

为了在劳动中增强学生的社会责任意识,我们班级又开展了各项公益劳动。结合我们班级的小队活动、小组活动,孩子们参与社区的植树、花卉养护等活动。之后又与蓝精灵主题公园联系,一些学生担任了小小讲解员,增加了职业体验。

活动中,学生直接体验和亲身参与,动手实践、手脑并用,知行合一、学创融通,"做中学""学中做"。活动激发了学生参与劳动的主动性、积极性和创造性,使学生亲历情境、亲手操作、亲身体验,经历完整的劳动实践过程,避免单一、机械的劳动技能训练,避免简单的劳动知识讲解,避免缺少实践、过于泛化的考察探究,从而获得丰富的劳动体验,习得劳动知识与技能,感悟和体认劳动价值,培育劳动精神。

四、基于班级育人目标的班级特色劳动项目

劳动项目是落实劳动课程内容和教育价值,体现课程实践性特

征,推动学生"做中学""学中做"的重要载体。劳动项目的开展要结合不同学段学生的身心发展特点,考虑项目的劳动强度和实施方式的适宜性,引导学生从现实生活中的劳动需求出发,综合运用所学知识和技能解决问题,激发学生的主动性和创造性。

结合我班学生学段的发展目标(见表2)和班集体育人目标,我进一步细化班级特色劳动项目。我们充分利用学校(班级)、家庭(社区)劳动实践场所,将班级特色劳动项目分为4个小主题,自主开发项目(见表3),满足多样化的劳动实践需要,将劳动教育与学生个人生活、校园生活和社会生活有机结合,丰富劳动实践体验,让学生养成良好的劳动习惯和品质,深化对劳动价值的理解,发挥劳动的育人功能。

表2 小组合作制班级管理下的学段发展目标表

年段	目标				
	我听:活力心	我学:乐学心	我说:自立心	我做:探究心	我行:向上心
低年级	养成倾听的习惯	认真听,用心记	能知道自己在小组内的位置	主动参与小组内活动,学会观察,爱动脑筋	学会接受他人的建议和意见,并能改正
中年级	学会倾听,不打扰同伴的发言	小组内,边听边思考	认真履行小组内的职责	积极参与小组各项活动,主动交往,有解决问题的能力	保持良好的心态,宽以待人,学会欣赏他人
高年级	将听到的内容内化于心,并在小组内发表自己的见解	能在小组内主动发表自己的见解,表达有条理	同伴的事情帮着做,不会的事情学着做	善于观察,会提出有价值的问题,带领同伴探究新事物	提升发展境界,服务自己、服务班级的同时,也要服务学校、服务社会

表3 班级特色劳动项目表

育人主题	内容（劳动内容渗透）		德育内涵
	学校（班级）	家庭（社区）	
活力心（以劳树德）	1. 组织开展班级小岗位竞争活动，制定劳动方案，开展实践，做好记录 2. 建立班级植物角，购置植物，初步树立环保意识	1. 参与手机软件"认养一棵树"活动 2. 帮助家人对家中菜园、植物浇水施肥等 3. 与长辈一起买菜、择菜、洗菜等	1. 体会劳动创造美好生活，体认劳动不分贵贱，崇尚劳动，尊重劳动 2. 在家务劳动中懂得长辈的辛苦，知道感恩，尊敬、关爱长辈 3. 以现代科技为媒介，多角度进行劳动教育，懂得保护环境
乐学心（以劳促智）	1. 观看电视资料片，听自然课等，收集有关植物生长的知识在班会上交流、宣传 2. 撰写班级植物角日志 3. 为植物角取名字，为植物摆造型，寻找好伙伴（比如春天可以养蚕宝宝，书写观察日记） 4. 植物的妙用交流活动（花茶、水果茶的功效等）	1. 认识更多的植物，并查找资料，制作植物名片 2. 小队活动：与家人参观植物园 3. 利用塑料废品制作植物角花盆等（花盆手工制作活动）	1. 结合二十四节气，了解中国传统文化（农耕文化） 2. 照顾植物过程中查阅相关资料，了解植物的生长过程（在劳动过程中遇到问题具有好奇心和探索欲望），利用小知识讲座，体验技术进步对农业发展的促进作用
自立心（以劳健体）	1. 参与学校劳动实践基地劳动项目 2. 根据天气变化，移动班级植物角的位置 3. 以小组的形式参与学校劳动园的劳动，展现勃勃生机	1. 用自己家种植的蔬菜、水果做一顿饭菜（凉拌黄瓜、西红柿炒蛋等） 2. 帮助家长为家中的植物浇水、施肥等 3. 参加社区植树节活动	以学校劳动实践基地和家中小菜园为主阵地，在劳动的同时，强身健体

续 表

育人主题	内容(劳动内容渗透)		德育内涵
	学校(班级)	家庭(社区)	
"探究心+向上心"(以劳育美)	1. 制作植物书签、树叶贴画等 2. 制作植物写真集 3. 装扮植物角(从摆放、类型等角度)	1. 装扮家庭(摆放的艺术、造型等) 2. 用手工制作的花盆点缀居家环境 3. 参加小队活动植物园探秘等	形成劳动最美丽的观念,通过劳动创造更加美好的生活。

主题一:活力心——以劳树德

在这个主题中,班级小岗位的落实、班级植物角的建设培养了学生崇尚劳动、尊重劳动的意识。在家庭中能帮助家人对家中菜园、植物浇水施肥等,与长辈一起买菜、择菜、洗菜……体会长辈的辛苦,知道感恩、尊重、关爱长辈。以现代科技为媒介,通过手机软件"认养一棵树",多角度进行劳动教育,引导学生树立环保意识。

主题二:乐学心——以劳促智

在这个主题中,学校(班级)板块主要通过各类书籍、音视频资源等素材,使学生了解植物不同的生长规律、生长习性、用处等,并结合植物角的建设,做好宣传等工作。家庭(社区)板块通过小队活动、亲子活动,利用小知识讲座,使学生体验技术进步对农业发展的促进作用。结合二十四节气,挖掘中国传统文化(农耕文化),培养学生成为优秀传统文化的继承者。

主题三:自立心——以劳健体

在这个主题中,学校(班级)板块学生以小组的形式参与学校劳动实践基地的劳动项目,初步学会与他人合作劳动,在种植过程中不怕困难,养成有始有终的劳动习惯,懂得"一分耕耘,一分收获"的道理,同时提升集体荣誉感。家庭(社区)板块利用家庭场地,如阳台、庭院等,帮助家长为家中的植物浇水、施肥等,并能用自种的蔬果进行凉拌、蒸煮等烹饪,正确认识烹饪劳动的价值,形成热爱劳动、尊重普通劳动者的观念。

主题四:"探究心＋向上心"——以劳育美

在这个主题中,学校(社区)板块结合美术学科,让学生制作树叶贴画,装扮植物角,提升学生的审美情趣;结合自然学科,让学生制作植物写真集,留住植物美的瞬间。家庭(社区)板块是让学生同家人用鲜花等植物装扮家庭,利用手工制作的花盆进行点缀,处处存在小惊喜。学生在劳动的过程中真正领悟习近平爷爷所说的:必须牢固树立劳动最光荣、劳动最崇高、劳动最伟大、劳动最美丽的观念,让全体人民进一步焕发劳动热情、释放创造潜能,通过劳动创造更加美好的生活。

五、总结

小学阶段是劳动教育的关键期,我以创设"蓝精灵乐园"为载体,家、校、社协同共育,立足班情,秉持关于劳动的信念信仰和人格特征,采取有效措施,持之以恒地抓好劳动教育,形成具有班本特色的劳动教育模式。充分发挥劳动的综合育人功能,以劳树德、以劳增智、以劳强体、以劳育美、以劳创新,融合育人,促进学生德、智、体、美、劳全面发展,为学生终身发展和人生幸福奠定基础,努力把学生培养成勤于劳动、善于劳动、热爱劳动,并具有创新精神和实践能力的高素质建设者和接班人。

让班级成为每个孩子的家

——"家"文化班级下的家校劳动教育

上海师范大学附属金山龙航小学　金辉召

劳动是创造物质财富和精神财富的过程,是人类特有的基本社会实践活动。劳动教育是发挥劳动的育人功能,对学生进行热爱劳动、热爱劳动人民的教育活动。劳动教育是中国特色社会主义教育制度的重要内容,是全面发展教育体系的重要组成部分,对全面贯彻党的教育方针、落实立德树人根本任务、培养德智体美劳全面发展的社会主义建设者和接班人具有重要的意义。

2021年是中国共产党成立100周年,是"十四五"开局之年,也是劳动教育夯土培基、落地生根的关键一年。这一年中,劳动教育政策体系更加健全,劳动教育基础理论研究更加深入,教育系统内外相互配合,各级政府和教育行政部门共同努力,各级各类学校劳动教育开展形式更加多元,劳动教育资源保障更为有力,劳动教育受到越来越多的关注,形成了广泛共识,取得了显著进展。

但是,在家庭教育中,劳动教育存在着明显的问题。例如家长忽视子女的劳动教育,小学生的家务劳动量不够。现实生活中,许多家庭认为孩子的天职就是上学读书,没有必要参与劳动,当然就更不提劳动教育了。这样的后果造成了孩子缺乏劳动机会。

劳动态度层面,许多学生对家务劳动和自理性劳动抱有消极态度。在学校里,孩子们虽然基本上能完成老师交给的劳动任务,但是多数学生是被动的、应付式的,有的学生说,"不完成老师交给的任务,会受到惩罚""这次不做好,下次更惨""做不好要扣分的"……甚至有少数学生想方设法逃避学校劳动,或要求家长帮助完成老师布置的劳动任务。

劳动内容方面,绝大多数小学生平常所做的家务劳动就是倒垃圾、洗碗,而做饭、洗衣、整理房间等相对较少,有的学生到了毕业时连自己的毛巾、袜子等衣物都不曾洗过。几乎所有的小学生都不会缝补衣服,不会钉扣子。至于养殖、种植、机械制作等方面的知识和动手操作能力更是缺乏,可谓"四体不勤,五谷不分"[1]。

《义务教育劳动课程标准(2022年版)》指出,要倡导丰富多样的实践方式。强调学生直接体验和亲身参与,注重动手实践、手脑并用,知行合一、学创融通,倡导"做中学""学中做",激发学生参与劳动的主动性、积极性和创造性。注重引导学生从现实生活的真实需求出发,亲历情境、亲手操作、亲身体验,经历完整的劳动实践过程,避免单一、机械的劳动技能训练,避免简单的劳动知识讲解,避免缺少实践、过于泛化的考察探究。注重引导学生通过设计、制作、试验、淬炼、探究等方式获得丰富的劳动体验,习得劳动知识与技能,感悟和体认劳动价值,培育劳动精神。

小学生处在社会化的起步阶段,他们的饮食起居都是在家里,是由父母照顾的。许多劳动教育,例如自我服务劳动、家务劳动、一些简单的生产劳动等,都必须由家长在家庭范围内交给小学生进行。因此,我以工作室课题"班级特色项目推进家校劳动教育融合育人"为指导,借助"家"文化情感班级的建设,以家、校、社协同育人为主要途径,通过与学生共建班级特色文化,帮助学生树立正确的劳动价值观,使学生崇尚劳动、尊重劳动,发展创新意识,提升劳动实践能力和社会责任感,成为懂劳动、会劳动、爱劳动的时代新人。

---

[1] 常保晶:《当前小学生劳动教育问题探析》,华中师范大学硕士学位论文,2005年.

一、共建班级特色文化,让学生成为"家"的小主人

2021年9月,我接手了一个五年级的毕业班。听闻这个班的前班主任把班级带得非常出色,我在压力倍增的同时也憧憬着能面对这一群优秀、自主的学生们,但是现实却给了我一记重击。这个班在成绩方面的确优秀,但是学生自我中心化严重,同学之间矛盾频发,家长之间也是摩擦不断。经过初次家访之后,我发现家长之间有一定的"小群体"划分,也造成了班级同学之间的"小群体"相处模式,群体之外的人难以融入已经构建完毕的"小群体"中。从人际关系管理学的角度来分析现状,可以看出非正式组织对集体的影响相当明显。如果无法有效地处理这些已构成的非正式组织之间的关系,会很大程度上影响班主任对班级的管理效率。

所以我从人际关系管理理论出发,在尊重学生与家长的适性自主的基础上,将已经形成的非正式组织培育成正向的学习成长共同体。[①] 我始终坚信,"好关系,才有好教育"。面对已经形成的班级氛围和家校关系,我决定从"情感"入手,把"将班集体建设成温馨的'家'"作为班级建设特色,以"情感有序,序中生情"为带班理念,通过情感交流、情感共识、明理晓则,师生一起共建、共有、共享"有情感、有秩序"的"家",在"情"与"序"的相互扶持中,提升班级凝聚力,强化集体意识,培养拥有情感反思、规则意识、自主能力、敬友助人的好少年。

基于班情分析与班级内涵的解读,我将本班级的育人目标分为

---

① 学校班级的学习共同体是由学习者(学生)和助学者(教师)共同组成的,以完成共同的学习任务为载体,以促进成员全面成长为目的,强调在学习过程中以相互作用式的学习观作指导,通过人际沟通、交流和分享各种学习资源而相互影响、相互促进的基层学习集体。它与传统教学班和教学组织的主要区别在于强调人际心理相容与沟通,在学习中发挥群体动力作用。

班集体育人目标和学生培养目标。班集体育人目标与学生培养目标依据"共建、共有、共享"的思路制定。一方面,五年级学生已经拥有一定的劳动能力,能在老师的引导下,主动地进行班级的建设;另一方面,只有让学生参与班级的建设,让班集体成为学生的劳动成果,才能让学生在真正意义上成为班级这个大"家"庭的小主人。学生的培养目标有劳动教育的德育内涵:"合格小主人""师生好帮手""自我反思家",以劳促德;"示范好榜样",以劳促智与体;"班级规划师",以劳促美。

"情"是基于班情与学生身心发展特点的班级共建抓手,"序"是让班级的各个方面都能稳定发展的保障。在班级建设初期,"序"就是班规,主要作用就是规范班级行为,引领班级风尚,辅助班级管理。基于此,我制定了"家"文化班集体的班规。

班规是班级的隐性文化,学生在班级中学习、生活与成长,他们的规则意识、行为习惯、集体主义精神的建立等都在隐性文化的熏陶中潜移默化地受着影响。在班级文化中,隐性文化与显性文化是一个整体,它们相辅相成,在学生的教育过程中都是必不可少的。隐性文化是学生的信念问题,它根植于学生的思想意识之中,无论何时何地,无论干什么,都对学生的行为起到指导性的作用;而显性文化对学生起到促进、提醒与激励的作用。

共建班级特色文化,让学生成为"家"的真正小主人,就需要让学生自己当家做主,自己去创设基于班级特色的显性文化。比如黑板报、各种教室版面专栏的设计,一定要发挥学生的主观能动性,让学生做真正的设计者,成为班级的规划师(见图1)。我先召集班级中的"家"文化创设组召开班级文化创设会议。发动在这个特色学习共同体小组中的成员,设计教室中的各个版面,例如收获园作品栏、争章园地、风采展示区等。再收集班级中学生的作业、照片、沙画、书法、国画等作品来点缀和装饰教室。这样设计、收集与布置的劳动过程,本身就是一个对学生教育的过程,让学生通过劳动提高审美与合作的能力(见图2)。更重要的是,这个过程积极地发挥了学生的主人翁意识,在培养学生创造力的同时,也增强了学生的集体责任感,为之后各类劳动教育实践活动的开展打下了坚实的基础。

图1 学生设计黑板报

图2 学生合作劳动

二、创设班级特色岗位,让岗位激发学生的劳动意识

(一)"家"文化班集体特色岗位组的创设

在日常班级管理工作中,班级岗位是学校生活必不可少的组成部分,劳动岗位也是进行班级常规管理的重要抓手。班级岗位则细化了班级建设中需要承担的各项工作,它有别于传统的班委,班委是班级领导团队,有固定的职位和人数,而班级岗位则涉及班级生活的方方面面,班级岗位的设立可以增强学生的服务意识,让每个学生都成为班级管理的参与者。因此,班级岗位的设置既是班主任管理班级的有效措施,也是培养学生劳动品质的重要途径。[①]

我们班学生自我中心化比较严重,关于劳动问题的小矛盾频发,尤其是家长之间有一定的"小群体"划分,造成班级同学之间"小群

---

① 卢懿蕾:《以班级岗位为载体的劳动教育有效途径初探》,《现代教学》2021年第Z2期。

体"的相处模式,群体之外的人难以融入已经构建完毕的"小群体"中。于是,我便将各个学生"小群体"按照性格、能力、特长进行细分,使其承担班级中的不同劳动岗位,形成不同的劳动小组,使这种非正式组织转化为服务班集体成长的正式组织,为"家"文化情感的班集体建设贡献力量。

在"家"文化班集体特色岗位建设中,我将岗位职能和班级特色项目相结合,将班级中的岗位归类在四个大的组别中,分别为:常规劳动项目组、班级文创活动组、班级体卫工作组、班级情感联络组,并根据这四大组的常规岗位内容细化了班级的特色岗位组(见图3)。

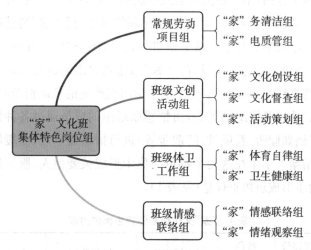

图3 "家"文化班集体特色岗位组设计图

在设立好班级特色岗位组以后,进一步细化岗位组中的特色岗位,以岗位学习共同体的形式建立岗位劳动小组,在小组中设立具有领导能力的劳动小组长与具有专业能力的岗位小导师,既要保证岗位的正常运转,又要确保人人有岗,人人在岗,岗责明确。

在常规劳动项目组中有两个特色岗位小组,分别为"家"务清洁组、"家"电质管组。这两个劳动小组负责班级的基础服务性劳动,以各类清洁打扫工作以及班级电器的管理工作为主,学生在这两个岗位小组中劳动,培养服务意识、奉献精神,养成良好的劳动习惯,塑造基本的劳动品质,增进对班集体的责任意识。在班级文创活动组中有三个特色岗位小组:学生在"家"文化创设组中通过自己的智慧与创新为班级文化植入个性的光彩,在"家"文化督查组中通过自省与监督式的劳动,学会自我反思与自我管理,在"家"活动策划组中发展筹划思维,从目标与任务出发,系统分析可利用的资源,进行活动方案的设计与实施,形成必备的劳动能力。在班级体卫工作组中,"家"体育自律组和"家"卫生健康组分别对应健康成长中的身体素质与个人卫生两个方面,学生在岗位实践中获得良好的身体素质,并养成良好的个人清洁卫生习惯。而班级情感联络组下设的"家"情感联络组与"家"情绪观察组基于班情分析进行设计,围绕"情感有序,序中生情"的带班理念进行岗位设置。"家"情绪观察组的成员对班级中学生的情绪进行观察,当观察到个别学生出现严重的负面情绪时,及时告知"家"情感联络组的组长,由情感联络组的成员通过各种情绪调节措施(例如倾听、看风景、陪散步等)进行情绪疏导,从而缓解同学的不良情绪。学生在这两个特色岗位中形成关爱他人、服务集体的意识,初步形成班级责任感(见表1)。

表1 "家"文化班集体特色岗位内容

常规岗位名称	特色岗位名	岗位职责	规范落实	标准反馈
班级劳动项目组	桌椅、地面保洁组	"家"务清洁组	保证桌椅整齐整洁,地面干净	1. 保持桌椅整齐 2. 保持地面整洁 3. 督促班级成员自我管理自己区域 4. 及时与劳动委员反馈所管辖区域卫生情况	1. 保持每节课上课前、课间、放学后桌椅整齐 2. 教室地面及时清洁 3. 能督促同学保证自己区域的整洁工作

续 表

常规岗位名称	特色岗位名	岗位职责	规范落实	标准反馈
黑板、讲台清理组	"家"务清洁组	保持讲台整洁课后及时擦净黑板	1. 课间随时清理讲桌卫生 2. 及时清理粉笔盒内短小粉笔,盒外面不能有粉笔 3. 课间及时把黑板擦洗干净,每天中午用湿抹布清洗黑板,保证黑板的整洁度 4. 放学前把黑板擦拭干净,黑板槽无粉笔、粉笔灰等杂物	1. 讲台无杂物,整洁干净 2. 黑板擦拭干净,无痕迹
门窗、橱柜整理组	"家"务清洁组	负责每天的门窗开关工作以及橱柜整齐检查	1. 每日早上通风 2. 放学后关闭门窗,保证橱柜门关闭 3. 每日检查同学橱柜整齐度,并督促同学整理	1. 每天到校开窗,最后一个走出教室,关窗关门(视天气情况而定) 2. 橱柜干净整齐,放学时检查橱柜门板情况 3. 督促同学清理自己的橱柜
绿化护理员	"家"务清洁组	养护绿植,保持植物角整洁美观	1. 了解植物角植物的生活习性,做好浇水工作 2. 清理死亡的植物,并及时补充,保持植物角的美观 3. 整理植物角内的物品,摆放整齐 4. 寒暑假提醒大家把植物带回家养植	植物角整洁美观,无杂物

续表

常规岗位名称	特色岗位名	岗位职责	规范落实	标准反馈
图书角保齐员	"家"务清洁组	1. 规整班级图书角 2. 负责图书角图书借阅工作	1. 严格执行班级图书管理制度，协助班主任管理好"家庭"图书 2. 要及时清查、收回借出的图书，并做好登记 3. 保持书架及周围的清洁卫生 4. 鼓励同学借阅书籍，注意图书的更新	1. 图书不缺失，不损坏，周围无杂物 2. 做好相关借书记录，完成班级借阅量指标 3. 定期做好图书更新规划
电脑电器管理员	"家"电质管组	1. 开关电脑 2. 负责教室内所有电器的开关工作 3. 午会课提前开启相关网页	1. 每天到校打开电脑，放学前关闭电脑、投影仪等设备 2. 放学前把两面黑板拉上 3. 保证键盘、鼠标等能使用，如有问题及时反馈给班主任 4. 午会课提前开启学校相关网站	1. 确保课前电脑能正常使用，各项设备完好无损 2. 确保课时相关电器能用，课后及时关闭，特别注意外出课时灯（风扇）是否关闭
班级文创活动组	班级报画设计组	"家"文化创设组	1. 定期完成黑板报工作 2. 完成大队部与各类学科手抄报、小报工作	1. 按学校各月工作要求，保质保量完成黑板报设计、绘制工作 2. 按情况修复黑板报 3. 完成大队部、各类学科的手抄报和小报评比任务	1. 认真完成每期板报，版面精美 2. 高效完成各类手抄报、小报，争取获得各类评比的奖项

续　表

常规岗位名称	特色岗位名	岗位职责	规范落实	标准反馈
班级环境板面设计组	"家"文化创设组	负责教室文化墙的风格布置和定期调整	1. 根据学校活动和主题更换班级文化墙 2. 积累文化墙的内容，做好及时更换 3. 班级文化墙凸显班级文化	1. 做好文化墙各板块的布置和装饰，及时更换内容 2. 争取获得学校"温馨教室评比"名次
班级活动设计组	"家"活动策划组	1. 策划班级各项活动 2. 策划课外实践活动	1. 按照学校活动要求，组织策划活动，提前排练，完成实施 2. 各项艺术、体育竞赛前组织成员进行排练、训练 3. 组织完成课外实践活动、小队活动，并做好相应记录	1. 根据各类活动要求，组织好班级中的各项活动 2. 完成相关活动的记录、微信稿和照片
班级生态督查组	"家"文化督查组	监督检查班级各类文化项目的工作实施情况，并及时汇报	1. 监督班级文化活动的各个环节，收集各类问题，并汇报给班主任 2. 监督同学之间的分工合作情况，解决同学之间的一般矛盾。如出现大矛盾，则即时反馈给班主任	收集相关各类文化活动过程中的相关问题，书写成文，向班主任汇报

续 表

常规岗位名称	特色岗位名	岗位职责	规范落实	标准反馈
班级体卫工作组	班级体育类活动组	"家"体育自律组	1. 开展各类体育活动 2. 做好周末、节假日体育活动申报工作	1. 积极组织同学参与各类体育活动，推选特长同学参与体育类竞技比赛 2. 积极宣传体育精神，鼓励全班同学参与体育活动 3. 督促体育申报	1. 组织同学参与各类体育活动，推选特长同学参与体育类竞技比赛 2. 督促体育申报工作，争取做到全班100%
	班级卫生工作组	"家"卫生健康组	1. 各类卫生，班级消毒工作 2. 因病缺勤上报 3. 每日体温测量 4. 个人卫生监督与检查	1. 做好班级的各类卫生工作，做好每日班级消毒、测温工作 2. 关注班级同学个人卫生状况，有问题及时指出 3. 关注因病缺勤学生信息，并及时上报	1. 做好卫生相关工作，从班级到个人的信息准确无误 2. 做好因病缺勤记录，并及时上报
	垃圾分类工作组	"家"卫生健康组	每天做好垃圾分类并定时清理班级垃圾	1. 每天定时倾倒垃圾 2. 做好班级垃圾分类工作 3. 垃圾清理后要套上垃圾袋，必要时冲洗班级垃圾桶	做好垃圾分类的同时，能提醒其他同学进行分类，做好宣传工作

续 表

常规岗位名称		特色岗位名	岗位职责	规范落实	标准反馈
班级情感联络组	冲突事件后的情绪安抚工作组	"家"情绪观察组	在同学发生矛盾后，及时给予心理安抚	1. 能客观分析产生矛盾的原因 2. 能安抚同学情绪，帮助同学消化负面情绪 3. 无能为力时及时向班主任、心理老师反馈，寻求帮助	能关注冲突事件后同学的情绪，尽可能安抚同学情绪
	班级氛围与同学情绪记录工作组	"家"情绪观察组	做好班级上课、课间氛围观察与记录	每天完成班级上课、课间氛围观察表，及时反馈	高效完成观察工作，及时与班主任沟通
	班级同学情感联络工作组	"家"情感联络组	组长定期联络同学，交流所见所闻所感	定期与结对同学进行交流沟通，抚慰心灵，相互成长	定期交流，并做好相关记录

（二）"家"文化班集体特色岗位组的评价

为促进学生学会更全面、客观地评价自己和他人的班级岗位工作，我组织学生定期开展互评与自评。这不仅可以激励做事认真的学生，还可以督促那些在班级岗位履职过程中存在一些问题的学生。具体而言，学生通过自我评价，反思自己在班级岗位工作中存在的不足与收获，并在经验交流活动中互相学习"取经"。教师评价、学生间互评，关注每个学生在班级岗位工作中的表现，可以进一步发现学生在岗位工作中的亮点和不足,给予优秀的岗位劳动者一定的奖励,激发他们的劳动积极性和创造性。对于那些暂时在班级岗位工作中存在不足的学生,在这种多元评价方式之下,通过反思与改进,可以不断提升劳动能力。①

在"家"文化班集体特色岗位组评价实施中,我通过家校协作,构建岗位评价制度与劳动积分奖励制度,从个人岗位、组内互评、班级评价、教师评价以及家长评价五个方面构建特色岗位评价制度。

集星式的岗位评价可以发挥评价的激励功能,激励岗位能手变得更好。我班的特色岗位组工作会进行月评,而获得18—22星的岗位小能手则会晋升为"岗位小导师",可以对17星以下的学生进行岗位培训。这样的激励使得"岗位小导师"的荣誉感倍增,他们工作的主动性和积极性不断提升。在严格自我要求和指导别人的过程中,"岗位小导师"的综合能力得到了充分发展。

我定期对这些岗位组进行主题评价,评选"最佳合作小组""最具创意小组"等,然后让组与组之间开展交流,互相学习其他组成员之间是如何分工合作、如何沟通交流、如何策划实施的。小组在帮助同学更好地完成岗位工作的同时培养了合作劳动的意识。同时,定期让岗位上的人员进行岗位述职,说一说在这个岗位上的劳动成果,由学生、教师、家长三方听取报告并进行指导性评价。

(三)"家"文化班集体特色岗位组的轮岗

班级岗位不能长期固定,定期轮换既可以丰富角色意识,让每个学生都能体验不同的岗位,也可以培养同理心,使学生学会换位思考,同时获得能力的多方面发展。因此,我在班级设立定期轮岗制度,有机结合岗位评价制度,通过岗位得星与劳动积分奖励,让每个

---

① 史安琪:《构建岗位体系"新生态" 焕发班级管理"新活力"》,《安徽教育科研》2022年第2期。

同学都有择岗的机会。比如小组长工作做得好,就可以通过使用相应的积分为自己加星,争取到自己喜欢的岗位。经过月度考核,在小岗位上工作特别出色的学生可以获得一张"选岗卡",可申请连任。为了避免岗位轮换带来的班级混乱,"岗位小导师"能以"师徒结对"的方式,让学生互相培训。在轮岗的过程中,提高每个学生的班级管理能力、责任意识和服务意识,同时也使其学会了尊重与换位思考(见图4)。

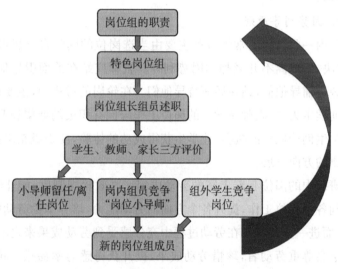

图 4　"家"文化班集体劳动岗位组轮岗制度模型

1. 竞争上岗原则

要使全体学生都认识到民主选举是一场公平的竞争,自己有能力做好某一项工作、胜任某一职位,但是能胜任这一岗位的人可能会很多,需要通过竞选来选出最合适的人选,从而激发他们的内在积极性,唤醒他们的参与意识,并端正他们的"官念"。选举时,竞争者要登台向全班同学就个人特长、兴趣爱好、竞争某一岗位的设想和本人的决心等方面发表一分钟左右的竞选演讲,作出自己的承诺,回答同学的质疑,并采用记名投票或举手表决的方式进行民主选举,接受同学们的挑选和监督。

通过自我推荐、同学推荐,最终选出 2—3 名岗位候选人。每位同学出任岗位前进行就职演讲,畅谈自己的工作计划,以得到广大同学的支持、信任和帮助。班主任为其佩标,并提出希望,然后学生正式上岗工作。这种竞聘形式,既培养了学生的能力,又增强了工作责任心,同时也满足了同学们的愿望。大家一致认为这种方式公正、公平、合理。[①]

2. 因势利导原则

班内一些具体的常规事务主要由当选岗位的同学自己思考、筹划、解决,但也离不开老师的因势利导。教师应站在前面引导他们,站在旁边辅导他们,站在后面督导他们。在轮岗的过程中,主要以教师帮助学生为主,教师对学生的岗位工作应抱有积极的期望和要求,多为学生创造成功的机会,让学生获得成功的体验,使班级轮岗制沿着健康的方向发展。

班级中的岗位有着丰富的劳动内容。高效轮岗制度,能让学生体验到各种岗位工作,提升各个方面的劳动能力,培养辛勤劳动的品质,从而进一步让学生在劳动过程中充分感受到劳动成果来之不易,进而学会尊重劳动者,珍惜劳动成果,提升获得感与幸福感。同时,在"家"文化班集体的建设中,轮岗制也有助于打破学生之间"小群体"的交际壁垒,以劳动促进"小群体"悦纳新成员,打造氛围和谐的情感班集体。

三、协同家校社实践场,让劳动培养学生的行为习惯

《义务教育劳动课程标准(2022 年版)》中明确指出,在第三学段

[①] 黄新华:《小学班干部轮岗制的实践与思考》,《文教资料》2010 年第 33 期。

(5—6年级),学生要初步掌握基本的家庭饮食烹饪技法,制作简单的家常餐,具有食品安全意识,进一步增强生活自理能力和家务劳动能力,初步具有家庭责任感。主动参加校园卫生保洁和环境美化等劳动,积极参加社区环保、公共卫生维护等力所能及的公益劳动,进一步体验新技术支持下的现代服务业劳动,形成关爱他人、积极参与社区建设的劳动意识和能力,增强公共服务意识,初步形成社会责任感。在集体劳动中团结协作,提升与他人合作劳动的能力。在劳动过程中自觉遵守劳动纪律,形成诚实劳动、合法劳动的意识。要懂得劳动创造财富,劳动来不得半点虚假,体会普通劳动者的光荣与伟大。初步树立劳动最光荣、劳动最崇高、劳动最伟大、劳动最美丽的观念。

结合"家"文化班集体的特色建设与学生培养目标,以自我服务劳动、家(班)务劳动、简单生产劳动、公益劳动为主要内容,可将学生的劳动实践场分为学校生活融合育人劳动实践场(见图5)和家庭生活衔接融合育人劳动实践场(见图6)。

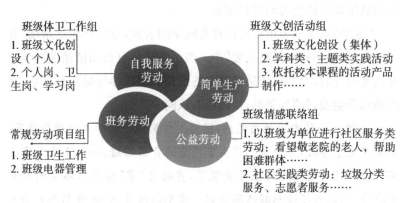

图5 学校生活融合育人劳动实践场

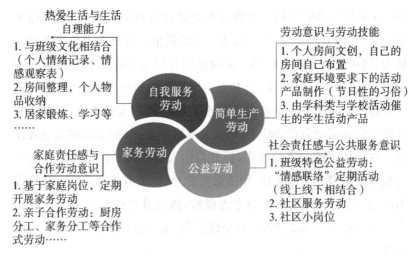

图 6 家庭生活衔接融合育人劳动实践场

(一) 学校生活融合育人劳动实践场

在学校生活融合育人劳动实践场中,我从班级特色岗位组"家"情绪观察组与"家"情感联络组的岗位组职能出发,开展了"家"文化情感班集体的特色劳动项目实施。

"家"情绪观察组组员通过观察同学的表现,觉察同学的情绪,并记录在"班级学生心情晴雨表"中。当组员认为有负面情绪的同学需要情绪疏导时,与"家"情感联络组的组长和组内小导师进行联系,并由两组开会商讨疏导策略,从而帮助该同学。

案例1:小陈本身性格敏感,因为制作黑板报的分工问题与薇薇、毛毛产生了分歧,导致自己产生了严重的负面情绪,一度无法正常上课。"家"情绪观察组的组员发现了,直接与"家"情感联络组的组员进行沟通,做好了情感联络的计划。首先由组员A、组员B与组员C分别与小陈、毛毛和薇薇进行沟通。组员A负责情绪疏导,组员B和C负责处理事情。通过组员们一系列的讲笑话、蝴蝶拍、陪跑步等形式,有效调节了小陈的负面情绪,妥善解决了班级的问题。

案例2：疫情期间，薇薇被集中隔离，"家"情绪观察组的组长与小导师提议为隔离中的薇薇加油打气，帮助薇薇渡过难关。于是就和"家"情感联络组一起为薇薇制作了加油打气的视频，给在隔离生活中的薇薇带来班集体的温暖。

案例3：在学校生活融合育人劳动实践场中，学生的学科活动产品是简单生产劳动的一个重要组成部分。作为语文教师，我从语文的学科特点出发，结合"情感"的班级建设抓手，挑选蕴含丰富情感的代表性课文《牛郎织女》为简单生产教育的内容，让学生分组合作，设计制作《牛郎织女》连环画。一方面，让学生在劳动中感受学科内容中的情感；另一方面，通过合作劳动的方式培养学生积极的劳动品质。

在"家"文化班集体建设中，学校生活环境中的"情感"是一切劳动教育计划与实施的主脉络。这种情感包括自爱之情、同伴之情、师生之情、集体之情、家国之情与文化之情，学生只有在有"情感"的劳动中，才能成为班级的小主人，才能积极地主动劳动、学习劳动、合作劳动、热爱劳动。

（二）家庭生活衔接融合育人劳动实践场

在家庭生活衔接融合育人劳动实践场中，家务劳动和简单生产劳动是主要组成部分。家务劳动以"整理与收纳"为任务群，简单生产劳动以"烹饪与营养"为任务群。

在"家"文化班集体和"整理与收纳"任务群的结合中，我以学生个人房间的整理为主要内容，分别开展了"我的最美书架""我的最美衣柜""我的最酷房间"等评比活动。一方面，从书架—衣柜—房间不断延伸，学生在评比活动中不断提升自己的劳动技能；另一方面，也通过劳动评比活动，以家庭劳动实践的形式，促进德、智、体、美的协同发展。

在"家"文化班集体和"烹饪与营养"任务群的结合中，考虑疫情的特殊情况，我将"线上厨艺争霸赛"作为主要形式。一开始，我只是从劳动技能的角度去设计了此次活动,以期学生能在居家学习期间进入厨房,学会简单的生产劳动技能。但是在学生劳动实践过程中,我发现学生也是带着亲情在进行着厨房劳动。小顾同学的鱼是煎给妹妹吃的;小倪同学的红烧肉也是做给妹妹吃的;小陈同学的芹菜干丝是做给爸爸的。这让我不由得反思,家庭生产劳动的最初的动力应该就是让自己与家庭成员过更好的生活。所以,要探索家庭生活衔接融合劳动育人的实践场,也必须以"情感"为抓手,这也契合了"家"文化班集体建设的初心。美好的"情感"是一切美好的行为的源动力,在美好的"情感"的驱动下,所有的家庭生活实践场下的劳动才有了更深层的意义。

两个劳动实践场相互促进,相互影响,相互作用于学生的成长,在"家"文化班集体的引领下,学生所有的劳动都是由主观的、美好的"情感"产生了内驱力,再通过各种劳动实践活动,学生树立基本的劳动意识,树立正确的劳动观念;发展初步的筹划思维,形成基本的劳动能力;养成良好的劳动习惯,塑造基本的劳动品质;培养积极的劳动精神(见表3)。

表3 劳动教育内容渗透表

主要内容	具体内容和要求		备注
	与学校生活融合	与家庭生活衔接	
自我服务劳动	班级文化特色("情感有序,序中生情"——"家"观念班级建设) 1. 合格小主人:个人岗、卫生岗、学习岗…… 2. 自我反思家:劳动岗位实施中的自我反思与成长	与班级文化相结合,建立相关量表制度(个人情绪记录以及情感观察表) 1. 班级岗位与家庭岗位相融合 2. 家庭氛围中,对于劳动过程、劳动行为的自我反思,即家庭劳动意识的培养	结合班级特色,根据学生"情感联结"确定各类分组,强调"适性"分组,重视个体参与主动性

续表

主要内容	具体内容和要求		备注
	与学校生活融合	与家庭生活衔接	
家务劳动		1. 定期家务劳动：个人家务劳动 2. 亲子合作类劳动：厨房分工、家务分工等合作式劳动	引导学生在家庭环境中，探寻自己的岗位；在岗位操作中，且行且思，培养劳动意识
简单生产劳动	1. 班级规划师：班级布置，文创活动设计、组织与实施 2. 校本实践活动：依托校本课程的活动产品制作 3. 由学科类与学校活动催生的学生活动产品：黑板报、小报、征文、书法等学生能独立完成的任务	1. 个人房间文创，自己房间的布置，家庭活动的设计、组织与实施（个性风格形成） 2. 家庭环境要求下的活动产品制作，比如"给妈妈的一封信""为爸爸妈妈做一道菜"等 3. 由学科类与学校活动催生的学生活动产品：各类视频、家庭任务、社会活动等学生无法独立完成的任务	1. 从班级的文创到个人房间的文创都强调个性与情感，凸显个体德育过程中的主观能动性，强化劳动兴趣与劳动成就感 2. 强化学校引导与平台作用，以学科类与学校活动为催产素，刺激劳动产品质量
公益劳动	1. 社区服务类劳动：敬老、尊师、帮助困难群体…… 2. 社区实践类劳动：垃圾分类服务，志愿者服务……	开展班级特色公益劳动："情感联结"定期联络活动（线上线下相结合）	1. 举行学校小队活动、"15分钟幸福圈活动" 2. 从班级特色出发，定期举行线下团体活动，旨在相互宣泄、相互交流、共同成长中强化学生之间的情感纽带

四、依托班本课程建设，让劳动根植学生的文化自信

在班本劳动课程开发与构建的过程中，学校和教师需要重视社

会资源的整合与利用，积极发掘生活中的劳动素材，对具体的劳动体验空间进行有效拓展，从而让学生拥有更多机会参与到劳动实践中，并在参与体验的过程中逐渐加深对劳动品德内涵的认识。在课程建设中学生不仅能够形成良好的劳动观念，也能够进一步提升品德素养。①

我以传统节日为主题，结合"家"文化班集体的"情感"特色，围绕中华传统节日文化中所蕴含的美好情感，建立劳动教育课程体系，引领学生通过形式多样的劳动实践，探寻传统节日的由来，了解与节日相关的古诗词、家喻户晓的神话传说等，深挖传统节日背后蕴含的文化内涵，体会传统节日的魅力，理解劳动创造美好生活的道理（见表4、表5、图7）。

表4 "家"文化班本课程表

课程单元	单元目标	班级特色下的劳动实践内容	劳动实践育人目标
第一单元："福星知佳节"	普及中华传统节日文化知识	1. 感受传统节日文化中寄托的美好情感 2. 依托传统节日文化经典文本，进一步实现劳动教育的课程目标（节日诗歌、节日传说）	1. 树立正确的劳动观念，了解劳动创造美好生活的理念，具备对劳动任务的操作能力和团队合作能力，养成珍惜劳动成果的美德，理解"幸福是奋斗出来的"的内涵与意义 2. 感受传统工艺和传统美食的魅力，体验传统工艺制作过程的奇妙，感受乡土传统美食的"舌尖美味" 3. 激发学生的劳动兴趣，让学生获得劳动成就感，充分感受传统节日带来的美好体验
第二单元："福星过佳节"	提升中华传统节日文化参与感	1. 感受传统节日活动氛围中的乡土情 2. 协同家校社，开展各类节日体验实践活动（写对联、登高、踏青……）	
第三单元："福星承节礼"	传承中华传统节日习俗	1. 传承传统节日文化中具有的礼俗之情 2. 协同家校社，开展各类节日礼仪教育实践活动（写对联、登高、踏青……）	

---

① 季玲琳：《小学劳动教育班本课程的构建与实施》，《求知导刊》2021年第26期。

续　表

课程单元	单元目标	班级特色下的劳动实践内容	劳动实践育人目标
第四单元："福星悟节美"	滋养中华传统节日文化共情力	1. 滋养传统节日文化中的共情力 2. 以家庭生活为主体,在各自家庭节日氛围中感受不同地区的传统节日之美	
第五单元："福星扬自信"	提升中华传统节日文化自信	提升对传统文化的文化自信,以学校生活为主,开展传统节日主题班会课	

表5　传统节日文化下的劳动活动产品

传统节日	活动内容
春节	贴春联、剪窗花、插年花、做年糕、炸油角、包饺子……
元宵节	猜灯谜、做汤圆、煲糖水……
清明节	做艾草糍粑、青团、青饺……
端午节	包粽子、做香包……
中秋节	做灯笼,做菊花月饼、眉毛饺、紫苏炒田螺、蒸煮菱角和芋头……
冬至	包饺子,生炒糯米饭……

图7　送春联活动

五、总结

　　劳动素养是人在劳动过程中的劳动观念、劳动心态和劳动技能的综合体现。劳动教育,是学生树立正确的劳动观念和劳动态度,热爱劳动和劳动人民,养成劳动习惯的教育,是德、智、体、美、劳全面发展的主要内容之一。劳动观念的形成和转变如果没有情感的参与就不会牢固。学生只有在劳动中体会到幸福,才能对劳动产生认同,否则只能是被动行动,甚至会对劳动产生厌恶。

　　我通过"家"文化班集体的建设,以"情感"为抓手,加强对学生劳动情感的培育,围绕学校与家庭两个活动实践场,设计一系列劳动教育活动,并徐徐展开。我将中国传统节日文化融入班级的劳动教育,形成适性的班本课程,不仅能提高学生审美情趣,也使学生更加热爱生活,从而提升文化自信,为全面育人创造有利的环境。

"五色光"特色项目推进小学家校劳动育人

上海市金山区前京小学　范宁

《关于全面加强新时代大中小学劳动教育的意见》提出："劳动教育是国民教育体系的重要内容,是学生成长的必要途径,具有树德、增智、强体、育美的综合育人价值。"在二十大报告中,党中央提出加强劳动教育的明确要求,在新时代背景下要将学生培养成德、智、体、美、劳全面发展的社会主义事业建设者和接班人。但提及劳动教育,不少家长认为孩子长大以后自然会劳动,求学阶段开展劳动教育会耽误孩子学习,因此劳动教育往往"说起来重要、比起来次要、忙起来不要"。

我班有40位学生,其中男生18名,女生22名。学生在校劳动热情高涨,但因年龄尚小,劳动习惯欠佳,致使劳动能力不足,劳动成效不高。班级40个学生的家庭生活条件相对较好,家长的劳动育人观念尚未形成,主要表现为偏重学习成绩、轻视劳动能力的培养,这是目前劳动教育中较大的障碍。因此,在小学五年中有效转变家长和学生的劳动观念,有计划地开展劳动教育进而推动融合育人,是班主任智慧建班的重要体现。

新时代劳动教育是在家、校、社融合育人视域下,通过家务劳动、学校课程、社会实践等关键环节,培养学生今后必备的劳动技能、习惯与品格,使学生实现德、智、体、美、劳全面发展的一种教育形态。作为班主任,我将带领学生在五年小学时光中依托"五色光"特色项目建设,结合学校"星"天地、"'京'彩"家庭、"多彩"金山等劳动课程,培育懂感恩、会劳动、有担当、乐奉献、敢创新的好少年。

一、"个性"的班级文化育美化人,启蒙劳动意识

(一) 有质的软文化

入学以来,每个学生都希望能在班集体中绽放属于自己的光彩,我们以"五色光"为主题的班集体建设随之拉开序幕。"五色光"即红、蓝、绿、黄、棕,既包含着学生对个性的追求,也蕴含着"美美不同、美美与共"的集体理念。班级建设也应在遵循个性的基础上追求多样化发展。"五色光"的追光之旅,既是班集体劳动特色项目的实施过程,也是学生们实现德、智、体、美、劳全面发展的过程。

班级文化中的"硬文化",是可以摸得着、看得见的环境文化;而"软文化",则包括制度文化、观念文化和行为文化。教室的每一处建设,无不反映出班级的班风、学风和价值追求,彰显充满活力的班级文化氛围。班级文化建设不仅培养学生的创新思维和动手能力,更培养善合作、乐奉献、敢创新的精神。在班徽的设计、班规的制定中,我们以阵地建设为中心,生生合力,为班级软文化建设贡献自己的力量,助推整个班级的健康成长。中队名称和班徽的设计是在汇总学生意见的基础上,投票产生并确定下来的,体现民主的班级风貌。班规的制定也不是一蹴而就的,随着学生的不断成长,逐渐修正其中的部分条例,以保障整个班集体的健康运转。

(二) 有趣的硬文化

班级的班风建设是"求同存异"的五色光融合过程,而教室的环境布置则是"个性张扬"的五色光外显过程,"五色光"特色项目的开

展,如同催化剂般加快了班级建设的进程。教室环境不仅是项目实施的对象,更是项目成果的具象化体现。

首先是"家"主题凝心聚力的体现。教室如同一个家,每个学生都是家庭中的一员。在"照片墙"中,每位学生利用蛋糕纸盘、水彩颜料、照片等制作了个人照,40张甜美的笑脸聚成了一个大家庭,寓意着"五色光"班集体凝聚着每一个人的智慧。其中彩色毛线、彩色卡纸、立体造型等各式各样的创意制作,不仅彰显着独特的个性,更让"五彩缤纷"的照片墙灵动起来。

其次是"生命"主题的共育共长。学生健康成长,如同植物般需要精心呵护,因此"植物角"意义非凡。除了个人养育的绿植,分组共育的"五色花"也是班级的一抹亮色。各小组成员亲手种植、共同养育,在照顾和观察植物生长的过程中,与植物同呼吸共命运的生命体验教育别样精彩。各小组之间的良性竞争不仅深化了学生的责任感,也磨练了养护植物的劳动技能。

最后是"生活"主题多姿多彩。学习本就是打破有界、走向融通的过程。在"展示栏"中,我们捕捉智慧。"五色光"探寻之旅将课堂与生活连接,在真实的情境中感悟劳动创造美好生活的真谛。学生在金山农民画《秋天来了》的创作中感受季节美、文化美、劳动美,在定制童年"五彩绳结"的实践中感受思维美、合作美、艺术美,在金山扎染"百变跳绳"的创造中感受创意美、实践美、运动美等。

我们在教室的环境布置不仅关注主题,还关注学生的学习兴趣和过程性变化,让内容"动起来"。每日更新的"一句话新闻",每周流动的"值日生明星",每个节气更换的"节气牌",每月展示的"实践小报",随机悬挂的"学无止境"(课外知识拓展、优秀作文等),点缀着教室的角角落落,点亮了孩子的校园生活,点燃了以劳育美的热情活力。

教室是学生学习和实践的主阵地,教室是属于所有学生的公共生活空间,应该满足学生成长的最大需求。在班级特色项目的推动下，我们鼓励学生积极参与到班级的环境建设中，思考每个墙面的主题内容，确定墙面的排版布局。劳动是集体的智慧，是脑力与体力的结合，劳动能创造美好的生活。

二、"自主"的劳动岗位立德树人，转变劳动观念

(一) 迭代更新的劳动小岗位

实施劳动教育的有力抓手是在系统的文化知识学习之外，有目的、有计划地组织学生参加日常生活劳动、生产劳动和服务性劳动，让学生在动手实践中锤炼本领，从而形成正确的劳动价值观和良好的劳动品质。"五色光"班级特色项目依托班级中日常生活劳动，在班级小岗位的履职中培养学生追求卓越、团结协作、民主公正、勇于挑战等优秀品质。

劳动小岗位是班集体得以正常运转的保障基础，对班级建设起着重要的推动作用。根据班级运转的需要，自一年级起我们创设各类岗位，提升学生的自我服务意识。学生自主认领小岗位开展劳动实践。班级建设注重岗前劳动培训，及时评价，并根据岗位需求和学生能力实行日轮岗、周轮岗、月轮岗，落实"人人有岗，岗岗有责"的目标。

随着学生对班级事务越来越熟悉，对班规班纪逐渐认可，三、四年级的班级岗位逐渐由最初的 25 个缩减为 10 个，并最终固定为 5 个，即晨读带领员、体温监控员、纪律监督员、卫生保障员、午餐管理员。随着学生在劳动岗位上自我服务能力的提升，岗位逐渐确定为流动岗位和固定岗位，成立特色劳动岗位，并遴选和聘任优秀学生担任"岗长"，有效组织其他学生自主完成轮岗劳动（见图1）。

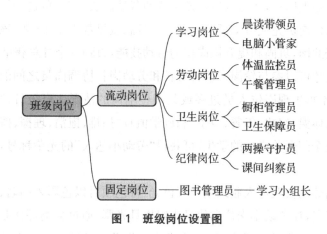

图1 班级岗位设置图

(二)多维度的劳动评价机制

随着学生能力发展的提升,班级管理的主体逐渐由班主任向学生倾斜,班级成立值日小组,开展值日小组负责制的劳动岗位实践。40名学生平均分成5个值日小组,每个值日小组先选举1名值日班长,再由值日班长与值日生双向选择,最终成立值日小组。岗员在值日班长和劳动岗长的带领下负责值日任务,包括班级日常管理和放学的清堂工作。值日班长负责当日班级管理和整体岗位运转,劳动岗长负责该岗位一周或一月的正常运转,值日班长与劳动岗长共同对班级负责,犹如纵横交织的经纬线,让班集体建设的组织架构更完整,有效保障了劳动岗位提升学生劳动能力的落实。

为激励学生更好地完成岗位任务,我们制定了劳动岗位评价表,由岗长负责完成评价。每日,岗长配合值日班长及时通知岗员到岗完成劳动任务,并在劳动中指导值日同学完成值日任务,在劳动结束后,根据该岗位的职责和评价标准,对岗员做出客观的评价。每位学生每周最多获得3颗星,每月最多可积累12颗星,若一个月该学生在相同的劳动岗位上获得10—12颗星,即通关成功,可在相应的岗位名称敲上印章,还可以申请该岗位的劳动岗长一职,负责指导和监督该岗位岗员完成劳动任务。若一个月总获星数少于10颗,该生继续留任此岗,巩固和提升该岗位的劳动技能,直到一个月总获星数10颗以上才可以参与轮岗。值日班长和劳动岗长协调岗员之间的轮岗安排,不得出现岗位人员过多或某岗位空岗的情况。班级日常管理"晨读、体温、纪律、午餐、卫生"和放学值日"扫排、拖消、理擦、擦倒"9个岗位全部通关成功的学生,可获得"劳动小达人"的光荣称号,并受到表彰。

当劳动实践进入瓶颈期,"五色光"特色项目以色彩入岗名、以色彩赋组名,让劳动小岗位和值日小组更具光彩;通过各类评比制度的完善和岗位明星的评选,我班的劳动实践提升了趣味性和良性竞争意识。在值日班长的带领下,各小组选取红、绿、蓝、黄、棕中的一个,结合各色彩的含义,分别成立五个值日小组,并为自己小组设计响亮的劳动口号。在劳动岗长的带领下,各岗员也以五色光入岗名,让5个劳动岗位更有活力。值日班长负责制和岗长负责制的"双岗实施"巩固了学生的劳动技能,提升了学生自主管理的能力,为"五色光"班级的自主运转提供了可能性。劳动小岗位赋能每位学生成为班级小主人、岗位负责人,激励学生积极主动地投身劳动实践中,锻炼自己的劳动能力,在合作和挑战中提升劳动品质。

三、"多彩"的劳动活动启智润人,提升劳动技能

《中小学德育工作指南》指出,要精心设计、组织开展主题明确、内容丰富、形式多样、吸引力强的教育活动,以鲜明、正确的价值导向引导学生,以积极向上的力量激励学生,促进学生形成良好的思想品德和行为习惯。劳动是获取真知的实践起点,热爱劳动是中华民族的优秀传统美德,劳动教育具有独特的育人价值。

依托"五色光"劳动课程,我班开展了丰富多彩的活动,如"五色

阅读""五色食物""五色服饰""五色运动"。根据学生的兴趣特色,成立光学组、美食组、扎染组、莲湘组等项目小组(见表1),选择小组长带领组员有计划地开展主题活动,定期汇报和展示活动内容。丰富多彩的小组活动拓宽了学生的学习途径,提升了知识的综合运用能力。

表1 "五色光"劳动项目分组表

小组	活动	劳动内容	劳动能力
光学组	五色阅读	关注对色彩美的描写、感悟和想象,组织学生梳理和朗读教材中的学习内容,如《女娲补天》《五彩池》《肥皂泡》;引导学生自主阅读课外知识,搜集整理光的折射、散射等原理,张贴在教室的"知识窗"或午会课时分享给同学们	信息搜集和提炼能力
美食组	五色食物	组织学生利用周末和家长一起探究食物中的色彩搭配,并在模仿学习中烹饪一道色彩明丽的菜肴,将拍摄的照片以周板报的形式展示在教室里	食物配色和烹饪能力
扎染组	五色服装	鼓励学生探究色彩在服饰上的运用,结合金山朱行的扎染、吕巷的土布深入探究,与学生相约周三为"我型我秀"日,这天学生可以穿着自己喜欢的衣服来校	传统技艺的探究和整理能力
莲湘组	五色运动	关注学生的体育与健康,结合传统游戏和民间运动引导学生开展实践和探究活动,四人小组绑五色毽子、染五彩跳绳,认识金山廊下的打莲湘、亭林的腰鼓、高楼的渔家秧歌等,鼓励学生查找资料、购买器材、学习动作,并将成果在班级中汇报展示	信息归纳和动手实践能力

案例1:在日常观察中,我们发现小俊患有认知、沟通、情绪控制等问题,在班级里格外特殊。绑五色毽的劳动活动中,很多孩子一直沉迷在跟同学换彩绳的前奏中,后来又因不会打结或打结很枯燥而对绑毽子失去了兴趣。小俊在老师的指导下顺利学会打结后,埋头

认真绑,直到最后一根彩绳绑完,一个漂亮的五色毽子在他手中诞生了。他高度的专注力、沉稳的操作力和一丝不苟的坚持精神触动了我们很多人。

案例2:小易和小宇是两个学习能力不强的孩子,平日的作业拖拉磨蹭,字迹潦草,成绩比较靠后。老师们每每提到他们,都忍不住摇头。平时热爱科学和探究的他们自从加入了"光学组",自信心爆棚,俨然成了小组的负责人。他们不仅把研究任务分配得井井有条,还在学习和生活各个方面不断给自己提出更高的要求,字写得越来越认真,上课的注意力也增强了。

"活动育人"基于人的差异性,提出要分别对待每一个学生,旨在让每一个学生在适合自己的活动中找到自己的价值、尊严、自信,从而成为一个能充分发挥自己特点和特长的社会贡献者。因班制宜的班级特色实践活动,锻炼了学生各个方面的能力,培养了学生的团队精神,促进了学生的全面发展。

四、"两个"劳动实践场互通互联,重组劳动资源

正如《关于全面加强新时代大中小学劳动教育的意见》中所强调的:"加强政府统筹,拓宽劳动教育途径,整合家庭、学校、社会各方面力量。"劳动教育是家庭、学校和社会的共同责任。家、校、社协同推劳动教育,明确了劳动教育的主体,但是家庭、学校、社会作为独立的系统,只有思想上达成共识、内容上实现共振、行动上保持共进,才能构建劳动教育协同机制,推进劳动教育产生"1+1+1>3"的协同效应。

应根据学生身体发育情况,科学设计课内外劳动项目,采取灵活多样的形式,激发学生劳动的内在需求和动力。要符合学生年龄特点,以体力劳动为主,注意手脑并用、安全适度,强化实践体验,让学生亲历劳动过程,提升育人实效性(见表2)。

表2 "五色光"特色班级劳动项目

德育目标	内容（劳动内容渗透）		德育内涵
	学校（班级）	家庭（社区）	
识 （以劳树德）	1. 认识自然光与五色光 2. 了解绘画配色原理 3. 探究校徽的色彩和学校育人理念 4. 理解五色班徽的含义 5. 谱写五色班歌	1. 利用三棱镜、肥皂泡制造彩虹 2. 玩转调色盘 3. 亲子游戏：寻找生活中的"红绿蓝黄棕"	自然光一般由七色光组成，让学生理解集体是由每个人组成，进一步加深对学校办学理念和班级育人目标的理解
寻 （以劳育美）	1. 寻访五色廊顶 2. 欣赏校园色彩艺术 3. 了解学校的环境设计	1. 寻找社区色彩美 2. 体验扎染艺术 3. 绘制农民画 4. 参观花开海上景点	五色光存在于生活中，它们以最美的形态展现在人们眼前，给人们带来热情、希望、勇敢、自信和包容
创 （以劳促智）	1. 创设五色劳动岗位 2. 种植五色花 3. 装扮五色教室 4. 共享彩绘课程 5. 服装秀	1. 家务劳动分工 2. 创作五彩艺术品 3. 烹饪五色美食 4. 玩转五彩毛线 5. 亲子活动：装扮美丽房间 6. 为社区、乐高乐园建设出力	以劳动创造美来引导孩子和家长积极参与到美化生活的行动中，承担学校和家庭责任
追 （以劳健体）	1. 认识奥运五环，体会奥运精神 2. 在彩色跑道赛跑 3. 做毽子、踢毽子	1. 跳彩色房子 2. 缝彩色沙包，投沙包 3. 染彩色羽毛球，打羽毛球	依托五色提升学生参与体育运动的热情，鼓励亲子运动，提升孩子身体素质

（一）学校生活融合劳动体验场

学校要发挥在劳动教育中的主导作用，切实承担劳动教育的主体责任，开齐开足劳动教育课程。围绕自我服务劳动、简单生产劳动，我校在充分整合家、校、社的基础上，以学校19个"星天地"体验场馆为核心,以家庭劳动为延展,形成了基于学生真实生活情境的劳动体验实践圈,在劳动体验中发展学生兴趣、培养自信(见图2)。

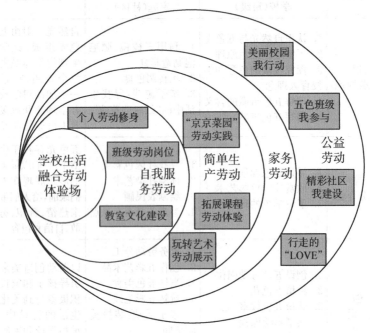

图2 学校生活融合劳动体验场示意图

体验本质上是一种综合学习活动,劳动体验教育的活动设计与多学科之间均可建立有意义的联结。结合本校的劳动体验教育,班级开展校园"五色"大揭秘系列活动:关注校园环境对色彩的选择,寻找"四色"廊顶,探寻选色秘密;选择拓印、彩绘等拓展课程,学习用多种工具赋予色彩生命,运用"五颜六色"制作工艺品;畅游美术课程,探究色彩搭配之美的奥秘,为装扮教室、自己的房间、社区积蓄力量;深入自然课程,解密"光"的神奇与多变,利用三棱镜、喷壶等动手造出彩虹;开展小海星玩转大艺术、校庆非遗文化体验活动(扎染、土布制作)和艺术节活动(彩纸撕画、康定斯基彩画人、墙体彩绘);到"京京菜园",观察植物的播种,跟踪管理,撰写观察记录,并将学到的方法拓展到教室共育"五色花"和家庭共建"阳台菜园"的活动中。其他课程与劳动教育课互相支持、相得益彰,教师作为引路人充分挖掘每门课程的劳动教育资源,在道德与法治、语文等课程中灌输劳动价值,在拓展课传授劳动技能,在体育、艺术等教学中呈现劳动创造美。通过多学科的整合与联结,实现劳动体验教育在跨学科方面的自主创新和学生的多元化全面发展(见图3)。

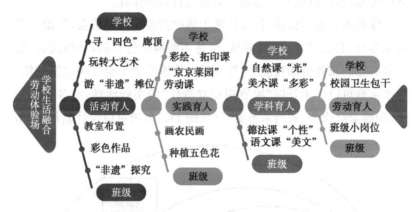

图3 学校生活融合劳动体验场育人路径示意图

学校"星天地"体验劳动课程得益于企业的支持,学生在校外农垦基地体验现代科技条件下劳动实践的新形态、新方式。并依托工会、共青团、妇联等群团组织,动员相关力量一起组织活动。学生积极参加行走的"LOVE"志愿服务活动,积极参与缤纷社区的建设,结合"五色光"项目的研究成果为社区环境规划提供建议,身体力行地美化社区环境。

学校生活融合劳动体验场更是融合育人的实践场,依托"五色光"特色项目,学生在跨学科学习中、在知识与能力的转化中、在劳动岗位的实践中,不断提升各方面的能力。学校的基础型课程、拓展型课程和探究型项目为学生更好地参与班级建设提供支持。班级特色项目的推进是学生用各学科知识解决真实情境问题的过程。在真实情境中，通过活动育人、实践育人、学科育人、劳动育人等多种途径努力将学生培养成德、智、体、美、劳全面发展的好少年。

（二）家庭生活衔接劳动实践场

转变家长教育观念，让家长认识到劳动是知识的修行、习惯的养成，劳动教育对于学生综合素养的提升起着非常关键的作用。家长认可劳动教育，将成为劳动教育的参与者和协作者。

注重抓住衣、食、住、行等日常生活中的劳动实践机会，鼓励孩子自觉参与、自己动手，随时随地、坚持不懈地进行劳动，掌握洗衣、做饭等必要的家务劳动技能，每年有针对性地学会1至2项生活技能。每个家庭可以自主开展"家庭岗位立责任"的实践活动，家务合理分工、明确家庭岗位、履行家务责任（见图4）。班级可以设计制作"快乐

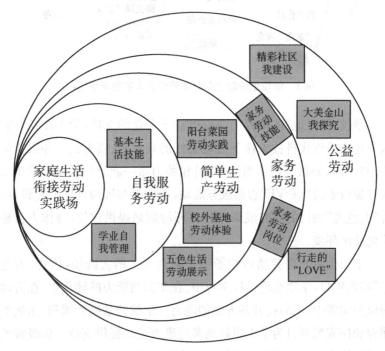

图4 家庭生活衔接劳动实践场示意图

劳动卡",记录学生参与劳动的情况。利用周末和假期,班级根据学生的性别差异、身体状况等特点,布置劳动作业,要求学生完成一定量的家务劳动,并且记录在"快乐劳动卡"上。"快乐劳动卡"的使用,可以督促学生积极参加劳动,确保每个孩子都能获得劳动体验、习得劳动本领,有利于家长配合学校对学生劳动习惯的培养进行指导。[①] 家委会可以利用节假日组织开展学生生活技能展示活动,让学生参加各种社会劳动。家庭要树立崇尚劳动的良好家风,家长要通过日常生活的言传身教、潜移默化,让孩子养成从小爱劳动的好习惯。

家庭劳动实践是学校劳动教育的重要延展部分,结合班级"五色光"特色项目,开展五彩家庭育新人"亲子劳动享快乐"的系列活动,如做五色饭、装扮房间、举办五彩家庭亲子运动等。班级组织各类评比活动,激励学生巩固劳动技能,提升劳动兴趣。家庭是第一学校,家长是第一任老师,家庭在劳动教育中发挥基础作用。家长通过言传身教,鼓励孩子自觉参加力所能及的劳动,帮助孩子树立正确的劳动观念,让孩子在潜移默化中培养吃苦耐劳的优秀品格、诚实合法的劳动意识、热爱劳动的良好习惯,掌握洗衣、做饭等必要技能,具备较强的生活自理能力,劳动教育才会真正由理念变为现实,从空中楼阁到落地生根、开花结果。

社会要发挥在劳动教育中的支持作用。金山区有着丰富的劳动教育资源,可以组织学生开展"大美金山开眼界"系列活动:体验朱行扎染、吕巷土布、枫泾农民画。充分利用社会各方面资源,为劳动教育提供必要保障,可以拓宽劳动教育的渠道,形成学校和社区教育的合力。学校组织学生参加力所能及的生产劳动,参与新型服务性劳动,可以使学生与普通劳动者一起经历劳动的过程(见图5)。

---

① 陈少燕:《家校社携手加强学生劳动教育》,老师圈网站,2022-08-15。

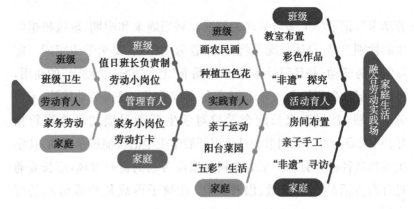

图 5　家庭生活融合劳动实践场育人路径

有计划地整合各方资源,为劳动教育的协同开展提供可操作条件,建立起学校、家庭和社会"三域联动"的协同劳动育人机制,打造劳动教育共同体,形成目标统一、循序渐进的一体化培养整体。营造劳动育人环境,互联互通,共享教育资源,有助于激发学生的劳动兴趣,全面培养学生的创新精神,形成正确的劳动观和健康的人生观。学生在校园劳动、家庭服务、社会服务及职业体验等实践中积极运用所学技能,进一步促进了自身劳动素养的提升,劳动态度、劳动能力、劳动习惯和劳动品质都有了明显改善和提升。

五、多维度的劳动实践,共育"五彩"少年

本班"五色光"特色劳动项目始于学生劳动的各类窘况,终于"懂感恩、会劳动、有担当、乐奉献、敢创新"好少年的培育。回顾一路走来的点滴,劳动的幸福感油然而生。

班级文化的建设仿佛一根无形的绳把全体学生紧紧捆绑在一起,从学生亲自动手设计照片墙到一张张"五彩缤纷"个性照片的展示,凝聚着众人的智慧,更吸引着每一位路过的观众。五个小组按横排布置,8张照片仿佛8位小朋友手拉手齐头并进,预示着值日班长

负责制的畅通运转。从照片墙开始，大家又开始着手"展示墙"和"展示台"的设计，恰逢金秋季节，从金山农民画入手巧融各类丰收的元素，点缀水稻、高粱等实物，满墙的乡土气息扑面而来。课间有人驻足在照片墙前欣赏赞叹，有人来到展示墙前触摸感受，是大家的劳动让教室充满了色彩和温情，感恩之情满满浸润，劳动意识悄悄萌芽。不少学生还提议举办"昆虫展示角""精美手工展""素描大PK"等展示活动，他们有想法、敢创新、接地气，非常值得肯定。

劳动小岗位是提升学生劳动技能的平台，劳动岗长的设立为每一位学生掌握该岗位的劳动技能提供了制度保障。每天早上看到晨读管理员认真领读，中午午餐管理员热情服务，放学值日生干劲儿十足，大家都在用劳动诠释着对班级的爱。有几位小朋友还从家里拿来不同的擦玻璃"神器"，在对比研究中找出最合适的劳动工具，提升劳动效果。劳动岗长们更是认真、严格，不仅监督提醒、客观评价，而且为了保证劳动质量，总会利用课余时间到自己负责的岗位上反复确认。近一个月的劳动实践得到了各科教师的夸赞。在值日班长和岗长的有效配合下，劳动实践巩固了学生的劳动技能，点燃了学生的劳动激情，"会劳动""有担当"的育人目标得到有效落实。

"五色光"特色劳动项目如一束亮光照进了我们平凡的生活，引领着我们前进的脚步。从"五彩缤纷"教室的装扮到烹饪"五色饭"、穿着"五彩衣"、探"五色童年"（民间游戏）、游"大美金山"，我们的班级活动将学校、家庭、社区各类资源有效整合，各科教师、家长和社区工作者的共同参与开拓了学生的思维，提升了活动的高度，增加了活动的深度。家庭是温馨的港湾，班级是成长的摇篮，社会是梦想的舞台，每个场域中都需要学生用智慧去学习，用劳动去实践。学生在参与家、校、社各类活动中，为家庭付出，为校园添彩，为社会贡献自己的力量。

本班特色劳动项目开展已拉开序幕，我们可以带领孩子做的、思考的、感受的还有很多很多。

班级特色项目推进家校劳动教育融合育人
——以凝心聚力"蚂蚁班"建设为例

上海市松江区新闵学校 程仁慧

2020年中共中央国务院颁布《关于全面加强新时代大中小学劳动教育的意见》（后简称"《意见》"），指出劳动教育是中国特色社会主义教育制度的重要内容，直接决定社会主义建设者和接班人的劳动精神面貌、劳动价值取向和劳动技能水平。《意见》直指当前义务教育阶段劳动教育相对缺失的现状。青少年不珍惜劳动成果、不会劳动、不想劳动的现象较为严重，"劳动最光荣"几乎变成了一句空洞乏力的口号。

以笔者所在学校的五年级为例，通过问卷调查发现，仅18%的学生会在家主动承担家务劳动，24%的学生会在家长的督促下做一些自我服务型劳动，58%的学生会在学校的德育作业要求下，学习一些家务技能，偶尔做一些家务劳动。对于扫地、洗衣及择菜之类的基本生活类劳动技能，大多数学生较为生疏，基本由家长代劳。多数学生较为铺张浪费，不懂得节约粮食，不珍惜劳动成果。由此可见，学生劳动技能相对匮乏，劳动意识较为薄弱，急需由学校引领，家长携手，共同提升学生的劳动意识。

为贯彻国家劳动教育相关政策，我在工作室课题"班级特色项目推进家校劳动教育融合育人"引领之下，建设凝心聚力的"蚂蚁班"，以发展学生"团结勤劳、善于合作、聪明机智、乐观向上"的精神品质为目标，以学校和家庭生活为切入点，以生活劳动、生产劳动、服务性劳动为教育内容，以劳动教育特色班级项目为途径，充分凝聚家庭、学校各方资源,构建家校融合一体的劳动育人模式,从而帮助学生树立正确的劳动观念,具备基本的劳动能力,培育积极的劳动精神,养成良好的劳动品质。

一、共创特色文化,营造班级劳动氛围

班级是学校开展教育活动最基本、最稳定的基层组织。班级特色文化建设对于提升班级品质、促进学生个性成长等有显著作用。因此,班级育人环境的优化能有效地营造劳动氛围。

1. 齐心动脑,共议班级精神文化

笔者所在班级为五(6)班,共有 47 名学生。建班之初,班主任通过家访、问卷调查,对班级情况有了一定了解后,决定让学生的各项特长、家长的各项资源形成合力,共建一个有凝聚力、有生命力的和谐班集体。师生合作,通过班级会议,共同商议,决定以蚂蚁这一极具社会性的昆虫作为班级形象,以蚂蚁的团结勤劳、善于合作、聪明机智、乐观向上的精神作为班级学生成长奋斗的目标(见表1)。

表 1 班级各学年阶段发展目标

年级	班级发展阶段	学生发展目标	目标设定分析
一年级	奠基期	心向阳光	学会遵守规则,懂得各项礼仪规范,爱集体、爱同学,快乐地适应小学生活
二年级	赋能期	勤劳勇敢	注重培养学生自理能力,做到爱劳动、爱小岗位
三年级	成长期	敏学善思	乐于学习,善于思考,善于创新
四年级	助力期	顽强拼搏	有一定的抗挫折能力,能做到自主、自立、自信、自强
五年级	飞跃期	乐于奉献	能够为班级、学校、社会贡献自己的一份力量,有一定的责任担当

图 1 "蚂蚁班"班徽

以班徽为例,作为班级精神文化的外显性载体,其设计是由家长、学生合作完成。同学们群策群力,设计画稿,家长们电子绘图,制作班徽(见图1)。一群小蚂蚁,象征着班级47名学生,同舟共济意味着大家团结合作。这样的设计,不仅凝聚了师生、家长的创意和脑力劳动,更时刻提醒着大家凝心聚力,团结一致。

此外,班级目标、班级公约、班级标识、班级口号等,均由师生合作,通过班会讨论等形式,共商共议而得出。齐心动脑,凝心聚力,让班级精神文化内核深入每个学生的心灵。

2. 合力动手,共创班级物质文化

班级温馨教室的创建,是学生凝心聚力、齐心协力完成的一场劳动实践。五年级的学生,已具备一定的布置教室的能力与经验,小组合作则成了提高效率的主要方式。卫生小分队组织全班大扫除,让教室干净整洁;板报小分队负责每期黑板报的设计绘制;手工小分队设计制作班级特色栏;环创小分队则是负责各类手工制作,布置教室;植物角、图书角则由每位同学带来植物、书籍,装饰美化教室……不同小组,不同分工。人人参与,发挥特长,齐心协力打造一间充满凝聚力的教室。这个过程不仅能提升学生劳动技能,锻炼学生的合作能力,齐心创建的温馨教室更能增添学生的班级归属感。

无声的班级物质文化建设化成了有声的教育。每一面墙、每一幅字、每一张照片、每一个角落,都凝聚着班级师生的心血与智慧。在布置温馨教室的过程中,各小组齐心动脑、合力动手,设计能力、操作能力及团队合作能力等劳动技能得以提升,勤劳团结的劳动氛围得以营造。

二、共设特色岗位，提升学生劳动能力

班级是一个集体，集体的主体应该是每个学生。班主任开展班级岗位建设，让每个学生都参与到班级公共事务的管理中来，有助于平等互助的班级氛围的建立，有利于班级的和谐发展和学生健康人格的形成。① 为构建凝心聚力的班集体，班级小岗位的设置遵循"人人有事做，事事有人做，时时有事做"的原则，鼓励每个学生以主人翁的身份加入班级管理。

每学期开学，根据学生年段特点、班级所需，设置不同的小岗位。再依据班级发展阶段目标及班级特色，对所需岗位进行分类。"蚂蚁班"以涵育学生四大"蚂蚁精神"为目标，岗位类型主要分为四大类：儒雅督查岗、勤劳笃行岗、博学多艺岗、敏学求知岗。其中儒雅督查岗，主要负责班级文明礼仪的监督与提醒；勤劳笃行岗，主要负责班级环境卫生的管理与维护；博学多艺岗要发挥个人智慧与技能，为班级的文艺工作贡献力量；敏学求知岗则是与学习相关的职位，如各学科的课代表、班级小助手等。四大类型的岗位构成班级劳动自治管理网络体系，以期通过班级自治管理平台，促进学生素养全面发展。

1. 特色轮岗，搭建劳动平台

担任不同的岗位，学生应习得的劳动技能有所不同。为了让学生习得更多的劳动技能，班级采用特色轮岗的方式，为学生搭建劳动平台。"一月一岗"是我们班的常规做法：岗位述职——师生评价——颁发岗位津贴——辞职——竞选新岗位。每月一次轮岗，鼓励学生跨类别竞选岗位，争取每位学生一学期掌握4种岗位技能，最终达到"班级事务样样行，人人都是班级小主人"的目标。

---

① 吴婷：《基于学生自治的班级岗位建设》，《江苏教育》2019年第10期。

2. 岗前培训,提升劳动能力

不同岗位侧重于不同劳动能力的培养,对于不同年段的学生,也会采取不同形式的岗前培训。低年段时,学生认知水平有限,教、奖并行,有效的岗前培训指导尤为重要。首先,通过播放班级劳动小明星的值岗视频,让学生观看,老师讲解并示范指导动作。以擦黑板这一技能为例,从洗抹布到擦黑板,再到叠抹布,详细的视频讲解,让学生先初步了解这一技能。接着,看完视频后,当场找几个孩子拿着抹布示范,让小伙伴纠正、点评,共同学习劳动技能。班主任此时更多的身份是陪伴者,陪伴他们参与班级事务的全过程,并给予细致的指导与帮助。所以,对于低年级学生,正确的方法、动作、步骤,都是做好小岗位工作必不可少的指导。

针对高年级的孩子,一份详细的岗位"说明书",就足以让学生了解该岗位的操作要求与岗位价值。以图书管理员为例,岗位职责有哪些?岗位条件是什么?岗位津贴是多少?一份岗位说明书,就能够让值岗者做到心中有数(见表2)。

表2 图书管理员岗位"说明书"

岗位名称	图书管理员
岗位价值	1. 长期与书本打交道,有更多的机会读书 2. 锻炼整理与收纳的能力 3. 提升自我的同时,能为班级、同学服务,实现自我成就感
岗位职责	1. 负责图书角的整理与收纳 2. 负责组织每月一次的好书推荐 3. 负责组织班级去阅览室借阅图书
岗位条件	1. 热爱图书,乐于分享好书 2. 整理收纳能力较好 3. 具有较强的责任心和良好的服务意识
岗位流程	1. 每天中午利用清洁时间整理图书角的书本 2. 组织班级每月一期的好书推送海报,开展小组分工,分别负责绘制、跟进、张贴

续表

	3. 双周周四从班主任处拿好班级图书卡，下发给每位同学，带领大家去阅览室借阅课外书；随后，收齐借阅卡
评价标准	优秀：服务意识较强，能与同学高效沟通，服务态度较好，积极主动地帮助同学完成图书整理、借阅相关工作 良好：能较为及时地整理收纳图书角，较为认真地组织同学开展好书推荐，能提醒同学按时还书，能较为友善地与同学沟通 合格：经过提示，能按时完成任务；服务同学的态度较弱 不合格：提醒后仍不能完成任务，组织能力、沟通能力较差
岗位津贴	优秀：3圆 良好：2圆 合格：1圆 不合格：0圆

3. 特色评价，激发劳动兴趣

蚂蚁"代币券"岗位津贴机制，是班级会议协商出的特色评价机制。多劳多得，按劳分配，一定的劳动报酬是激发学生兴趣的主要方式。"儒雅蚁""乐劳蚁""敏学蚁""博艺蚁""奉献蚁"五种特色形象，对应五大岗位类型"代币券"，以期学生全方位综合发展（见图2）。积满五类"代币券"，即可抽奖一次，有趣的评价奖励机制激励着大家轮岗时选择不同类别的岗位。作为"蚂蚁班"的通用"货币"，"代币券"不仅能在蚂蚁超市购买自己喜欢的物品，更代表着一定的班级荣誉。根据岗位报名火热程度，制定相应的岗位津贴，引导学生积极尝试不同岗位。如：每学期劳动委员的职位深受追捧，大家都想要掌握"劳动大权"，"指点江山"。因此对于劳动委员一职"市场人才"饱和的现象，可适当降低"薪资"。学生见"工资"变低，则会寻求其他性价比较高的岗位。升降"工资"，也能有效引导学生朝着不同方向的岗位去努力。此外，岗位津贴奖惩制度，也能有效提高岗位执行力。

蚂蚁形象	名称	精神品质	"代币券"
	乐劳蚁	热爱劳动	 蚂蚁工坊乐劳券 贰圆
	敏学蚁	敏学善思	 蚂蚁工坊敏学券 贰圆
	儒雅蚁	讲文明、懂礼貌	 蚂蚁工坊儒雅券 贰圆
	博艺蚁	多才多艺、阳光自信	 蚂蚁工坊博艺券 贰圆
	奉献蚁	乐于奉献	 蚂蚁工坊奉献券 贰圆

图2 "蚂蚁班"特色"代币券"

班级自治平台的搭建,特色岗位津贴的激励,不仅能让学生在班级自治过程中习得一定的劳动技能,更能激发他们的劳动兴趣,从而养成长期坚持劳动的习惯。

三、共享特色劳动活动,涵育学生综合素养

教育部《大中小学劳动教育指导纲要(试行)》指出,当前实施劳

动教育的重点是在系统的文化知识学习之外,有目的、有计划地组织学生参加自我服务劳动、家务劳动、简单生产劳动、公益劳动,让学生动手实践、出力流汗,接受锻炼,磨炼意志,从而培养学生正确的劳动价值观和良好的劳动品质。开展班级特色劳动活动,能有效引导学生"做中学""学中做",激发他们参与劳动的主动性、积极性和创意性。

为构建凝心聚力的"蚂蚁班",涵育学生"团结勤劳、善于合作、聪明机智、乐观向上、乐于奉献"的精神品质,我根据五年级学生的阶段年龄特征,融合家校各方资源,以特色小组合作机制,师生合作、生生合作,开展系列特色班级活动。

1. 小组合作机制塑造学生团结协作的劳动品质

《义务教育劳动课程标准(2022年版)》中,对于第三学段(5—6年级)的学生有这样的要求:在集体劳动中团结协作,提升与他人合作劳动的能力。在劳动过程中自觉遵守劳动纪律,形成诚实劳动的意识。小组合作作为班级特色制度,在劳动活动中能有效提高劳动效率,促进学生团结协作的劳动品质。

为涵育学生团结协作的精神,构建凝心聚力的班集体,班级成员按照兴趣爱好,自主成立了6个小组,每组7—8名同学。各类班级劳动活动均以小组为单位开展。首先根据活动方案,小组分领任务;接着组内商讨,成员分领任务;然后大家分工探究;最后合作实践,一起完成劳动任务。

以每周五午间学校班级包干区大扫除为例,该劳动活动内容较为轻松简单:清扫树叶、拔除杂草、给花坛小花浇水、擦拭乒乓球台等,参与学生无须太多。因此,小组合作机制应运而生。每月一次小组轮岗,人人都能参加校级劳动活动。在认领任务后,小组长再将任务分给7位组员:管理工具、清扫树叶、拔除杂草、给花儿浇水,2名学生一组,合作完成劳动任务。当然,在小组成员合作过程中,需要相互配合,这有效锻炼了组内合作能力,使学生形成合作意识。

2. 融合两个劳动实践场,共享丰富劳动活动,涵育学生综合素养

在劳动育人理念下,根据《义务教育劳动课程标准(2022年版)》的要求,结合班级育人目标,开展具有班级特色的活动——蚂蚁当家系列活动(见图3)。从学校和家庭生活两方面,引导学生在劳动中学会合作、观察、思考、动手、实践,从而内化"蚂蚁班"特色精神品质:勤劳团结、儒雅阳光、敏学善思、顽强拼搏、乐于奉献。

(1)自我服务型劳动——劳动技能大比拼

《义务教育劳动课程标准(2022年版)》要求第三学段学生基本掌握家庭生活中常用的清洁与卫生、整理与收纳技能。为此,班级每学期会结合年段劳动教学目标开展劳动技能大比拼系列活动。

在家庭实践场,组内成员通过向家人学习一项基本劳动技能和开展小组家务小打卡的形式,来塑造自身勤劳的精神品质,明白劳动能让生活更美好。学习基本家用电器的使用方法,提升生活自理能力。用洗衣机清洗自己的衣物、用微波炉加热牛奶、给吸尘器倒垃圾、用电饭煲煮饭……向家长拜师学艺,"家务技能轻松学"。在班级活动的引领之下,平日里很少主动做家务的学生积极加入小组打卡活动之中。晓黑板成长空间平台上,小组成员间可以互相晒一晒自己的劳动成果,也可以给同学拍摄的家电使用技巧视频点个赞。家务小打卡有效激发了学生的劳动兴趣。此外,我们还积极与家长携手,带领学生举行家务劳动技能大比拼活动;开发家庭小岗位,坚持21日打卡评价,鼓励学生勇当家务劳动小先锋。学生在自理能力提升的同时,也体会到了父母劳动的艰辛,明白了劳动可以让生活更美好、更幸福的道理。

在学校体验场,该活动主要集中于将家务活动中学到的家庭大扫除技巧迁移至班级、校级大扫除活动中来。拖地小妙招、擦窗户小妙招、垃圾分类小妙招、卫生死角清洁妙招……每小组认领一个任

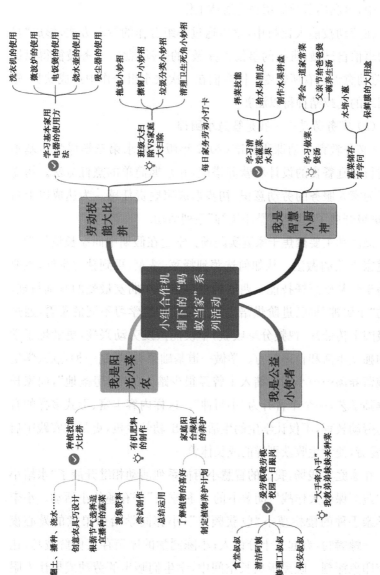

图 3 小组合作机制下的"蚂蚁当家"系列活动一览图

务,组内成员分工合作。班会课上,小组成员智慧共享。此后在劳动实践中,再利用所学妙招进行清洁工作。

在劳动技能大比拼中,学生通过小组合作的劳动方式,形成"自己的事情自己做,班级的事情大家做"的劳动观念,家务技能得以提升,劳动意识也有所转变。同学们在一次次小组合作中形成默契,勤劳团结的蚂蚁精神得以涵养。

(2) 家务劳动——我是智慧小厨神

《义务教育劳动课程标准(2022年版)》要求第三学段学生基本能进行家庭餐食的设计和营养搭配,并掌握简单的烹饪方法。树立乐于为家人服务的劳动意识,初步形成家庭责任感。为达成以上目标,班级开展了"我是智慧小厨神"系列活动。

该活动主要聚焦于家庭实践场。学生在假期中向家长请教学习一道家常菜的做法。从如何选菜到择菜、洗菜,再到独立烹饪,主要锻炼学生基础烹饪技能。西红柿炒鸡蛋是小朋友最爱的基础料理,有的"小厨神"早已进阶烘焙世界。不同小组学习不同的菜肴,通过班级圈上传照片、视频分享收获,不仅能激发劳动兴趣,更锻炼了学生的独立生活和自理能力。学做一道基础菜肴、学制一种点心、学煲一碗营养汤……小朋友踏入了曾经很少踏入的"厨房圣地",向家长们拜师学艺,一个个晋升为"小厨神"。这样内容丰富、形式多样的有趣的劳动教育,不仅让学生的生活焕发出勃勃生机,更是在实践中启智、爱劳,使学生收获别样的成长体验。

在家庭实践场,我们的智慧小厨神系列活动相继开展了"水培小葱""蔬菜保鲜大作战""胡萝卜的N种吃法"等有趣的小活动。小李同学亲手种的樱桃萝卜"收获颇丰";小郭同学给弟弟煮的爱心夜宵——螺蛳粉,看起来十分诱人;小陈同学的冰箱存菜保鲜技巧,让大家印象深刻。晓黑板成长空间中,学生们晒出的劳动成果让人眼前一亮。在劳动实践过程中,学生不仅习得了一定的劳动技能,更学会了顽强拼搏、乐观向上的蚂蚁精神。

(3) 简单生产劳动——我是阳光小菜农

《义务教育劳动课程标准(2022年版)》要求第三学段学生进一步体验种植、养殖、手工制作等生产劳动,能根据劳动任务选择合适的材料和工具、技术与方法,安全、规范、有效地开展劳动,初步养成持之以恒的劳动品质。

在学校体验场,我们主要依托校级"和美种植园"的种植活动,延伸出了属于班级特色的"我是小菜农"特色班本活动。活动主要以小组为单位,分批参与校级蔬菜种植活动。学生通过查找资料,根据时令,选择适宜节气的蔬菜进行种植。除草、翻土、播种、浇水、施肥,小组分工劳动,不仅锻炼了体能,更收获了一定的农事知识。此外,给班级菜园取名、绘制铭牌,播种后给蔬菜绘制观察日记,浇水时旧物改造、设计洒水器;施肥时,结合自然学科所学,调查了解如何堆积有机肥料;最后采摘时,撰写收获体验感悟;采摘后,与家人分享收获的喜悦……这类简单的生产劳动,让学生视野更开阔,创造性思维得以训练。当然,小学生在合作体验中也是状况百出:香菜种子为什么不发芽?小白菜长虫了怎么办?生菜苗苗太"瘦弱"了怎么办?小组成员分头搜集资料,交流研讨,想办法解决问题。脑力劳动的过程,更让学生明白敏学善思的重要性。

在家庭实践场,学生们将学校劳动场所学劳动技能转移至家庭阳台种植中,亲子合作,开辟家庭阳台种植基地。花花草草,绿植蔬菜,播种育苗,浇水施肥,有失败,也有成功。在种植的过程中,看着蔬菜们由种子长出果实,孩子们感悟到生命的力量——无论生活中有多少逆境,我们都要努力前行,努力终有回报。

(4) 公益劳动——我是公益小使者

《义务教育劳动课程标准(2022年版)》要求第三学段学生主动参加校园卫生保洁和环境美化等劳动,积极参加社区环保、公共卫生维护等力所能及的公益劳动。为构建凝心聚力的班集体,班级依托家长资源,协同社区开展"我是公益小使者"系列活动,以期通过小组合作机制下的劳动实践,涵育学生乐于奉献的精神品质。

在学校体验场,我们主要开展了"大手拉小手"系列种植活动和"学习劳模精神,争当儒雅少年"系列跟岗活动。苏霍姆林斯基曾说过,学生在劳动过程中,会进行知识迁移,将最基本的知识技能进行创造,当其掌握的技能和技巧越重要、越复杂,劳动过程与劳动成果之间的联系就越明显,学生便会以越发强烈的感情去完成劳动任务,因为这样能让其产生巨大的成就感。"大手拉小手"活动,将自己所学到的种植本领,传授给低年级的弟弟妹妹,这样的公益活动,学生很感兴趣。在"学习劳模精神,争当儒雅少年"主题活动中,学生以小组为单位,在校园参加一日跟岗活动。通过了解保安叔叔、清洁阿姨、食堂叔叔一天的工作生活,学生们体会到劳动者的辛苦付出,也明白了劳动是创造幸福生活的根本途径。

在家庭实践场,我们将种植园收获的蔬菜分享给社区老人,靠双手为社区做一些力所能及的公益服务,感受劳动换来的邻里温馨、爱心与快乐,在劳动中涵育乐于奉献的蚂蚁精神。

四、开展班级特色项目,以劳为媒,全面育人

劳动项目是落实劳动课程内容及其教育价值,体现课程实践性特征,推动学生"做中学""学中做"的重要实施载体。每个学年,班级都会凝聚家、校、社三方的力量,团结协作,开展具有班级特色的劳动项目。以"蚂蚁当家——我是阳光小菜农"特色育人项目为例,该项目相关的特色育人主题可具体分为儒雅、敏学、博艺、健体四个小主题(见表3)。

主题一:儒雅——以劳树德

儒雅主题,主要聚焦于学生文明礼仪、道德品质的教育。以观察、讨论、实践为主要行动方式,以培养学生的生活技能、生存技能为主要目标。在劳动的过程中,以种植园的岗位分工和家务技能培训

为主要方式,启发学生养成勤劳团结的好品质。在学习家务技能的过程中,体会到家长的辛苦,涵育感恩之心。

主题二:敏学——以劳增智

敏学主题,主要聚焦于学生脑力劳动的启发与培养。以调查、查阅资料、实践为主要方式,培养学生的学习力、创造力,开启智慧型农耕生活。创意农具的设计,蔬菜生长过程性报告的撰写,智慧小厨神、家庭种植小阳台等活动,将学校劳动与家务劳动相融合,培养动手能力,启发创新思维。

主题三:博艺——以劳育美

博艺主题,主要聚焦于学生审美能力的培养。与美术学科相结合,设计制作班级菜园展示牌;与劳技学科相结合,旧物改造,为小菜园设计新型农具;亲子活动,制作各类手工作品;废物利用,制作小花盆、衍纸装饰画;绘制成果展示小报……该主题以欣赏、实践为主要方式,培养学生的审美能力与生活情趣,涵育热爱生活、积极向上的乐观精神品质。

主题四:健体——以劳健体

健体主题,主要聚焦于学生的体力锻炼,如翻土、种植、浇水、除草等系列农事活动;农耕工具的搬运及收纳技巧;蔬菜采摘活动;社区敬老爱老活动"和大人一起包饺子"等。以实践操作为主要方式,让学生在动手过程中,强健体魄,敬老爱老,从而培养正确的劳动价值观和良好的劳动品质。

表3 "蚂蚁当家——我是阳光小菜农"特色育人项目表

德育目标	内容(劳动内容渗透)		德育内涵
	学校(班级)	家庭(社区)	
儒雅 (以劳树德)	1. 小组分工合作,制定蔬菜种植计划,每日给蔬菜浇水	1. 家务小打卡:每日承担一项家务劳动,并完成打卡评价	1. 以观察、讨论、实践为主要行动方式,以培养学生的生活技能、生存技能为主

续 表

德育目标	内容(劳动内容渗透)		德育内涵
	学校(班级)	家庭(社区)	
	2. 红领巾志愿服务:在种植过程中,大小红领巾结对,高年级教授低年级弟弟妹妹基本种植技巧	2. 学习清洗蔬菜、削切水果 3. 学习买菜、摘菜,做一些简单的时蔬菜肴	2. 以种植园的岗位分工和家务技能培训为主要方式,在劳动的过程中,启发学生养成勤劳团结的好品质 3. 在学习家务技能的过程中,学生体会到劳动的艰辛,了解家长的辛苦,涵育感恩之心
敏学 (以劳增智)	1. 查找二十四节气的资料,了解相关播种种植时间与植物生长知识 2. 学习常见的种植技能:翻土、播种、施肥、除草、摘菜 3. 发挥想象力,创意设计新型农具,如利用废旧水瓶制作浇水壶 4. 与语文学科结合,为新播种的蔬菜制作名片,撰写观察日记	1. 智慧小厨神:了解蔬菜保鲜小妙招;了解食物中的营养学,根据家人口味制定合理的营养菜单 2. 智慧阳台:开启阳台蔬菜种植新方式,如疫情期间的水培大蒜、水培小葱	1. 以调查、查阅资料及实践为主要方式,培养学生的学习力、创造力,开启智慧型农耕生活 2. 开展"智慧小厨神""智慧阳台"活动,将学校劳动与家务劳动相融合,培养动手能力,启发创新思维
博艺 (以劳育美)	1. 与美术学科结合,设计制作班级菜园展示牌 2. 与劳技学科结合,旧物改造,为小菜园增添新型农具	亲子活动,制作各类手工作品,如废物利用,制作小花盆、衍纸装饰画……	以欣赏、实践为主要方式,培养学生的审美能力与生活情趣,涵育热爱生活、积极向上的乐观品质

续表

德育目标	内容（劳动内容渗透）		德育内涵
	学校（班级）	家庭（社区）	
健体 （以劳健体）	1. 农耕工具的搬运及收纳技巧 2. 开设采摘节：蔬菜采摘	社区敬老爱老活动"和大人一起包饺子"	1. 以实践操作为主要方式，让学生在动手过程中强健体魄，敬老爱老 2. 培养正确的劳动价值观和良好的劳动品质

五、实践成效

在整个建班过程中，我始终以劳动实践活动为载体，以小组合作机制作为班级活动的特色，通过学生的亲身参与和各种感官的协调运动，促进学生全面发展，实现以劳树德、以劳增智、以劳健体、以劳育美，全面育人。班级在一次次活动中得以凝心聚力，学生在各类劳动活动中提升劳动技能，学会积极克服困难，建立良好合作关系，养成辛勤劳动、创造性劳动的习惯，形成勤劳团结、儒雅阳光、敏学善思、顽强拼搏、乐于奉献的品质，最终达到在行动中提升综合素养的目标。

芦苇文化助推家校劳动教育

上海市浦东新区明珠临港小学　钟艳

《关于全面加强新时代大中小学劳动教育的意见》对中小学劳动教育提出了新的要求。习近平总书记立足新时代历史方位，对劳动和劳动教育作出重要论述：要在学生中弘扬劳动精神，教育引导学生崇尚劳动、尊重劳动，懂得劳动最光荣、劳动最崇高、劳动最伟大、劳动最美丽的道理，长大后能够辛勤劳动、诚实劳动、创造性劳动。劳动教育是新时代党对教育的新要求。

劳动教育的有效落实，仅仅依靠学校单方面的努力是远远不够的，家庭在孩子的劳动教育上扮演着非常重要的角色。孩子在劳动素养方面存在诸多问题，一个非常重要的根源就在于家庭劳动教育的缺位、错位和越位。有关调查显示，在现在的中小学生中，近三分之二的学生不爱劳动或不太爱劳动。所以，劳动教育要取得实效，家校携手显得尤为重要。

明珠临港小学本身地处临港新区，这里最初的面貌是一片芦苇地，到处是成片成片的芦苇荡，身为居住在这片地区的小主人们，应该去了解芦苇、认识芦苇，学习芦苇的精神特质，在学习和成长的过程中继承芦苇的精神，学习芦苇坚韧不拔的毅力，体会芦苇积极优雅的心态。因此在建设班级芦苇文化的过程中，以劳动教育的形式推进班级文化建设是一个非常行之有效的方法。通过劳动项目的设计和组织，学生在丰富的劳动实践中去具体认识什么是芦苇精神及为什么要学习芦苇精神,在动手、动脑的劳动体验中明白芦苇精神的真正含义。在此过程中,不断强化班级文化,提高班级的凝聚力,深化学生对芦苇精神的认识。

以创设班级文化为推手,加强家与校的互动,增强家校的联系,共同助推班级学生热爱劳动、积极劳动、崇尚劳动,树立正确的劳动观念,形成必备的劳动习惯,塑造基本的劳动品质,培育积极的劳动精神。

一、明确育人目标,清晰育人方向

每个孩子都会经历如同芦芽一样的成长阶段,他们的成长之路,一个台阶,一串脚步,一次成长,有的孩子快一点,有的孩子慢一点,都是他们各自的经历。虽柔弱,但希望学生们学习芦苇锲而不舍的韧劲和积极向上的冲劲,一点一点地向上拔高。因此设计了班级育人理念:阶梯成长、积极乐观、优雅从行。

孩子在逐步的成长中有所收获。所有的进步不是一蹴而就的,所有的成长不是拔苗就可以助其长大的。在学习与成长的过程中,培养学生具有像芦苇一般一节一节向上拔高、在风中柔美飘荡的精神,使其具有积极心态,把每一步走得踏实而优雅。

在此育人理念的引领下,设计如下班规:

芦根:实——锲而不舍,脚踏实地

芦叶:韧——诚实守信,积极乐观

芦秆:升——认真听讲,大胆求索

芦花:逸——优雅从行,笃行致远

在班规的设计中,根据芦苇的四个部位提炼出其独特的精神特质。芦根扎入泥土中,吸收养分,为芦苇的生长提供所需营养,希望学生养成锲而不舍、脚踏实地的精神。芦叶因为柔韧的特点,常被人们用来包粽子,成为制作粽子的主要材料,它还被人们用来编织物品,希望学生像芦叶一样具有积极乐观的韧性,不怕失败和困难,始终能够积极面对人生中的各种问题。芦秆具有节节拔高的特质,以此引领学生不断探索知识,勇于探究众多未知的领域。芦花总在秋风中优雅飘逸,表现自我从容自信的状态,以此培养学生成为一个行为举止优雅得体、睿智雅言之人。

二、打造"芦苇"文化,体现劳动项目

校园是学生学习、生活的空间,班级是学校教育教学的基本单位,而班级文化是班级成员经过一段时间的思考,形成的班级独特印痕,并能够被全体学生所认同的共同遵守的价值观、学习风气和学习环境的总和。班级学生在芦苇文化的建设中,在设计班级班徽、美化班级环境的劳动中,运用自己的智慧和巧手,打造别样的班级文化,使得无声的墙壁和草木成为班级文化的象征。班级同学在共同的劳动中培养团结协作的精神,为提升班级的凝聚力贡献力量。

1. 班级文化创设,学生自主体验

(1) 芦苇凝聚班级力

图1 "芦苇班"班徽

全班学生共同设计班徽,创造独特的班级文化。班级专属班徽彰显班级特色(见图1)。这些独具特色的班级专属,让班级学生对本班的芦苇文化和芦苇精神有了进一步的了解,让学生在班级芦苇文化日复一日的潜移默化的熏陶下逐渐形成班级凝聚力。班徽设计时,学生想到芦苇的成长阶段主要有绿色和黄色,因此设计班徽的主体颜色以这两者为主基调。中心位置为一棵成

长中的绿色芦苇，象征着学生日益成长的状态。外部由书本图形包围，寄予学生在学习和成长中理解芦苇的文化内涵和精神品质。

(2) 芦苇点亮植物角

植物角是教室中唯一的绿化集中的场所，也是一间教室具有生机的独特之处。芦苇在四季中有着不同的成长状态，虽然学生可以通过视频了解芦苇的生长情况，但是把芦苇养在教室里，可以让学生对芦苇有更加直观的感受。同时，学生在养护芦苇的过程中，能更真实地了解芦苇的种植特性，感受芦苇精神。

(3) 芦苇装扮教室

班级是学生学习和生活的重要场所，以"芦苇"为班级特色，鼓励学生把有关芦苇的成果展示出来。学生们创编芦苇诗歌、画芦苇，将作品自主张贴在学科成果展示区。学生在文学和绘画的创作中，提高了学习能力。同时在美化教室的过程中，让芦苇无处不在，把芦苇精神留在教室，留在班级每个学生的心里。

2. 特色劳动岗位，培养劳动习惯

(1) 特色劳动岗位

班级开展卫生打扫活动，组织、开发各种班级劳动项目，力求做到人人有劳动任务，学生在班级的服务劳动中，感受积极劳动、讲究卫生的班级氛围。同时培养学生不随便扔垃圾的习惯，初步建立垃圾分类的意识和维护公共卫生的意识。在班级卫生劳动中，学生可以感受劳动的快乐，变得愿意参加劳动。因此班级中的岗位劳动设置，从班级实际出发，依据学生自身成长和发展需求，结合班级芦苇文化特色，设置四个特色岗位名称，分别为芦根岗（服务类）、芦叶岗（互助类）、芦秆岗（学习类）、芦花岗（礼仪类）。在设置中，努力做到人人有事做，人人有岗位（见表1）。

表 1　芦苇班岗位设置表

常规岗位名称	特色岗位名	岗位职责	规范落实	标准反馈
清洁维护员	芦根岗	清洁教室地面和垃圾桶	每日中午、下午两次和值日小组长一起检查教室地面和垃圾桶,并做最后的清洁工作	地面无垃圾,垃圾桶清空
图书管理员	芦根岗	整齐摆放书本,并进行分类放置	1. 每日观察图书角书本摆放情况,并及时提醒同学 2. 放学前归整好所有书本 3. 每周一次检查书本破损情况,并上报班主任进行修补	书籍分类摆放整齐,有破损的进行修补
雨具小管家	芦叶岗	帮助同学整理雨具	1. 下雨天,拿出雨伞桶,帮助同学折好三折伞和雨衣放入雨伞桶,长柄伞挂走廊墙壁处 2. 放学时提醒同学把雨伞带回家,并把雨伞桶放回教室原处	雨具折叠整齐,放置于规定位置,放学后无遗忘雨具
护绿小精灵	芦花岗	照料教室花草	1. 根据不同植物特性进行浇水 2. 清洁桌面水渍 3. 定期去除黄叶 4. 清理枯萎植物	植物叶片绿色,正常生长,桌面干净,无落叶、泥土、水渍
护眼小天使	芦叶岗	提醒同学做好眼保健操	1. 每天两次眼保健操,教室巡逻时提醒每位同学及时开始做眼保健操 2. 过程中监督同学认真做操,不说话,不睁眼	每位同学按时认真做眼保健操

续表

常规岗位名称	特色岗位名	岗位职责	规范落实	标准反馈
洁具收纳家	芦根岗	整齐摆放扫帚、簸箕	1. 每次值日生结束工作后,检查洁具摆放情况,如有问题马上摆放整齐,并把情况告知小组长,避免下次出现问题 2. 每周检查洁具破损情况	扫帚、簸箕位置正确,排列整齐,洁具无破损
光盘行动者	芦叶岗	提醒同学做到光盘	1. 每日中午拿汤桶和汤勺放入班级盛汤处 2. 检查同学光盘情况,浪费严重者规劝返回再吃一点,尽量不要浪费 3. 检查同学餐盘摆放是否整齐 4. 帮助同学分发水果或酸奶,及时提醒未拿取的同学	湿垃圾桶无大量浪费食物,餐盘摆放整齐,食物倒干净,无余物,水果、酸奶发放无剩余
领读小老师	芦秆岗	每日早上领读	1. 声音响亮,有感情朗读课文 2. 提醒同学认真朗读,做到心到、眼到、口到	班级同学认真朗读课文

（2）多重岗位轮换

为了调动学生参与班级小岗位实践的积极性,让更多孩子有机会得到锻炼和提升,班级小岗位定期轮换,以鼓励孩子尝试不同的岗位,激发其参与热情。

每个部门由班委负责,芦根岗负责人为劳动委员,芦叶岗负责人为卫生委员,芦秆岗负责人为班长,芦花岗负责人为纪律委员。该负责人为部门组长,负责这个部门中各个岗位的完成情况。在劳动岗位轮换制中,学生根据意愿与特长,在班级竞聘擅长的岗位。在一个部门内部,所在组员轮流担任当日组长,管理当日劳动任务,负责当日部门劳动的完成情况。一个月后，学生可根据完成情况，进行岗位轮换，也可以申请调换部门，学习其他部门的劳动技能。这样可以尽量满足学生对不同劳动岗位的需求，同时也是对学生不同劳动能力的锻炼。

此外，还可以让做得好的孩子定期分享经验，通过这种方式，鼓励更多的孩子参与锻炼，让他们在多元化的体验、多重的合作中提升能力。在某些具有挑战性的岗位上，学生可以进行分工合作，必要时可采用"师徒带教制"，有相关经验的同学将心得与秘诀"传授"给新手，这样"以老带新"，提高班级整体劳动效率。

（3）全面岗位评价

学生最渴望的就是自己的努力能被看到，如果对学生取得的点滴进步，都能及时地给予充分肯定和表彰，会大大提高学生的积极性和自信心。因此建立学生自评与互评相结合的评选机制，定期对学生的岗位工作进行评选，每个星期的班会课上都对上一周的表现进行评选，全部让学生自己评价和互评。结合评价表的情况，表现优异的同学会获得相应的特色章一枚，张贴于摘星手册上，以此记录点滴的阶段成长。学期末，结合奖章的数量评选出班级"健康小能手"，颁发奖状。这种自主评选的机制让学生看到了自身优点，让每位学生的闪光点都能被发现，让学生在评价中学会赏识自己和赞扬别人，互相学习，共同进步，从而形成了积极向上的良好氛围。

3. 劳动育人项目，促进劳动能力

劳动项目开发既要关注劳动知识和劳动技能的学习，更要关注劳动价值的引领、劳动精神的培育。因此结合不同学段学生身心发展特点，在考虑项目的劳动强度和实施方式的适宜性时，把劳动项目分成三个阶段：自理劳动、家务劳动和种植劳动，呈现螺旋式上升的发展规律，逐步培养学生不同阶段的劳动能力。同时，劳动项目内容紧贴家乡——临港，从实际生活出发，激发学生对劳动的兴趣，提高劳动的主动性和创造性，让学生们乐于劳动，使劳动教育成为激发学生对家乡产生自豪感的渠道。

上海临港中运量公交系统是临港区域内一道靓丽的交通风景线，连接着临港地区最为标志性的地点。"小芦芽们"一起搭乘"中运量劳动专列"，传承临港人民的劳动智慧，作为"小小劳动实践者"，前往临港"隐藏款"劳动站点，展现当代临港少年的劳动意识、劳动技能、劳动创意、劳动风尚。"中运量劳动专列"设有自理劳动站、家务小达人站、临港芦苇滩站。在这些站点中，"小芦芽们"在学会自理劳动后体会到成长的骄傲，萌发家居劳动中的责任心，感受芦苇生命的力量和付出劳动后的幸福！

（1）第一站：自理劳动站

在这一站，低年级的小朋友们踏上了劳动实践之旅。孩子们在丰富、有趣的情境中，学习劳动、学会自理，不仅能懂得劳动的重要性，更能体会到自己动手的快乐。在实践中积累劳动经验，从被照顾走向自理自立，成为一名合格的小学生，并以个性化的方式分享、展示自己的劳动小窍门，摘得属于自己的劳动成长星。劳动是一种美德，也是一种能力，作为低年级的小学生，学会掌握基本的自理能力。在自理劳动站，孩子们结合自身情况，完成了劳动小调查，整理出了自己需要淬炼的劳动技能，也秀出了自己擅长的劳动技能。

（2）第二站：家务小达人站

中年级的同学们搭乘"中运量劳动专列"到达第二站——家务小达人站。已具备一定动手能力的他们，每日参与家庭中简单的、力所能及的家务劳动。同学们积极参与此次活动，有的同学早晨起床自己叠被褥，穿衣洗漱，给父母制作简单饮品，帮父母清扫房间地面，饭后收拾餐桌，清洗碗筷，甚至做简单的饭菜等。在忙碌的家务劳动中，同学们体验到了劳动的快乐，形成了正确的劳动观念，养成了良好的劳动习惯，促进了同家人之间的沟通，感受到家长的辛劳，从而懂得感恩，主动关心父母。同学们也在劳动过程中形成一种思想，即自己是家庭的一员，自己有责任完成自己能做的事儿；也逐渐懂得"一屋不扫何以扫天下"的道理。

(3) 第三站：临港芦苇滩站

"中运量劳动专列"第三站是临港芦苇滩站。我们带领学生一起领略芦苇生长的魅力，了解身边的农作物的成长过程。"民以食为天"，农业种植是人类社会的衣食之源、生存之本。在倡议"爱惜粮食"的基础上，更需要凭借自己的大脑和双手，成功种植出食物，让学生感受种植的快乐与不易。种植的不仅仅是蔬菜，还可以是水果。同学们一起开展一项充满期待的"快乐种植"劳动项目，积极投身农业劳动中，去感受"快乐种植"带来的满足感，搭建起劳动与幸福的桥梁。

劳动是生命的底色，也是教育不可或缺的一个重要方面。活动中，同学们以个性化的方式分享、展示自己的种植成果，摘得属于自己的劳动幸福之星。如何为作物挑选合适的土壤、何处下苗、何处覆土……这些本来无比陌生的知识，现在也能了然于胸。种植的小苗苗在泥土中生根发芽、蓬勃生长，浸润了大家的心灵，视频、照片中那一张张骄傲又自豪的笑脸就是最好的证明。学生们不仅提升了课外综合实践的能力，学习到了农业种植知识，还体会了农耕劳作的艰辛，更加深刻地意识到了一粒米、一餐饭的来之不易。

三、共育家校劳动，彰显以劳育人

以习近平新时代中国特色社会主义思想为指导，注重挖掘劳动在树德、增智、强体、育美等方面的育人价值，将培养学生的劳动观念、劳动精神贯穿课程实施全过程，引导学生树立正确的劳动价值观，崇尚劳动、尊重劳动，增强对劳动人民的感情，发展创新意识，提升实践能力和社会责任感，成为懂劳动、会劳动、爱劳动的时代新人。

学校和家庭需要以日常生活劳动、生产劳动和服务性劳动为主要内容开展劳动教育，引导学生崇尚劳动、尊重劳动，树立劳动最光荣、劳动最崇高、劳动最伟大、劳动最美丽的观念，构建德、智、体、美、劳全面培养的教育体系。学校后勤社会化,清洁阿姨代替了学生的义务值日,学生较少有机会参与家务劳动、学校劳动。

因此,以全面育人为出发点,联合学校和家庭开展劳动教育是至关重要的。家长在系列劳动课程的推进下协同育人,将劳动变成生活情趣,变成技能学习的过程,让每一个家庭通过劳动文化的传承,强化孩子的劳动意识,培育孩子良好的劳动习惯和自立自强的品质。

1. 芦影——以劳育美

通过不同形式的劳动活动,在动手劳动中,学生感悟美、发现美,体悟只有劳动才能创造美。学生通过对芦苇的认识,进行以芦苇为主题的教室和家庭美化活动。在学校中认识芦苇,画芦苇,美化教室柜子。课外和家人一起制作芦苇剪贴画,来到芦苇生长的地方,一起和芦苇合影,对芦苇精神有初步的认识和感受。

2. 芦趣——以劳促智

师生共同参与植物播种、养护等生产过程,学习劳动工具的使用方法等,学生通过劳动实践进一步端正劳动态度,掌握劳动技巧,提高动手能力,享受劳动的乐趣,同时,为将来开展复杂性、创造性劳动打下基础。通过了解芦苇作用,创意生活设计,让芦苇艺术无处不在。在学校,尝试水培芦苇植物,学习养护的方法,了解它的生长习性。来到校外,鼓励学生走进公园,查看芦苇的生活状态,思考保护芦苇地的方法。同时,在家里可以和家人一起学习芦苇编织,创作与芦苇有关的创意作品。

3. 芦行——以劳健体

对学生而言丰富的劳动实践活动既是课堂作业,也是别样的体验与挑战。学生亲自动手,通过劳动实践,深刻诠释劳动教育"躬耕力行"的精神,教育引导学生进一步体会"纸上得来终觉浅,绝知此事要躬行"的真谛。以芦苇叶为载体编织板鞋,在课堂中学习芦苇叶编织;回到家中尝试和长辈一起用芦苇叶包粽子,在劳动中创造美食,和家长一起享受劳动带来的健康和快乐。

4. 芦韵——以劳树德

以课堂学习为引领,以活动为载体,让学生观察身边的植物生长环境,实地了解植物生长的状态,将劳动教育融入课内、课外全过程,开展"沉浸式"劳动教育,充分发挥实践作用,提高学生劳动意识。学生从诗歌中感受芦苇文化,体会芦苇的坚韧生命力以及默默无闻的奉献精神。来到校外课堂,可以找一找,寻找家附近的芦苇;看一看,参观临港的芦苇滩;探一探,发现生活中芦苇的用处。从多方面感受芦苇精神(见表2)。

表2 "芦苇班"育人劳动实践表

育人主题	内容(劳动内容渗透)		德育内涵
	学校(班级)	家庭(社区)	
芦影 (以劳育美)	1. 认识芦苇 2. 用毛笔书写关于芦苇的诗歌,并进行成果展示 3. 画芦苇,美化教室柜子	1. 和家人一起制作芦苇剪贴画 2. 拍摄芦苇照片	通过对芦苇的认识,进行以芦苇为主题的教室和家庭美化活动
芦趣 (以劳促智)	1. 水培芦苇植物,学习养护的方法,了解它的生长条件 2. 了解芦苇的生存环境	1. 研究芦苇地越来越少的现状,思考保护芦苇地的方法 2. 学习芦苇编织 3. 制作芦苇创意作品	通过了解芦苇作用,创意生活设计,让芦苇艺术无处不在
芦行 (以劳健体)	学习芦苇叶编织	1. 用芦苇叶包粽子 2. 编制芦苇板鞋(跑步锻炼)	以芦苇叶为载体编织板鞋,开展丰富的活动
芦韵 (以劳树德)	1. 赏析芦苇诗歌 2. 创编芦苇儿歌	1. 找一找,寻找家附近的芦苇 2. 看一看,参观临港的芦苇滩 3. 探一探,发现生活中芦苇的用处(学习芦苇默默无闻、奉献自我的精神)	学生从诗歌中感受芦苇文化,体会芦苇的坚韧生命力以及默默无闻的奉献精神

四、实践成效

1."劳动成就自信奋斗班集体"

在劳动活动的实践中,每个人参与班级集体劳动,主动维护教室内外环境卫生,初步形成了以自己的劳动服务他人的意识。在劳动过程中学生遵守纪律,不怕脏、不怕累,具有劳动安全意识,逐渐养成有始有终、认真劳动的习惯,促进班级成为同学之间互帮互助、团结奋斗的家园。在自信心态的影响下,班集体在各类活动中,呈现阳光活力的班风,班级凝聚力也得到进一步提升。在班级积极劳动氛围的感染下,相信学生在以后的学习以及人生中,回忆起这个积极向上的班级时,能领会"劳动是一切幸福的源泉""幸福是奋斗出来的"的内涵与意义。

2."劳动促进积极乐观雅少年"

学生从胆怯的孩子蜕变成从容优雅、积极乐观的少年,能自觉自愿地劳动,养成安全规范、有始有终的劳动习惯;体悟劳动成果的来之不易,珍惜劳动成果;能辛勤劳动、诚实劳动、协作劳动和创造性劳动,养成吃苦耐劳、持之以恒、敢于担当的品质。在优秀品质的不断养成中,积极乐观的心态成为学生前进的动力和源泉,提供给学生源源不断的成长能量,造就了一条更宽、更广的路途让他们去探索和前进。

3."劳动共通共融家校力"

通过劳动活动的开展,及时与家长联系,以布置劳动任务和劳动清单,指导家长将相关劳动内容作为家庭劳动的重要组成部分,使家庭劳动教育与学校劳动活动建立关联,使学生习得的劳动技能得到及时的应用和巩固。同时以劳动活动为契机,增进学校与家长的联系,给予家长不断的支持和指导建议,为孩子和家长提供沟通的桥梁,促进亲子关系的和谐发展。随着信息化时代的发展,孩子的成长有很多地方是我们始料未及的,因此家校的合作也需要不断更新和升级,实现共通共融的合力,以劳动教育为推手,努力满足孩子个性化的发展和内心需求。

在班级芦苇文化的推动下,学生积极创设班级文化,从班徽的设计到教室场所的美化布置,以劳动凝聚班级向心力,形成班级特色。学生在劳动岗位的服务劳动以及各种劳动活动的开展中,学习劳动知识和劳动技能,培育劳动精神。以建设班级文化为契机,通过家校融合的形式,积极推广和开展劳动教育。鼓励家长在系列劳动活动的推进下协同育人,进一步巩固和强化学生的劳动意识,培育孩子良好的劳动习惯和自立自强的品质。

以"竹"为媒,推进家校劳动教育

上海市奉贤区星火学校 路青眯

劳动教育是德、智、体、美、劳五育中的一个重要组成部分,是以实践为主的教育形式,近年来越发受到党和政府的重视。2018年9月10日,习近平总书记在全国教育大会上的讲话明确指出:要在学生中弘扬劳动精神,教育引导学生崇尚劳动、尊重劳动,懂得劳动最光荣、劳动最崇高、劳动最伟大、劳动最美丽的道理,长大后能够辛勤劳动、诚实劳动、创造性劳动。

当前学生劳动意识淡薄,参与劳动的时间又少,衣来伸手,饭来张口,家长对于劳动也不重视。在学校,学生很多时候参与的也都是基本的、简单的劳动项目。《中小学德育工作指南》指出,劳动教育是实施素质教育的重要内容,是全面贯彻党的教育方针的基本要求,是培育和践行社会主义核心价值观的有效途径。中小学生参加劳动实践,既可以掌握必备的劳动技能,养成良好的劳动习惯,还可以树立社会责任感,养成艰苦奋斗的优良品质。劳动实践可以通过校内日常劳动实践,或家校联合组织学生进行家务劳动,或组织学生进行校外劳动体验。

自古以来,竹就入画、入诗、入词,深受文人墨客称颂。竹之清新、高洁、坚韧、向上,是中国传统文化中正直、虚心等德之化身。"竹文化"蕴含着厚实的中华民族精神,笔者依托区域浓厚的农垦传统文化氛围,结合学校校本特色课程,以"竹"为媒,通过丰富的劳动实践活动,推进家校劳动教育融合育人。以竹子的优秀品质感染、启迪、激励学生,希望每个学生能追随"竹子精神",怀揣着自己的梦想,逐梦前行,成为德、智、体、美、劳全面发展的"最美星竹"(见图1、图2)。

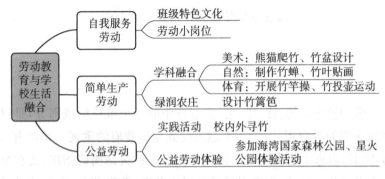

图1 劳动教育与学校生活融合图

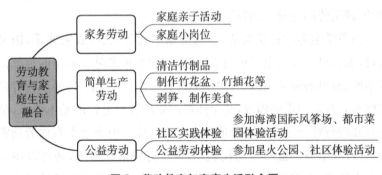

图2 劳动教育与家庭生活融合图

一、以"竹"为媒,共建班级文化,渗透劳动意识

入学伊始,在认识校园环境、了解学校办学特色后,笔者与学生共同商讨,最后确定"小青竹"为班级名称。初进校园的孩子们就好

比青翠可爱的小竹苗,绿色是希望的颜色,根据学校学生培养目标,通过大家动脑探讨,制定了班徽、班级育人目标、学生培养目标及班规,希望每个学生都能事事用心,节节向上。

教室是开展班级文化建设的重要阵地,班级环境的布置不仅体现班级的精神面貌,还能影响学生的身心健康。笔者结合班级育人理念,与家长、学生一起动手优化教室环境,让每一面墙壁都能"说话",处处彰显"小青竹"班级特色,随处散发"竹文化"的气息,激励学生勇往直前。在优化教室环境的过程中,渗透劳动意识,使学生懂得良好的学习环境及氛围是需要通过自己劳动创造的。

新学期意味着新的开始。开学第一天,学生们会将自己假期里最满意的劳动成果张贴到"笋芽尖尖"一栏,用于到期末时进行比较,看看自己是否有进步。"竹墨花开"区域是学生们最喜欢的,学生会从家里挑选自己最喜欢的书籍放在这里,以供大家一起阅读,了解不同的知识。而"青竹竞冒"一栏会定期更换,张贴学生们在各学科及探秘竹文化时的优秀作品,鼓励成长较快的学生为成长较慢的学生树立榜样。"节节攀高"即"雏鹰争章"指定项目,在争章过程中,鼓励学生通过自己的勤奋努力,自律成长。"笑竹颜开"一栏张贴学生们参与校内外、班级的各项活动的精彩瞬间,照片里灿烂的笑容让孩子们感受生活的美好,鼓励学生乐观自信。"竹光添彩"一栏张贴学生们参与各级各类活动中获得的奖项及成果,使学生懂得付出劳动才会有收获的道理,增强集体意识,营造团结向上的班级氛围。

二、以"竹"为媒,实施特色岗位,转变劳动观念

(一)一日"管家"初体验

一年级学生缺乏有关承担责任的生活经历和直接经验,培养他们履行岗位职责的行为能力,需要激发他们的参与欲望,引起他们承

担岗位角色的强烈要求。为了进一步了解每个孩子的各方面能力，渗透责任意识，准备期结束后，我结合小学低年级主题式综合活动（简称"小主综"）"我的班级我的家"，按学号实行每日两位学生体验"一日竹园管家"活动。每周五班会上请10位"小管家"总结自己发现的问题，并尝试提出建议，同时请大家对10位"小管家"进行评议，根据实际情况评选出两至三位"优秀管家"。为期大约四周，一共评选出10位"优秀小管家"，再通过民主投票，选定第一岗位——"竹园管家"人选。

虽然学生的能力参差不齐，但是有很多学生表现出强烈的参与班级管理的意愿。在自己当"管家"的时候，认真观察了解班中的同学们，也发现了哪些不妥的行为会影响大家，开始明白"集体"的概念，意识到不仅要管好自己，更应该为集体作贡献。而在评价"管家"的过程中，也了解到哪些同学在哪个方面能力较好，同时也在思考，轮到自己的时候，人家会怎么评价自己，潜意识中开始产生责任意识。

（二）特色岗位人人有

为了尊重每个学生，提升学生的积极性，让每个孩子明白自己是班级的"小主人"，遵循"事事有人做，人人有事管，人人有责任"的原则，在创设班级小岗位的时候，做到广设岗位，实现每人一个岗位。笔者先从班级生活的需要出发，结合前期"一日竹园管家"活动中学生们看到的问题，设置相关岗位。由于一年级的孩子年龄尚小，能力有限，对于很多岗位要求不是很清楚，所以根据年龄特点，尊重学生发展的需求，结合学生特点和爱好，从发挥学生才能出发，设置他们有能力胜任的岗位。同时，采用自由、民主原则，发挥学生的创造性，让学生自己思考并设计小岗位名称，明确岗位目标。最后，将这些岗位按照学生培养目标中的"五竹"进行分类（见图3）。

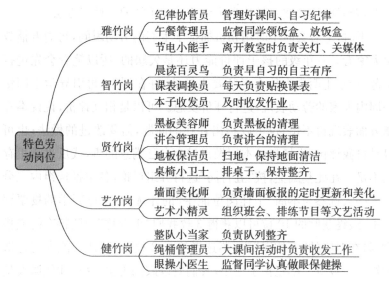

图 3　班级特色劳动小岗位设置图

（三）评价及时助轮岗

设置好岗位，就得竞争上岗。古人云：唯才是举，任人唯贤。要让每个孩子有用武之地，使自己的特长得以发挥，但也要尊重学生意愿，毕竟只有学生自己愿意做的，才能用心做好。选岗的过程也是深化劳动意识、转变劳动观念的过程，学生们在选岗过程中意识到了班级工作很多，也很琐碎，必须要有责任心。

小岗位的创设就是要让每个学生都参与班级管理，强化责任心。但是，一年级的孩子毕竟还小，他们选的第一个岗位可能是一时兴起，而且长时间的单一劳动容易出现懈怠的情绪，所以，"一岗定终身"不可取。经过一段时间的调整和实践，学生基本能轻松地完成自己的岗位工作，为班级、为同学服务。但也有在工作中遇到问题和挫折的，有的学生可能会坚持不下去，会灰心失落，毕竟年龄小，对所做事情只有三分钟热度，很快就觉得无趣了。为了提高学生的劳动积极性，及时的评价奖励是让学生体验劳动乐趣的一种好方法。

平时，笔者会时不时用相机捕捉学生们的劳动瞬间，每周五播放给大家看。一年级的孩子评价能力还是欠缺的，所以笔者会先进行示范，让学生明确为什么老师要表扬他，好在哪里；再引导学生回忆一周内大家的劳动表现，进行评价反思。可以是相互评价，说说谁在哪方面表现得不错，也可以指出存在的问题，需要改进的做法；也可以是自我评价，表扬自己本周做得最令自己满意的事，或反思哪里存在不足。在此基础上，按"五竹岗"进行分组讨论，各组推选组内二分之一的人选参与本周"十佳岗位能手"的评选，在全体同学的投票评选中，最终获胜的 10 位可以获得 3 枚我们"小青竹"中队特有的熊猫章，敲在对应的"五竹岗"内，落选者给予 2 枚章，其他未能参与评选的给予 1 枚章。毕竟孩子还小，我们要以鼓励为主，这样才能激发他们的好胜心，提高岗位工作的热情。尤其一些在平日里调皮捣蛋的学生，在学习上很少能拿到熊猫章，"爬"了很久，一节竹子都没"爬"完，心里总是不好受。但是他们爱劳动，在岗位工作中很负责任，获得不少章，慢慢地能跟上大家的脚步，也让同学们看到了他们不一样的一面。他们体会到了负责的乐趣，明白了不仅要对大家负责，更要对自己负责，学习上也慢慢开始上心了，行为习惯也有所改进。

为了不打击学生的积极性，每个岗位根据实际评价情况决定留岗还是岗位置换。根据每周评价，岗位能手可以选择其他四类岗位中的一类，与其中获得 1 枚熊猫章的同学进行岗位置换，这样才能更好地服务大家。另外，岗位及其职责也不是一成不变的，需要与时俱进，适时增加或者删减岗位，并根据学生成长情况适时拓展和升级等。这样，学生之间的交流多了，感情也好了，能够促使学生自觉成为班级的主人，为班级发展作贡献。

三、以"竹"为媒,开展各类活动,挖掘劳动潜力

《义务教育劳动课程标准(2022年版)》倡导丰富多样的实践方式,强调学生直接体验和亲身参与,注重动手实践、手脑并用,知行合一、学创通融,倡导"做中学""学中做",激发学生参与劳动的主动性、积极性和创造性。注重引导学生通过设计、制作、试验、探究等方式获得丰富的劳动体验,习得劳动知识与技能,感悟和体验劳动价值,培养劳动精神。所以,笔者基于学校平台,结合班级特色,携手家长,开展特色劳动育人项目(见表1)。

表1 "竹文化"特色劳动育人项目框架表

育人主题	内容(劳动内容渗透)		德育内涵
	学校(班级)	家庭(社区)	
雅竹（以劳树德）	1. 朗诵有关"竹子"的名言、对联或古诗,阅读赞美"竹子"的文章 2. 欣赏文人墨客笔下竹子的千姿百态,感悟作品中表现出的竹子精神	1. 寻找家用竹制品,学习保养方式 2. 尝试画竹、写竹,如国画、诗配画、硬笔书写、软笔作品创作等	通过学习竹文化,了解竹子精神,体会竹子的贡献之大,增加爱竹意识
智竹（以劳增智）	1. 参观校园竹林,了解如何种植竹子,分组体验护竹 2. 利用竹叶、竹枝、竹篾等材料,进行创意制作,如制作竹叶贴画、竹枝拼画、竹蝉、竹窗户等	1. 走出校园,寻找自己身边的竹子,与之合影,并尝试介绍 2. 亲子游戏:创意竹游戏	进一步了解竹子构造及其在不同时期的用途,增加竹文化知识,在创作劳动中增加智慧
艺竹（以劳育美）	1. 制作竹瓶、竹篮、竹花盆等,学习竹插花 2. 认识竹笛、葫芦丝、竹笙等与竹相关的乐器,并欣赏这些乐器演奏出的乐曲	1. 测量绿润农庄土地,设计竹篱笆,家校合作制作竹篱笆,美化及保护自己的农庄 2. 和家人一起挖竹笋、剥竹笋,制作创意美食,如尝试用竹笋炒菜,制作竹筒饭	结合各科融合育美,利用美景、美食、美图等感悟生活

续　表

育人主题	内容（劳动内容渗透）		德育内涵
	学校（班级）	家庭（社区）	
健竹 （以劳强体）	1. 利用活动课，跳竹竿操，比赛踢竹球 2. 利用"小主综"课程，组织竹投壶、竹套圈活动	1. 小队活动：在制作竹蜻蜓和竹风筝的基础上，比赛谁的作品飞得更高、更远 2. 表演亲子竹竿舞，同时可以表演给敬老院或日托所老人观看	师生、亲子共同合作，塑造和谐场景，提高运动参与度，锻炼体质，在玩中激发学生的竞争意识，节节向上

（一）探索契合点，学科融合育星竹

中共中央、国务院在《关于深化教育教学改革全面提高义务教育质量的意见》中明确了综合实践活动课程在劳动教育中的重要地位，也进一步强调了综合实践活动在劳动教育中的重要意义。所以在学校大主题下，基于班情，围绕着学生成长需求及目标，笔者融合各学科，探索契合点，开展特色劳动综合活动，让学生在参与劳动过程中积极向上，主动成长。

1. "探竹制蝉"——以劳树德、以劳增智

在自然老师的带领下，通过参观校园竹林，初步认识竹子，了解竹子的组成部分，学习制作竹蝉，并在竹林前留下班级"全家福"。在了解竹子后能简单进行介绍的学生，可以在"智竹"一栏敲上1枚熊猫章；参观过程中，注意文明礼仪，初步培养护竹意识，完成任务的学生可以在"雅竹"一栏敲上1枚熊猫章。在制作竹蝉的过程中，除了培养学生们自己的动手能力外，还注重增强学生团结合作、遇到困难互帮互助的意识。顺利完成竹蝉制作的学生，可以在"贤竹"一栏敲上1枚熊猫章。

2. "妙手绘竹""竹音缭绕"——以劳育美

在美术老师的指导下，学生绘制各自眼中的竹子，同时发挥想

象,制作完成创意"竹"图,通过学生及任课老师民主投票,评选出10幅优秀作品,评为优秀作品的学生在"艺竹"一栏敲上2枚熊猫章,其他参与完成作品的学生给予1枚章。在绘制与评价中,提升学生的审美能力。优秀作品用于布置教室墙面,使学生懂得班级文化环境布置需要自己的创造。从古到今,由于竹的结构加之生长的普遍性,与我国的传统文化艺术结下了不解之缘,用竹制成的乐器非常多。在音乐老师的介绍下,学生们认识了竹笛、葫芦丝、竹笙等与竹相关的乐器,并欣赏这些乐器演奏出的乐曲,感受竹子带来的音乐之美。同时以"竹笛"为例,学习清洗和保养的方法,只有将乐器保养好了,才能保证乐器的音质,演奏出美妙的音乐。在互动体验中,学生深切感受到劳动的不易。

3. "竹投能手"——以劳强体

在"小主综"课程的基础上,利用校园的竹子制作一个结实、平稳、大小合适的竹壶,在体育老师的指导下,比赛投壶,并学习正确的投掷姿势。获得前5名的学生可以在"健竹"一栏敲上2枚熊猫章,其他只要投进了的学生就可以获得1枚熊猫章。另外,小组合作探究竹箭入壶的秘诀,在此基础上,设计更好玩的竹投小游戏,开展体活课活动,让学生通过自己的劳动创造,激发参与运动健体的积极性。

(二)巧用各种资源,亲子活动育星竹

家庭是从小培养孩子劳动意识与能力的重要场所,在对孩子进行劳动教育从而帮助孩子形成正确的劳动观方面发挥着重要作用。家庭中的劳动教育不能仅凭说教,更多要依靠家长的行动引领。除了日常的生活劳动,家长可以利用各种资源,创造机会和孩子一起参加一些生产劳动。因此,笔者结合学校级班级活动,鼓励家长走出去,开展丰富的亲子活动,通过劳动培养孩子各方面的能力。

1. "微笑觅竹"——以劳增智

在父母的协助下,通过查阅资料了解不同种类竹子的外形特征及生存环境,走进社区、公园等实践场所,和父母一起寻找自己身边的竹子,辨别种类,并与之合影,留下最美笑容,开展"家庭竹子对对碰"活动。最后根据寻找到的竹子的种类数量,评选出5个"觅竹小达人",并为其在"智竹"栏添加2枚熊猫章,其他参与活动的学生获得1枚熊猫章。

2. "竹器纷呈"——以劳树德

在"竹音缭绕"的基础上,寻找家中其他用竹子制作的物品器具,体会竹子的贡献之大。向父母长辈学习所寻竹器的清洁和保养方式,增加爱竹意识。录制清洁、保养竹器的操作视频,评选5位"清洁小贤竹",并为其在"贤竹"一栏添加2枚熊猫章,其他参与活动的学生获得1枚熊猫章。通过生活化的学习与锻炼,不仅提升了学生的语言表达能力、综合学习能力,同时让学生感受到劳动创造的快乐,从而激发劳动自主性,争做生活小主人。

3. "笋指美味""竹思妙想"——以劳育美

竹子在不同时期的用途也不同,每年的4、5月份是发笋季节,在竹园里,遍地都是破土而出的竹笋,这些竹笋肉质细腻,适合和其他食材一起烹饪出美味的竹笋菜肴。在父母的帮助与引导下,学生参与挖笋或购笋,学习剥笋,尝试洗笋,从小培养热爱劳动的优良品格。仔细观察父母烹饪竹笋菜肴的过程,品尝美味的竹笋美食之余,感受竹子的用途之大,体会美食的来之不易,感受日常家务劳动的艰辛。在"笋指美味"的基础上,了解竹子不同部位的用途。发挥想象,和同学或父母一起利用竹子的不同部位进行插花设计,美化自己的家庭环境。通过竹插花设计与制作,懂得温馨的家庭氛围需要自己付出劳动,从而增强劳动意识及为民服务的意识。

4. "竹圈竞技"——以劳健体

在学校竹投壶运动的基础上,开展亲子"竹圈竞技"。和父母一起寻找竹编材料,利用合适的材料,一起设计、编制不同形状的竹圈,并开展家庭竹套圈竞技比赛,比比谁套得多。在每次活动后,探究如何提升自己的竹套圈竞技水平,并开展不同形式的活动,改掉久坐不动的习惯。

四、以"竹"为媒,构建评价体系,激发劳动兴趣

《义务教育劳动课程标准(2022年版)》提出要注重综合评价。既要关注劳动成果,更要关注劳动过程表现。以教师评价为主,鼓励学生、其他学科教师、家长等参与到评价中来。因此,笔者从育人目标入手,整体构建学生评价体系,发挥评价在学生成长过程中的导向和激励作用。

除班主任以外,各项活动涉及的任课教师、全班学生及家长都可以参与班级各项活动的评价。每个学生各有所长,要综合各方面内容对学生进行评价。所以围绕班级育人目标,师生共同商定常规评价内容,让学生对评价内容形成认同感。另外,做到所有活动必评价的原则。除劳动岗位可获得相应熊猫章外,各项活动表现优异者可在自己的竹竿上获得2枚熊猫章,基本完成活动任务的学生可获得1枚熊猫章,一节竹竿可容纳10枚熊猫章,积满10枚后可以给自己的竹竿加上一节。最后比一比,看看谁是最高的青竹。根据一个月的综合表现,评选出班级当月的"五竹"——"雅竹""智竹""贤竹""艺竹""健竹"。综合一个学期的表现,评选出本学期班级"最美星竹"。在拔节的过程中,学生清楚地看到自己的成长过程,必将继续努力前行。

五、总结

劳动教育是中国特色社会主义教育制度的重要内容,是全面发展教育体系的重要组成部分,对全面贯彻党的教育方针,落实立德树人根本任务,培养德、智、体、美、劳全面发展的社会主义建设者和接

班人有重要意义。笔者以"竹"为媒,结合班级特色文化,基于学校平台,融合各学科,携手家长,利用社会资源,开展丰富的活动,有目的、有计划地组织学生参与自我服务劳动、家务劳动、简单生产劳动、公益劳动,借助探究体验活动激发学生参与劳动的动力,找到参与劳动的幸福感,在活动中形成劳动创造力,提升学生的劳动素养,充分发挥劳动的综合育人功能,以劳树德、以劳增智、以劳育美、以劳强体。在争"五竹"、做"最美星竹"活动中,促进学生德、智、体、美、劳全面发展。

"鱼化龙"行动推进家校劳动教育

上海市金山区海棠小学　沈维

2020年3月,中共中央、国务院印发《关于全面加强新时代大中小学劳动教育的意见》,明确把劳动教育纳入人才培养全过程,将劳动教育纳入中小学国家课程方案。

促进学生的德、智、体、美、劳全面发展一直是我国教育所遵循的原则之一,劳动是最光荣的,但是在实际教育实施过程中,劳动教育也是最容易被忽视的。实际上劳动教育是贯穿一个人的整个教育阶段乃至整个人生不可或缺的东西,是其他所有教育的根基。培养全面发展的人的诀窍就在于对其进行劳动教育。小学阶段是学生的学习启蒙阶段,从小学阶段开展劳动教育自然也是必需的。从小学阶段就开始开展合理、正确的劳动教育不仅对学生的体质、智力等发展起到促进作用,还对学生的德育、美育有着重要的引导作用。

随着当前生活条件的改善、家长思维观念的转变和受社会风气的影响,家长往往认为孩子就是要以学习文化课为重,小学生力所能及的家务活都被家长"承包"了,这就导致小学生在家中很少做,甚至不做家务。很多家长对劳动教育存在片面的认识,他们往往认为开展劳动教育等同于从事体力劳动,开展劳动教育的目的也不过是为了让孩子掌握劳动技能,很少能够引导并帮助孩子树立正确的劳动价值观。学校往往以成绩高低来评价学生,学校将教育重心放在了提升学生的学科成绩上,对劳动教育较为忽视。随着教育体制的不断改革,劳动教育虽然已经走进了学校,走进了学生们的视野,但不论是老师还是学生和家长都对当前学校所开展的劳动教育重视程度不够。由于现在小学生的课业负担也较重,很多家长为了减轻孩子的负担,学校布置的关于劳动的作业有时会摆拍或者是家长"代劳"了。这些都使得小学生在生活中可以参与劳动的机会越来越少,甚至很多学生缺失劳动意识。当前小学生劳动教育的现状急需改变。

我们以研究课题"班级特色项目推进家校劳动教育融合育人的实践研究"为契机,借助锦鲤中队"鱼化龙"行动的班级特色,以家、校、社融合育人为途径,帮助学生树立热爱劳动的观念,使学生乐劳动、会劳动、爱劳动,享受劳动过程,培养良好的劳动习惯。

一、依据班情,创设"一班一品",确定育人目标

我们的中队名为"锦鲤中队",顾名思义就是学生们像一群活泼可爱的小鲤鱼。古时候有"鲤鱼跃龙门"一说,讲的就是小鲤鱼排除千难万险,一跃之后成长的故事。我们通过家校互动化"龙"行动的各项劳动实践,实实在在地提升每一条"小鲤鱼"的多项劳动能力,等待他们化"龙"之时,期待他们飞"龙"在天。

作为班主任,为了能够帮助每条"小鲤鱼"成功化"龙",了解班级中学生的各方面情况是尤为重要的,而依据班情制定合适的育人目标,才能帮助学生在各方面得到进一步的发展。我们班级现有45名学生,学生全部都是本市户籍,部分学生父母中一方为外省市户籍。独生子女30人,二胎家庭15人,1名学生的父母离异,部分学生家中有老人同住。无论是单胎还是二胎家庭,孩子都是家里的"小公主""小王子",缺乏劳动意识,对劳动缺少一个清晰的认识,是现在班级中的普遍现象。班级学生劳动意识缺乏的另一个原因是学生并不具备劳动技能,从而导致学生没有能力参加到劳动中去。

依据以上班情,我将本班级的育人目标分为班集体育人目标和

学生培养目标。

1. 班集体育人目标

通过"鱼化龙"行动的班级特色建设,让班级成为明理善学、尚美乐创的班集体,使学生懂礼仪,善学习,重合作,能创造,爱劳动,有责任,培养德、智、体、美、劳全面发展的时代"星"少年。

2. 学生培养目标

学生培养目标为锤炼体魄、勤奋好学、有礼有节、有创造力、有劳动力、有责任心(见图1)。

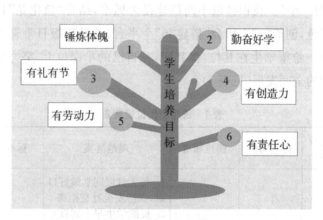

图1 学生培养目标结构图

无论是班集体育人目标还是学生培养目标,都是班级的"魂"。在围绕班集体育人目标和学生培养目标的前提下,我与班级学生共同商议,制定了"锦鲤中队"班规。

班规是班级的特色文化之一,是约束学生言行的准则。我们一起制定的班规,成为学生学习自主管理、提高责任意识的指导原则,让学生自律自立,积极阳光,充满自信。而与班级学生一起商定的班规,学生更容易接受并执行。有了主观能动性,大家自我管理就更加积极。

有了班集体育人目标、学生培养目标以及班规,"鱼化龙"行动有了明确的目标导向,也为班级后续各项活动的开展打下了坚实的基础。

二、结合目标,设立"班级岗位",提升责任意识

小小的岗位,大大的智慧。班级岗位的设置看似平常,但实则蕴含着许许多多奥妙。

1."设立"小岗位

在班级管理中,我力求以学生为本,面向全体,"关注每一个","发展每一个"。我积极以小岗位建设为抓手,结合"鱼化龙"行动的班级特色,创造"n"个机会,搭建"n"个平台,涉及班级日常管理的方方面面。希望学生在其位,谋其职,在自己的小岗位上,努力实现富有个性的全面发展(见表1)。

表1 班级小岗位设置表

常规岗位名称	特色岗位	岗位职责	规范落实	标准反馈
入校管理员	防疫带头鱼——金牌防疫龙	防疫物资的发放和整理	1. 每天督促同学戴好口罩,保持安全社交距离 2. 提醒学生早上到教室前、饭前、便后都要手部消毒 3. 负责每天两次的体温测量和记录 4. 及时整理、上报班级防疫物资的数量,如有缺失及时报给老师,并领取	做好、做到位防疫宣传工作
礼仪督促员	礼仪美美鱼——仪表堂堂龙	1. 校服穿着规范 2. 指甲、头发保持干净、整洁,女生头发扎好	1. 每周一提醒,每周二检查校服穿着情况,进行个别提醒 2. 督促同学勤剪指甲,勤洗澡,保持个人的卫生整洁	1. 每周二或学校活动时按要求穿好校服 2. 自觉主动做好个人卫生的管理工作

续 表

常规岗位名称	特色岗位	岗位职责	规范落实	标准反馈
早读管理员	早读管理鱼——阅读带头龙	带领晨读	1. 每天早晨带领大家进行早读（按学科） 2. 管理班级早读时的纪律等情况，并及时与学习委员进行沟通	晨读无杂声，朗读声音响亮，不随意离开座位或说话
两操管理员	健康示范鱼——两操棒棒龙	管理督促早操、眼保健操和课间操	1. 负责做广播操时的纪律 2. 负责做眼保健操时的纪律，并纠正错误动作 3. 负责做课间操时的纪律	1. 早操排队快、静、齐，出操整齐 2. 眼保健操人人做，动作标准

小岗位的设置使学生"人人参与班级管理"成为可能，并落到实处。对班级来说，小岗位能保证班级日常生活的有序开展，每日班级管理能井井有条，都能找到责任人；对学生而言，通过在小岗位上为班级服务、出力，能强化自身"我为人人，人人为我"的意识，不仅锻炼自我服务意识能力，同时可以强化集体荣誉感，增强班级责任意识和小主人意识，还有利于学会团结协作。小岗位就是学生成长的舞台，是我们班级"鱼化龙"实践的平台，也是班级凝聚力建设的一项有效措施。

2."亮化"小岗位

从表1的"特色岗位"一栏中可以看出，结合"鱼化龙"行动的班级特色，我们赋予了班级小岗位极有特色的岗位名称，如入校管理员一职，疫情期间，每日入校防疫工作必不可少，身为"入校管理员"，协助老师做好每日晨检、消毒工作尤为重要。入职之初，学生会被授予"防疫带头鱼"的小小称号，而经过一个月在岗位上的实践工作，经考核合格，就会被授予"金牌防疫龙"的荣誉称号，得到"龙徽章"，让人眼前一亮，也使学生非常感兴趣。这些"亮化"的小岗位的名称和荣誉称号,都是和学生一起集思广益所起的好听的"鱼化龙"名称。一个好听的名字能够增加一份情感,学生在岗位上会干得更快乐。有了好听的名字,有了明确的岗位职责,学生完成任务时就有了方向,有了动力,就更有利于岗位工作的落实。

3."轮换"小岗位

小岗位的选择首先遵循"自主性"原则。尊重学生的意愿,能最大程度地调动学生的主动性、积极性。岗位设置好后,先由老师确定每个岗位所需人数,再简单明了地向学生提出岗位工作的要求:每天做、坚持做、认真做。但是在学生自主选择的基础上,我们的小岗位还需要"轮岗",这样学生可以在不同的岗位上,得到不同的劳动技能的锻炼与提升。

一、二年级时,班级中原则上不选拔班干部,而是将班级各个小岗位分派到每一位学生的手上,一月一轮换,一月一评价,人人有事做,事事有人做,事事都会做。而进入中高年级后,班级中会每年选出一届班干部,那么"轮岗"的制度也将进行相应调整,由7位中队委员组成相对固定的"管理层",将班级中已有的各个岗位分配到每一位中队委员手中进行监督与管理,同样每月岗位轮换一次,实现在一整个学年中学生轮岗到各个班委负责的岗位中,从而得到不同的锻炼和提升(见图2)。

4."评价"小岗位

(1)"鱼化龙"争章

班级小岗位的设立和竞争,本质上我们可以把它们化作"争章行动",从而形成一种评价机制。每月底,学生在完成一个月的岗位实践后,将由班委、同学以及老师进行评价,合格者就能得到"鱼化龙"徽章。

另外,值得一提的是,完成评价表后这些"鱼化龙"的章从何而来呢?第一,利用班会课向学生宣传和弘扬中华民族传统意义上的"鱼化龙"文化。第二,让他们了解各个岗位的设置,以及化龙岗位的重要性。第三,基于学习的传统文化和了解的岗位设置方式,最终向学

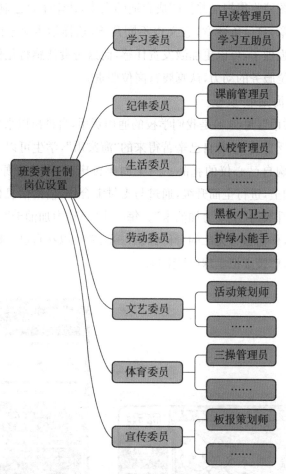

图 2 班委责任制岗位设置结构图

生征集各个岗位"龙徽章"的设计方案,希望他们通过佩戴自己设计的"龙徽章"来更好地促进班队的建设。

关于"龙徽章"的制作和设计,原本是想征集和评选完图稿后找相关的网上贴纸店定制贴纸,但制作的部分是要花费一些班费的。后来有同学建议学校里的创新实验室有徽章机,可以把自己设计的稿子直接制作成徽章,这确实是一个不错的提议。于是我们就决定将学生的图稿收集扫描并打印成合适的大小,让学生自己制作徽章。自己做徽章,自己争徽章,意义也不同凡响,这样学生对于徽章的渴望就更加强烈了,可以更加激发责任感,而这份责任感将化作他们进行班级岗位服务的动力,认真履行岗位职责。

(2)"海棠币"奖励

"海棠币"(见图3)是我们学校的通用货币,自推出以来也受到了学生的广泛喜爱,拿着自己辛苦得来的"海棠币",学生可以在"海星"超市中换购自己心仪的礼品。三十周年校庆时,学校在原有"海棠币"的基础上,进行全面升级,通过与支付宝合作,借助信息化技术将"海棠币"升级为"星动力加油卡"。每一张"星动力加油卡"都带有一个二维码,作为独一无二的身份标识,扫码就可以在自己的账号中累积"光年",解锁虚拟星球(见图4)。

图3 "海棠币"　　　图4 星动力加油站

学生在通过"鱼化龙"岗位锻炼得到徽章后,就可以得到相应的"海棠币",扫码累积相应的星动力,从而在自己的"星"途旅程中解锁更多的星球,获取更多的"星"动力。与此同时,我相信也可以让学生收获更多会劳动、爱劳动的动力。

三、基于协同,体验劳动过程,传承中华美德

我们要根据现在学生的身心发展特点以及学生的成长需要,结合细化后的劳动教育目标,有针对性地去制定一套完善的劳动教育课程体系。在实践过程中,时刻帮助学生树立正确的劳动价值观,培养学生尊重、热爱劳动的意识。非常幸运,无论是学校还是老师,我们都非常注重学生劳动能力的培养,我们正在探索一条优质的劳动教育之路,帮助学生树立劳动意识。

1. 依托"星天地",种下劳动的种子

学校"星天地"职业体验中心,自2015年成立以来,已经成为学校的特色劳动教育课程,由"中银海星银行""小海星消防局""滴滴乐交警队""星辰园艺坊""甜心小筑"等20多间不同职业体验馆组成。通过整合其他兄弟学校以及社会资源,班级学生在学校"星天地"的课堂上就可以"上岗上班",体验警察、消防员、银行职员、园艺师、拍卖师、甜点师等20多个职业,在学校里就初步接受职业劳动启蒙教育。依托学校"星天地"这个平台,我们班级的学生可以通过学校的体验活动,沉浸于良好的劳动氛围中,受到良好的劳动教育,在"星天地"课程中培养包容、合作、独立的"龙"的品质。

2. 融合"两个劳动场",提升劳动的信念

《义务教育劳动课程标准(2022年版)》中明确指出,3—4年级的学生主动分担家务,协助参与家庭环境卫生清洁,能制作简单的日常饮食,初步学会简单的家务劳动技能,形成生活自理。初步体验简单的种植、养殖、手工制作等生产劳动,能规范地使用常用的劳动工具,了解常用材料的作用与特征,对劳动过程中遇到的问题具有好奇心和探究欲望。

结合"鱼化龙"行动班级特色,我制定了一些班级集体劳动教育

内容,开展一系列与学校生活融合、与家庭生活衔接的劳动教育活动。在学校实施劳动教育过程中,我们结合学校的实践基地、拓展型课程与学科,创设"两个校园劳动体验场";在与家庭劳动融入中,借助"两个家庭劳动实践场",进一步完善劳动项目的实施(见表2)。

表2 劳动教育具体内容渗透表

主要内容	具体内容和要求		备注
	与学校生活融合	与家庭生活衔接	
自我服务劳动	班级文化创建(墙面布置等)	班级小岗位与家庭小岗位相融合	结合班级特色,根据岗位设置,认真履行职责
	在小岗位上展示自己的能力	家校合作,在家庭中也设置某些小岗位,让孩子认真履行职责	
家务劳动	在班级岗位上贡献出自己的一份力量	和家里长辈一起探索食物的各种烹饪方法,做一些力所能及的家务	做一些力所能及的班级卫生工作以及家务劳动,提高劳动技能
简单生产劳动	结合不同的传统节日,在条件允许的情况下,进行一些简单的手工制作,在有趣的动手操作中,了解中国传统文化	结合不同的传统节日,根据自身家庭情况,亲子制作一些与节日有关的食物和手工制品	参与简单生产劳动,感受食物等手工制品来之不易,懂得珍惜,感恩付出
	通过绘画认识"锦鲤"	以不同形式展现"锦鲤",亲子合作,可开展画画、泥塑、编织等活动	
公益劳动	由家委会牵头,结合传统节日,策划各种班级活动(根据不同情况,线下、线上活动均可)	传统节日中,可以将自己制作的食物和手工制品与邻里分享	家、校、社联合,将劳动教育进行到底
	平时也可组织志愿服务	参加社区劳动	

《朱子家训》中说，黎明即起，洒扫庭除，要内外整洁。《弟子规》中有云，房室清，墙壁净。几案洁，笔砚正。家庭和学校在劳动教育中的地位不可忽视，也不可取代。同时，家校合作对培养孩子的劳动观念和习惯非常重要。家庭和学校需要在实施劳动教育的过程中保持沟通与合作，帮助学校全面了解学生在家里的劳动教育状况，配合学校对孩子的劳动教育成果进行全面的评价。通过这些劳动课程的设置，无论是在班级还是在家庭，学生都能积极投身其中。两个劳动场，一个不放松，使学生在劳动技能方面得到提升的同时，也在不断向"龙"的品质靠拢。

四、融合育人，设计劳动课程，进化"龙"的品质

劳动教育课程是小学阶段的主要课程之一，因此，在新的时代背景下，我们必须以学生为中心，深入开发与设计劳动教育课程，不断总结实践经验，以进一步拓展劳动教育的内涵与实践价值。在教育教学过程中，要充分利用班级特色教育资源，这也是课程开发的重点内容。

结合班级的特色与目标，我设计了一系列特色班级劳动课程，将其分为四个小主题（见表4）。

表4　特色班级劳动课程汇总

育人主题	内容（劳动内容渗透）		德育内涵
	学校（班级）	家庭（社区）	
立德	指导学生制定家庭劳动方案（买菜、洗菜、烧菜），开展实践，做好记录	1. 陪父母长辈一起买菜 2. 和家人一起洗菜、备菜 3. 为家人烧一道菜	1. 尊敬、关爱长辈是我们的传统美德，在劳动过程中懂得长辈的辛苦，知道感恩 2. "尊老"是社会主义价值观之一，在家庭劳动中学会相互合作、互帮互助，形成感恩的心

续 表

育人主题	内容(劳动内容渗透)		德育内涵
	学校(班级)	家庭(社区)	
促智	1. 开展电视资料片辅导和自然课讲座,收集有关渔业的知识,并在班会上交流、宣传 2. 撰写班级生物角日志 3. 制定放养计划,展开主题班会活动	1. 了解更多的渔业知识,并查找资料,制作鱼类名片 2. 小队活动:参观植物园 3. 放生公益活动:放养鱼苗等,保持放养水域内的生态平衡	1. 结合我国传统文化(捕鱼文化),查阅相关资料,了解我国捕鱼业的发展状况(在劳动过程中激发好奇心和探索的欲望) 2. 利用自然学科小知识,体验科学技术进步对渔业发展的促进作用
健体	学校体育实践基地项目——游泳课	学会游泳,会像鱼一样打水,体验游泳的快乐	在学校体育实践基地参加各种活动,强身健体,并学习校园健康知识
育美	1. 制作鱼类赏析标签 2. 制定亲子活动和参观计划	1. 绘画各种各样的鱼 2. 参观海洋水族馆,进一步了解各种鱼类,以及现代渔业知识,用知识武装自己,更好地为国家作贡献	习爷爷说:必须牢固树立劳动最光荣、劳动最崇高、劳动最伟大、劳动最美丽的观念,让全体人民进一步焕发劳动热情、释放创造潜能,通过劳动创造更加美好的生活

主题一:锦鲤善劳动——立德

尊敬、关爱长辈是我们的传统美德,在劳动过程中懂得长辈的辛苦,在家庭劳动中学会相互合作、互帮互助,形成感恩的心尤为重要。在这个主题中,通过学校指导制定家庭家务劳动方案,学生在家庭中和家人们一起买菜、拣菜、洗菜、烧菜等,培养感恩之心、责任之心,明白自己也是家庭小主人,家务劳动并不是长辈们的"专利",自己通过学习,也可以做得很好。

主题二:锦鲤爱科学——促智

在这个主题中,结合班级特色以及中国传统渔文化,在学校中,通过电视资料片辅导和自然课讲座,学生收集有关渔业的知识,并在班会上交流、宣传。在社会活动中,认识更多的渔业活动,参观海洋馆、金山嘴渔村等,并查找资料,制作鱼类名片,组织小队活动,参加公益活动。在学习过程中,学会查阅相关资料,了解我国捕鱼业的发展状况。在劳动过程中,激发起学生的好奇心和探索心,体验科学技术进步对渔业发展的促进作用。

主题三:锦鲤勤锻炼——健体

体育虽不同于劳动,但也可以成为劳动的一部分。三年级时,学校也正好开设了游泳课程,结合班级特色,在这个主题中,我们就可通过校园健康知识的普及和学校体育实践基地,来增加学生知识并强身健体。在学校,定期开展如食品卫生、防溺水、体育运动安全等知识的学习及竞赛,开展一系列脑力劳动。同时,带领学生上好游泳等体育课程,进行身体锻炼,双管齐下,锤炼体魄。在家中,定期运动打卡,巩固成效。

主题四:锦鲤乐欣赏——育美

习近平主席说过:必须牢固树立劳动最光荣、劳动最崇高、劳动最伟大、劳动最美丽的观念,让全体人民进一步焕发劳动热情、释放创造潜能,通过劳动创造更加美好的生活。在这个主题中,通过在学校(班级)制作鱼类赏析标签,制定亲子活动和参观计划,以及在家庭(社会)中,学习绘画各种各样的鱼,参观海洋水族馆,从而进一步了解各种各样的鱼类,以及现代渔业、江河、海洋的各种知识,提升自己的知识储备以及对美的鉴赏能力,以劳育美。

五、总结

有效的劳动教育不仅可以提高小学生的生活能力,从小培养学生勤劳、踏实、肯干的良好品质,还可以有效地促进小学生的身心健康发展,这对小学生的一生都会产生积极影响。为此我们要加大对学生的劳动教育,通过"鱼化龙"的班级特色实践,以"鱼"为载体,以

"龙"为目标,通过特色班级文化创设,落实岗位设置。"两个校园劳动体验场"、班级劳动课程,以及家校劳动教育实践,能够让我们班级的"小锦鲤"形成正确的劳动观与价值观,在家庭和学校的劳动锻炼中,真正成为一条包容、进取、独立的"龙"。

塑"水"之魂 育劳之美

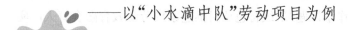
——以"小水滴中队"劳动项目为例

上海市松江区中山第二小学 陈芳

2020年3月,中共中央、国务院印发的《关于全面加强新时代大中小学劳动教育的意见》指出:劳动教育是国民教育体系的重要内容,是学生成长的必要途径,具有树德、增智、强体、育美的综合育人价值。《义务教育劳动课程标准(2022年版)》指出:劳动课程强调学生直接体验和亲身参与,注重动手实践、手脑并用,知行合一、学创融通,倡导"做中学""学中做",激发学生参与劳动的主动性、积极性和创造性。

虽然劳动有着极其重要的意义,但现实中普遍存在以下一些现象。

学校方面:学生的劳动岗位长期比较固定,未能在不同的岗位上锻炼劳动能力;学生的劳动习惯和劳动能力差异性大;劳动评价机制单一,不能很好地激发学生的劳动动力。

家庭方面:部分家长宠溺孩子,很少让孩子参与劳动;家长更重视孩子的学习,觉得劳动会影响和挤占学习时间,忽视了劳动的重要性。

学生方面:学习占据了学生的绝大部分时间,他们一有空闲时间就想玩,不想劳动;劳动能力不需要考核,思想上觉得可以不参加劳动;受家长和社会的"劳心者治人,劳力者治于人"的思想影响,觉得劳动不光荣。

为了发挥劳动教育的综合育人价值,帮助学生树立正确的劳动观念,形成必备的劳动能力,养成良好的劳动习惯,塑造基本的劳动品质,培育积极的劳动精神,成为懂劳动、会劳动、爱劳动的时代新人,我以工作室课题"班级特色项目推进家校劳动教育融合育人的实践研究"为指导,借助"小水滴中队"的班集体建设,以家、校、社协同育人为途径,通过班级特色文化的创建、特色岗位建设、劳动特色评价、学科融合劳动教育、创新劳动内容等多种手段开展劳动教育。

一、班级文化助力正确劳动观念的形成

班级文化是一个班级的灵魂,良好的班级文化会对学生产生积极的影响,促进其核心素养的形成。它反映了班级师生的共同奋斗目标,指引着班级成员朝着一个方向、一个目标携手奋进。

(一) 依托"水文化"塑造班级精神文化

"水文化"在中国一直占有一席之地,水是生命之源,是希望之源,寓意着生命力与希望。水滴石穿,指通过日积月累的努力和踏踏实实的进步,总有一天能够实现目标,寓意坚持不懈。无数的小水滴汇集在一起,积水成川,川流不息汇入大海,寓意团结的力量。"水善利万物而不争",寓意无私奉献……"水"蕴含的美好寓意正是我期望学生所拥有的品质。

因此,在我和同学们的集体商量下,我们给班级取名叫"小水滴中队"。在广泛征集学生建议和家长建议的基础上,我们制定了班集体育人目标和学生培育目标。如下所示:

 班集体育人目标:
团结友善会共处,踏实钻研会学习,善学乐做会劳动。
 学生培养目标:
做善良纯洁的"小水滴";能够孝亲尊师、友爱同学、乐于助人。

做勇往直前的"小水滴"：能够谦虚好学、认真钻研、积极向上。

做坚持不懈的"小水滴"：能够不惧困难、努力坚持、力达目标。

班规的制定是为了实现学生的自我管理，规范他们的言行。因此，经过所有学生的集体参与、共同商议的班规更具效力。在老师的组织引导、学生的集体头脑风暴下，最终，我们的班规制定如下：

- ♥ 文明有礼，尊敬师长，微笑待人！
- ♥ 诚实守信，团结同学，互帮互助！
- ♥ 珍惜时间，认真学习，努力进步！
- ♥ 热爱劳动，享受运动，追求美好！

（二）围绕"小水滴"打造班级墙壁文化

著名教育家苏霍姆林斯基曾说过，让学校每一面墙壁都说话。墙壁文化是班级文化建设的重要内容之一，是学校环境育人的有效载体。在进行班级布置时，围绕"小水滴"主题，我们发挥学生的自主性和创造性，大家一起共商班级环境布置的各版块内容，让学生在班级文化的熏陶中学习、生活、劳动、成长。我们开设了"我是小创客"栏，在里面张贴学生亲手制作的创意作品，让学生感受劳动创造美、劳动最光荣。

无论是精神文化的制定还是墙壁文化的布置，学生既有脑力劳动，也有体力劳动，在这个过程中，体现了劳动的增智、育美的育人价值。班级文化是学生每日的行为准则，也在无形中引领学生往期望的方向发展。学生在班级文化的熏陶下，日益形成正确的劳动观念。

二、班级岗位助力劳动能力的提高

班级岗位涵盖班级生活的方方面面，组成了学生自主管理的班级网络，不仅对学生社会性发展和行为素养提升具有重要的现实意义，也能对学生劳动能力的提高起到促进作用。

（一）一起来设岗

设置岗位是班级岗位建设的第一步，所设定岗位要既能满足班级管理的需要，又能满足学生发展的需求。在学生的慧眼找寻下，经过集体商议、民主讨论，我们的班务被细化成了一个个小岗位，涵盖了管理岗、智学岗、卫生岗、和谐岗、通讯岗。在不同的班级岗位中落实"自我服务劳动"，在自己的事情自己做的同时积极为班级服务。具体设置如图1所示。

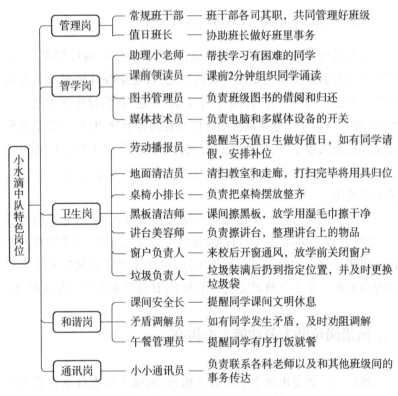

图1 小水滴中队特色岗位设置图

(二) 一起来评岗

在进行岗位选择时,我尊重学生的意愿,让他们自主选择。采取"一人多岗"与"一岗多人"相结合,确保人人有岗,人人在岗,岗责明确。在履行岗位职责的过程中,对学生劳动岗位的完成情况进行评价很重要。岗位评价既是一种激励和肯定,更是一种导向,通过评价,引导并促进学生形成爱劳动的情感,获得某项劳动技能,更好地胜任某劳动岗位,养成良好的劳动习惯。

第一,评价内容多维。岗位评价指既评价学生在劳动岗位上的技能掌握情况,也评价学生在履行岗位时的劳动态度及所表现出的劳动习惯等。

第二,评价主体多元。我们采取自评、师评、同伴评相结合的方式。就拿擦黑板来说,我们依据共同制定的标准,大家一起评价某位值日生擦黑板的情况。如果学生能获得不同岗位的"金牌师"3次,则获得"劳动小能手"称号;如果学生能获得不同岗位的"金牌师"6次,则获得"劳动小达人"称号;如果能获得不同岗位的"金牌师"10次,则获得"劳动小模范"称号。

第三,评价方法多样。除了上述定量评价外,定性评价在我们班的岗位评价中也经常运用。定性评价注重鼓励性,只要学生在实践小岗位的过程中有进步,我们就会进行表扬,包含语言表扬、"融慧积分卡"的发放以及"进步小标兵"的评选等方式,这样能弥补拿不到"金牌师"的学生的缺憾。以正向鼓励的方式激发学生的内在动力,帮助他们把岗位工作做得更好,形成良好的劳动习惯和劳动品质。

岗位评价可以发现学生在岗位工作中的亮点和不足,给予优秀的"岗位劳动者"一定的奖励,激发他们的劳动积极性和创造性。暂时在班级岗位工作中存在不足的学生,在多维、多元、多样的评价体系下,通过反思与改进,不断提升劳动能力。

(三) 一起来轮岗

为了让学生能在不同的岗位上锻炼能力，我们会进行定期换岗。由于小岗位性质不同，所以在轮换的时候，周期也并不相同。岗位轮换有每天轮换、每周轮换、每月轮换和每学期轮换(见表1)。

表1 "小水滴中队"轮岗周期安排表

换岗周期	岗 位 名 称
每日轮换	值日班长、课间安全长等
每周轮换	助理小老师、课前领读员、媒体技术员、矛盾调解员、午餐管理员等
每月轮换	劳动播报员、地面清洁员、桌椅小排长、黑板清洁师、讲台美容师、窗户负责人、垃圾负责人、图书管理员、小小通讯员等
每学期轮换	常规班干部等

除了轮换的周期不同外，我也关注不同学生之间的个体差异，针对个别学生进行灵活换岗。对于能力偏弱的孩子，让其在某一个岗位上"任职"的时间相对久一些，待他完全胜任后再尝试换到别的岗位。

三、家、校、社实践场助力劳动习惯的养成

《义务教育劳动课程标准(2022年版)》指出，3—4年级的学生要"主动分担家务，协助参与家庭环境卫生清洁，能制作简单的日常饮食，初步学会简单的家务劳动技能，形成生活自理能力"，"初步体验简单的种植、养殖、手工制作等生产劳动"，"适当参加社区环保、公共卫生维护等力所能及的公益劳动"，"懂得在劳动中遵规守约，初步学会与他人合作劳动，珍惜劳动成果"。

结合班级"水文化"的特色，以自我服务劳动、家务劳动、简单生产劳动、公益劳动为主要内容，我们班开展了一些与学校生活融合、

与家庭生活衔接的劳动教育活动,家校共育,以劳树德、以劳促智、以劳健体、以劳育美(见表2)。

表2 "小水滴中队"劳动教育具体内容渗透表

主要内容	具体内容和要求		备注
	与学校生活融合	与家庭生活衔接	
自我服务劳动	班级文化创建("小水滴中队""水文化"特色)	班级文化分享	特色岗位的创设与实施管理
	一起寻找班级劳动岗位,竞聘上岗,保证人人有事做,事事有人做	和家长一起整理家务劳动清单,坚持自己的事情自己做(比如独立洗漱、洗水果等)	
家务劳动	无(间接反馈)	跟着家长学做家务(比如洗菜、洗碗、洗衣服、洗车等)	通过亲子活动,培养动手能力,启发思维等
	学科融合(与自然、探究等学科融合)	节水妙招比拼(比如洗菜的水可以用来浇植物等,平时洗衣服时不要一直开着水龙头等)	
简单生产劳动	学科融合(与自然、探究、美术、音乐等学科融合)	水的妙用(玻璃杯装水后敲击杯壁,产生音乐),水的不同形态(动手制作冰块),给小金鱼布置温馨的家……	五育融合,培养学生的综合能力
公益劳动	通过画宣传画等做节约水资源的"宣传大使"	节约用水,人人有责;爱护水资源	培养学生的社会责任感

(一)在班本活动中扎实开展劳动教育

1. 注重润物无声

著名教育家卢梭曾说过,最好的教育就是无所作为的教育——

学生看不到教育的发生,教育却实实在在地影响着他们的心灵,帮助他们发挥潜能。在开展班级劳动教育时,我紧扣班级"水文化"特色,设计与"水"有关的各项劳动实践活动,有观察显性的"水"现象,也有感悟隐性的"水"精神,旨在起到润物无声的作用,使学生在脑力劳动和体力劳动中感受"水"的品质,于无痕中形成良好的劳动品质,如"水滴石穿"般坚持劳动,如"奔流入海"般积极主动,如"上善若水"般不计得失……

2. 聚焦学科融合

在开展班级劳动教育的过程中,我整合各学科课程资源,充分挖掘学科教学中关于"水"的劳动教育要素,将劳动教育、劳动实践活动与自然、探究、美术、音乐等学科相融合,在劳动实践中巩固学科知识,促进学生劳动素养的提升。

3. 强化实践体验

"纸上得来终觉浅,绝知此事要躬行。"学再多的劳动理论都不如实实在在的实践体验。因此在开展劳动教育时,我注重让学生在实践中体验,在实践中收获。比如跟着家长做家务,学习如何洗碗、洗衣服等,学生在实践体验中掌握劳动技能,体验劳动带来的成就感。

4. 加强创新劳动

随着时代的发展,创新劳动愈发被重视。劳动教育需要突破传统认知,注重培养学生的创造性思维,提高解决问题的能力。比如,让学生画节约水资源的宣传画,鼓励学生创新,以独特视角展现自己的劳动成果,发展劳动素养。

(二)在班本课程中扎实开展劳动教育

《关于全面加强新时代大中小学劳动教育的意见》指出,加强政府统筹,拓宽劳动教育途径,整合家庭、学校、社会各方面力量。家庭劳动教育要日常化,学校劳动教育要规范化,社会劳动教育要多样化,形成协同育人格局。

我积极践行家、校、社协同育人，发掘生活中的劳动素材，努力开发班级特色课程，让学生拥有更多机会参与到劳动实践中。我围绕"水文化"，从"识水之韵""悟水之慧""寻水之趣""赏水之美"四个方面进行班本课程的设计（见表3）。

表3 "小水滴中队"特色劳动育人项目表

德育目标	内容（劳动内容渗透）		德育内涵
	学校（班级）	家庭（社区）	
识水之韵（以劳树德）	1. 学习并书写与"水"有关的成语和诗句，将优秀作品用来布置班级环境 2. 开展关于"水"的飞花令比赛	1. 亲子诵读"水"的诗句，讲讲"水"的故事 2. 排演亲子剧：大禹治水等	水是生命之源，寓意生命力与希望；"水滴石穿"靠的是日积月累的努力，寓意坚持不懈；小水滴汇江入海，是一种团结的力量，海纳百川的胸怀；"水善利万物而不争"，是无私奉献的精神……让学生学习水的精神，并内化为自己的行为
悟水之慧（以劳增智）	1. 养护并观察水培植物和水养小动物，撰写观察日记 2. 编写与"水"有关的小诗 3. 敲击不同量的水杯，产生音乐（探究每个杯子里装多少水合适） 4. 做节水宣传大使	1. 水培植物（探究多少水量合适？用什么水有助于植物的生长？） 2. 水养小动物（鱼、虾、小乌龟等，探究多久换一次水，怎样利用虹吸原理换水） 3. 跟着家长学和面（在实践中学习用水） 4. 动手实践，了解水的不同形态 5. 探究节水小妙招	水在我们周围很常见，我们的生活离不开水，正确用水可以帮助我们更好地创造美好生活。这需要同学们在劳动中观察、实践、探究，会用水，"慧"用水。该活动可培养学生的动手能力，启发创新思维

续表

德育目标	内容(劳动内容渗透)		德育内涵
	学校(班级)	家庭(社区)	
寻水之趣 (以劳健体)	全班齐心大扫除,美化班级环境	1. 清洗家中的鱼缸 2. 洗衣、洗碗、拖地等 3. 跟着爸爸一起洗车 4. 冬天的时候堆雪人 5. 参加职业体验之参观消防中队	让学生在动手实践的过程中获得劳动技能,强健体魄,培养正确的劳动价值观和良好的劳动品质
赏水之美 (以劳育美)	1. 小组合作搜集水的不同形态的照片,与同伴一起欣赏(雨、雪、霜、露等) 2. 画山水画 3. 设计节水宣传海报	1. 给鱼缸布景 2. 清理小区的观赏水池 3. 研学:欣赏祖国的山水	培养学生的审美能力与生活情趣,涵育热爱生活、积极向上的乐观品质

1. 识水之韵——以劳树德

习近平总书记指出,生活靠劳动创造,人生也靠劳动创造,劳动有助于促进学生道德素养的全面形成。我国古代儒家崇尚"智者乐水",道家倡导"上善若水",佛家坚守"善心如水",都是从水中获得了生命智慧,水可以给人以智慧的启迪,水蕴含了很多美好的品质。

结合班级"水文化"特色,我组织学生诵读"水"的诗句,演讲"水"的故事等。此过程既融合了语文学科知识的学习,积累了水的诗句,也让学生通过喜欢的诗词"飞花令"方式开展脑力劳动,从中感悟并学习水的品质,达到以劳树德的目的。

2. 悟水之慧——以劳增智

学生在劳动中不仅可以印证所学的知识,还可以利用劳动实践中所获得的感性认识进一步加深对所学知识的理解。另外,劳动还能促进学生思考如何做可以更优化。所有的劳动成果都是智慧的结晶。我们的生活离不开水,正确用水可以帮助我们更好地创造美好生活,同学们需要会用水,"慧"用水。在各项活动中同学们收获很大,增强了动手能力,启发了创新思维。

水培植物是一门学问,结合四年级语文书上的作业,我让学生亲手养护一种水培植物。有的学生水培大蒜,有的水培绿萝,有的水培水仙花,还有的水培胡萝卜……孩子们精心培育,在养护的过程中观察并记录植物成长过程,了解植物的生长规律及特性,感受每一片新叶的诞生,感悟植物生长的奇妙。孩子们的观察能力、动手能力以及责任心在逐渐增强,彰显了劳动育人的功能。

鼓励学生在家积极实践科学用水,提高水的利用率,争取做到一水多用,循环使用。学生想出了很多节水的金点子,比如用淘米水洗菜,用洗菜水浇花;控制水龙头的流水量,尽量开小一点,用水完毕,及时关闭水龙头;用洗衣服的水冲厕所;涂抹洗手液时关闭水龙头……让学生理解"水是生命之源",将节水的想法变为积极的行动。

在家委会的协同组织下,学生走进社区,做"社区美化师",帮小区的草坪浇水,清理小区的观赏水池等;做"节水宣传大使",把节水的妙招分享给居民。在活动中,培养孩子正确的公益劳动观,锻炼他们的能力。

3. 寻水之趣——以劳健体

劳动的过程亦是健体的过程,学生在动手实践的过程中获得劳动技能,强健体魄,培养正确的劳动价值观和良好的劳动品质。

每月我们会固定一个时间进行"美化班级我能行"的大扫除活动。学生分工合理,目的明确,全面打扫教室各个角落和卫生死角。同学们清理教室灰尘和杂物,清除图书角、讲台上的粉尘和杂物,用水擦洗黑板、玻璃、窗台和墙角的污渍。孩子们个个劳动热情高涨,不怕脏、不怕累,从身边做起,从一点一滴做起,真正树立爱劳动的意识和班级主人翁的意识。

现在很多家庭都是用洗衣机洗衣服,让学生熟练掌握操作洗衣机的方法很有必要。当然,手洗衣服的本领依然是学生所必须掌握的劳动技能之一，通过让学生观看视频学习要领，再自己实践操作，在动手操作中巩固劳动方法，从而获得劳动技能。"我是洗衣小能手"一系列的活动收到了很不错的效果。此次活动帮助学生获得了洗衣的劳动技能，提高了他们主动参与家务劳动的意识，懂得替大人分担家务，并在日常生活中养成洗衣的良好习惯。在劳动的过程中，学生能体会家长劳动的辛苦，也能感受劳动带给自己的成就感，提高了他们的家庭责任感。

借助家长资源，组织学生参观消防中队，了解消防员的工作，学习消防知识，了解消防车里的奇妙世界，体验如何用消防水枪灭火等。通过体验消防员这个神圣的职业，学生体会到消防员的辛苦。通过学习他们的精神，懂得消防员只是万千职业中的一种，他们也是普通的一名劳动者，帮助学生树立正确的劳动观。

4. 赏水之美——以劳育美

新时代的劳动教育倡导让学生在劳动中发现美、欣赏美和创造美，在自我价值感的获得中达成一种美的人生境界。水之美既表现为自然形态美，也表现为人类利用水资源、改善和保护水环境的智慧美。充分挖掘这些美的因素，既是对水文化理解的深化，也是培养学生审美能力的有效途径。

组织学生通过小组合作搜集不同形态下水的照片，在班级进行分享。组织学生进行研学旅行，近距离感受水的壮美。让学生在感受水之美的同时，培养审美能力与生活情趣，涵育热爱生活、积极向上的乐观品质。

五、成效

首先，学生的劳动意识增强。通过班级小岗位的建设，学生在完成小岗位工作的前提下对班级事务有了充分的了解。他们更积极参与班级管理，主人翁意识更强烈，对于班级的管理有了自己的认识和见解,常常能提出一些点子来改善班级管理。

其次,学生的责任心和合作意识增强。班级小岗位的推进,使他们明白岗位职责的真正意义,从一开始了解自己的小岗位责任,努力完成自己的职责,慢慢地延伸到学习和生活中。小岗位的工作无形中培养了学生的责任心。

最后,学生的劳动习惯得以养成,劳动能力得以增强。通过班级建设,家、校、社联动助力劳动教育融合育人,学生在丰富多样的活动和课程中锻炼了自己的劳动能力,也初步养成了良好的劳动习惯。

通过班级特色项目推进小学家校劳动教育,将树德、增智、健体、育美的培养目标落实到日常教育活动中,让学生形成正确的劳动观念和劳动态度,培养良好的劳动习惯和积极的劳动情感,具备丰富的劳动知识和创新的劳动思维,感受到"劳动最光荣,劳动最崇高,劳动最伟大,劳动最美丽"。

"以劳引领 棋融五育"下的班级特色项目推进家校劳动育人

上海市金山区石化第一小学 王斌

劳动是每一个人成长成才的必修课。而劳动教育是全面贯彻党的教育方针的基本要求,是实施素质教育的重要内容。党的二十大报告明确提出,要落实立德树人根本任务,培养德、智、体、美、劳全面发展的社会主义建设者和接班人。二十大报告中劳动教育的回归,就是要通过劳动教育,使学生能够理解和形成正确的劳动观,在劳动体验中发展基本劳动能力,并逐步形成勤俭、奋斗、创新、奉献的劳动精神,对劳动的价值和劳动者的态度产生正确的认知。这不仅是劳动教育的品质与实效提升的问题,也是国家迫切需要教育和培养个性化创新型人才的内在需求。

生活在物质条件相对优渥的上海,很多"00"后的孩子比较怕吃苦,不论在生活上还是学习上都常常伴有畏难情绪,遇事缺乏责任感,依赖性很强,缺乏劳动意识,在生活中轻视劳动、不尊重他人劳动、不珍惜劳动成果的现象常有发生。而"80""90"后的家长也普遍缺少对孩子劳动意识的培养,往往在溺爱中让"小皇帝""小公主"们一直过着"衣来伸手,饭来张口"的生活。长此以往,缺乏坚强的意志和主观能动性对培养未来国家的合格建设者和接班人这一育人总目标的达成是非常不利的。

我们班是一个由 42 名学生组成的崭新集体,男生 23 人,女生 19 人,男生居多,整体来说比较活泼好动。其中本地户籍学生 10 名,总人数很少。外省市户籍的孩子中父母积分达标的人数所占比例较往年有很大提高,家长对孩子的学习发展相对重视,但也存在家庭情况特殊、行为习惯有很大偏差的学生。在新接班伊始,如何基于以上班情实际,创建有特色、有内涵、有生长力的班集体,这是班主任需要思考的问题。

象棋是中华传统文化的典型代表之一,其用具简单,趣味性强,在民间流行极为广泛,具有非常庞大的群众基础。而象棋不仅是一项体育竞技活动,还集文化、科学、艺术、竞技于一身,厚重的文化底蕴下具有丰富的育人价值。于是我立即有了思考和触动:能将教师特长与学生兴趣巧妙融合,进行有主题、有特色的班集体建设,何乐而不为呢?思之再三,在工作室项目"以班级特色项目推进小学家校劳动教育融合育人"的指导引领下,从学生的认知水平和兴趣需求出发,在与家委会和小干部们充分商议并经全班表决通过后,我班确定以象棋为原点不断建设发展。结合学校的"石韵文化",以"弈石班"作为班级名,进行有校本特色、有班级内涵的特色班级文化创建。

一、立"象"塑魂,建立符合学生需求的班级文化

《中小学德育工作指南》对开展中华优秀传统文化教育,增强学生的文化自觉和文化自信作了具体、明确的要求。而在具有厚重历史底蕴的金山教育土壤上,"五育并举 融合育人"发展战略下的"琴棋书画"区域教育品牌经过多年的积淀已有较为成熟的经验基础。基于以上宏观背景和基本生情,我确定了"谦和大气、明理求真、勤学善思、尚美乐创"的班级发展总目标,并和班中的孩子们一起,共同挖掘象棋"七大兵种"对应的"七大精神品质",努力培养谦逊有礼、大气睿智,并富有朝气、灵气及创新精神的时代好少年(见表1)。

表1 象棋棋子的人文内涵探索与学生培养目标

象棋兵种	含义	人文内涵与学生培养目标
将/帅	将军	运筹帷幄(小主人翁精神)
士	卫士	保家卫国(责任心、使命感)
象	宰相	包罗万象(包容、宽厚)
车	战车	一骑绝尘(勇敢、坚毅)
马	骑兵	马踏八方(善思考、灵活、会变通)
炮	炮兵	一鸣惊人(沉着镇定、谋定后动)
兵/卒	步兵	身先士卒(争做排头兵、不畏艰苦)

以此为目标导向,我尝试在班本文化创建中,以"劳动教育"为引领,与其他诸育有机融合,使其成为学生全面发展的生长点。同时倡导让学生、家长、高年级的结对小辅导员等共同参与到班级文化建设中。在这样的理念支撑下,班级的一砖一瓦、一草一木都凝聚着班级全体成员共同劳动的心血。

在班级班徽的制定中,我组织小班干部们和家委会成员共同集思广益,最终商议可结合班级特色,将班徽以圆环状设计成红色"小棋子"的形状,"沉着、善思、宁静、致远"八个字体现班级的文化精神。这既是下棋的态度,也是求学的态度,更是为人的态度。教师寄语"走好人生每一步"一语双关,借用下好棋的要求,进而体现做好人的真谛,凸显班级文化布置中象棋元素的育人价值。

班规的建设在班级管理中也是重要一环。科学合理地组织制定具有班级特色的规章制度,依"规"行事,也是班主任育人智慧的体现。我利用班会课,和全体同学共同基于班级实情和存在的普遍问题,以班本化的"七不"公约为着手,制定民主性、实效性与趣味性兼有的班级规章制度(见图1)。

图1 师生共同民主制定的班级"七不"公约

依托班级软文化的逐步形成与班级环境的布置建设,孩子们脑洞大开,"劳"有所获。通过劳动任务的分配,有的孩子积极开展头脑风暴,献计献策;有的孩子在班级布置中互相配合,协调分工,不知不觉就在这个新生集体中和其他小伙伴们打成一片。脑力劳动与体力劳动双管齐下,不仅加速了班级凝聚力的形成,也促进了孩子们成长中所必需的核心素养的养成。在班级特色文化的创建中播撒劳动教育的"种子",有利于在班集体诞生伊始,促进孩子们劳动观念和集体主义精神的初步形成,也有利于让"象棋文化"这一班级特色更直观地在孩子们心中打下烙印,从而为后续的特色建班和劳动教育的开展奠定坚实的基础。

二、以"棋"促劳,推进"象棋文化"下班级劳动教育生根萌芽

学校教育是培养人的教育主阵地,相较于家庭教育和社会教育,更具有系统性、专业性、全面性、稳定性等特点。而在劳动教育的落实中,以日常"班级劳动"为主要形式的劳动活动的重要性不言而喻。在

建班规划中,我以"班级劳动小岗位"为小小切口,巧用象棋文化为载体,在班级中建立有特色、有实效的劳动小岗位,在全面贯彻实施中有效推进学生劳动能力和劳动意识的形成,逐步培养学生劳动精神的建立。

(一) 从需做"实":特色化建岗

班级劳动涵盖了学生每天在校的日常生活,需要在班主任的组织协调下常态化、规范化、实践化地开展。根据《义务教育劳动课程标准(2022年版)》的相关要求,面向低年级学生群体的班级劳动主要囊括了"清洁与卫生""整理与收纳"等基本任务群。许多班主任都会通过劳动岗位建设这一班级管理载体,在岗位建设中引导学生增强劳动意识,树立正确的劳动观念,养成良好的劳动习惯,并掌握一定的劳动技能。

根据实际需要,我在班中设置了许多常规劳动岗位。同时,在此基础上结合班本象棋特色文化,以象棋的"七大兵种"与象棋棋盘上的大本营"九宫"为蓝本,设立富有"棋文化"内涵的特色劳动岗位(见表2)。

表2 "弈石班"特色岗位内容

常规岗位名称	特色岗位	岗位职责	规范落实	标准反馈	星级评价
值日班长	小帅监督岗	统筹监督	关注班级动态,如出现问题及时协调指挥整改	班主任抽查,护导老师定时检查、每日反馈	
领餐协助员	午餐快车道	午餐分发与整理	1. 餐前分发午餐 2. 餐中分发点心 3. 餐后清扫整理	1. 领取午餐快速 2. 分发点心有序 3. 善后工作自动	
电脑操作员	IT小炮台	班级电脑操作管理	为快乐英语、空中课堂等视频播放做准备;教师如遗忘优盘及时关注,负责每天的电脑开关操作	每日电脑使用及时履职,不遗忘;能监督好其他同学不随意触碰电脑	

续表

常规岗位名称	特色岗位	岗位职责	规范落实	标准反馈	星级评价
后勤保障员	跑腿小快马	领取班级日用品	为班级领取班务用品,帮助老师和同学拿取其他相关用品	能积极主动地做好相关事务,能互相协调帮助,高效完成	
绿植养护负责人	绿植小卫士	绿植定期养护	有一定绿植养护知识,每周定期养护班级绿植,定期浇水、修剪	能按时养护,绿植生长较好	
乐高墙维护员	形象小使者	班级乐高墙搭建和维护	1. 每月一次主题搭建 2. 日常定期更换 3. 其他日常维护	乐高墙面整洁美观,能体现班级风貌	
值日生	清堂小士卒	每日教室清洁工作	按照班级值日表进行每天放学后教室清洁工作	能完成各自的岗位任务,合作良好,清洁有序	
自我日常管理	"九宫"自留地	自我日常管理	做好自己桌椅附近的管理工作	桌椅整齐,物品整洁,环境清洁	

举例而言,"值日班长负责制"是很多班主任都采用的管理制度,每天由专人负责监督、调动和管理班级的运转。这很考验值日班长的沟通能力、协调能力、组织能力等。而这些相关能力都与象棋中"将帅"的运筹帷幄不谋而合。故我将班中该岗位以"小帅监督岗"来命名,以动员更多的孩子参与到班级的民主管理中来。

二年级的孩子天性比较活泼好动,对班级的劳动工作参与热情非常高。每天中午用餐时,常能发现有好几个孩子争先恐后地为其他同学打开饭盒,组织排队拿饭。从这样的生情和基础出发,我和这几个活力四射的男生共同协商,细化了具体分工,作了系统性的小规划。有的孩子负责餐盒的分发,有的孩子负责领餐队伍的维护,有的孩子负责汤桶的取放,有的孩子负责餐后的卫生清扫……每个人都能各司其职,更高效地在午餐时段为班级服务。我给这个让人眼前一亮的小团队命名为"午餐快车道",以象棋中的第一战力"车(車)"凸显孩子们在共同为班级服务中初步形成的高效合作能力。

根据班级发展的实际需要,"IT小炮台""绿植小卫士""形象小使者"等一系列特色劳动岗位相继破土而出。个人特色岗与团体特色岗相得益彰,给予了孩子们更多锻炼成长的平台。模仿象棋棋盘上的"九宫大本营",每位同学都有属于自己的"一平方米自留田"进行自我日常管理,如此便能在增强人文性、趣味性的同时,确保"人人有岗位,共做班级小主人",从而在班级劳动的常态化开展中提升学生的自我服务意识与自主管理能力,形成向上、向善的良好的班级劳动生态。

(二)体验随"时":动态化轮岗

如何丰富学生的劳动体验,让不同的孩子在不同的岗位上收获不同的劳动乐趣?如何寻找不同岗位上的"最佳实践者",以维持班级日常运转最高效地进行?这是在"因需建岗"后我要思考的问题。经过了不断摸索与实践,"动态化轮岗"是一个不错的答案。

1. "团队打包式"按时轮岗

每隔一段时间,我组织班级中"护绿小分队""午餐小分队"等团体岗位的成员以团队为单位,交换体验其他劳动岗位的履职。"三人行,必有我师焉。"原先劳动团队的人员基本维持不变,在团队的长期合作中,增进团队的内部磨合,且便于师生共同考察从团队中逐步脱颖而出的"小小领头羊"。

2. "自留田式"因地轮岗

基于我班特有的"一平方米自留田"自我日常管理模式,我还以此为契机,在班中开展了因地制宜的轮岗形式。由于班中会定期以小组的形式轮转更换座位,学生的"自留田"也随之更替。在这样的定期轮换和自我管理中,学生能够从桌椅整洁、地面清洁等不同角度感受到自己与"前任"之间不同的自我管理效果。这样有利于孩子们互相寻找不足,交流经验,裨补缺漏。

另外,轮换到特定座位(如靠墙座位等)的同学还要相应负责近距离范围内如瓷砖清洁、开关管理、劳动工具管理等"附加包干区"管理。在因地轮岗的过程中,这些附加岗位也是对孩子们责任心养成的考验,更有利于孩子们在出力流汗中接受锻炼,磨炼品质,促进综合素养的提升。

(三)激励趣"石":机制化评岗

以岗位评价为杠杆,可以激活班级管理活力,进而促成班级劳动生态的更好形成。在学校"以石育人"为特色的发展规划引领下,"石韵币"校本评价机制成为"石韵校园"文化建设中一抹亮丽的颜色。以培养具有正气、才气、大气、灵气和朝气的"五气石韵少年"为目标,学校聚焦学生"五育"维度的综合发展,从学生在校园活动中体现的创意性、合作性、参与性、成效性等视角进行"石韵币"奖章激励,过程性地记录学生的成长轨迹(见图2)。

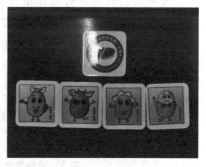

图2 "石韵币"奖章

在校本"石文化"特色评价体系的支撑下,我尝试将班级"棋文化"融入校本评价中,进行了更为细致的班本实施方案。象棋的天然优势在于全部七大兵种在全局中有不同分工,有非常科学、明确的价值定位。以此为依托,我通过"积分累加制"为班中每个孩子建档立卡,进行过程性地评价记录。以指向"劳动小岗位上履职情况呈现"为例,由班主任、导师、班干部等组成的"考章"小团队根据学生在班级劳动中的劳动成果、团队合作、智慧闪光等予以不同项目、不同分值的累加。由班主任汇总后以周评、月评等形式进行班级"技能之星""热情之星""进步之星"等评比,以此作为推荐学生参加学校"五气石韵少年"评比的重要依据。

以特色评价为依托,能够助力班级劳动活动更扎实地落地生根。评价机制的全面运行不仅仅是对评价对象的激励,而且能够拉近老师与学生的距离,并能通过生生评价让孩子们互相之间敏锐地捕捉其他同学身上的优点,互相学习,共同进步。这样可以以劳动评价为载体,激发班级共同体中个体成长的内驱力。

三、"棋"结家、校、社,引领家校劳动与社会实践蓬勃生长

劳动是创造物质财富和精神财富的过程。在日常生活劳动、生产劳动及服务性劳动等项目中,带给学生的参与体验应兼具鲜明的思想性、突出的社会性和显著的实效性。这样才能将劳动教育落到实处,充分体现新时代劳动的育人价值。基于以上理性思考,我以"象棋"这条班级特色文化为主线,串起家、校、社不同层面的劳动实践,让孩子从树德、增智、健体、尚美等多维度获得不同的增长与提升(见表3)。

表3 劳动教育具体内容渗透表

主要内容	具体内容和要求		备注
	与学校生活融合	与家庭生活衔接	
自我服务劳动	班级文化创建("弈石班"棋文化特色) 1. 班级劳动岗位的制定讨论 2. 班级劳动岗位的民主商议与竞选	班级文化产品的设计与征集,如以亲子活动的形式征集班级班徽、劳动岗位胸章设计方案	1. 特色岗位的创设与实施管理 2. "文化润班"的初步形成

续 表

主要内容	具体内容和要求		备注
	与学校生活融合	与家庭生活衔接	
家庭家务劳动	以主题班会、校内实践等形式对家庭劳动的相关技能进行指导	1. 从班级劳动岗位到家庭劳动岗位的迁移和延伸 2. 家长引领,亲子轮岗	校内劳动内容向家庭层面的辐射与延伸
	班本化劳动评价机制的讨论与建立		
简单生产劳动	学科课程融合(美术、科学、体育……)	开展象棋文化下亲子工艺制作活动,如亲子创意象棋制作活动等	以项目的形式展开亲子活动,渗透学科融合,体现象棋人文价值,体现家庭生产劳动过程
	校本文化融合(石韵文化)	象棋工艺品石具欣赏	
社会公益劳动	象棋文化的宣讲与传播(结合红领巾社区讲解员活动)		校外社区实践活动,结合少先队"十五分钟社区幸福生活圈"活动具体开展
	参加街头象棋社区活动(同社区中的中老年爱好者共同开展对弈、竞答等活动,共同弘扬象棋文化)		

(一) 校园石绘节:快乐绘石展特色

《义务教育劳动课程标准(2022年版)》要求以培养学生核心素养为目标导向,以任务群为基本单元,进行劳动基本内容的架构。围绕区域化融合育人理念和学校"篆融五育、石韵校园"发展主题,我通过传承、整合、发展文化资源,结合校本石绘节活动,引领学生在"石"绘、"石"说中感受、欣赏、创造石文化,学会协作,建立自信,体现创新。

在假期的社会实践活动中,孩子们自发以小组的形式,或是在家庭活动中,遍地探访,找寻大自然赠予的"瑰宝"。他们寻觅到了各自中意的小石头,作为进行石绘创作的宝贵原材料,和形状各异的石头成为好朋友,在花草山石间尽情享受美好时光。在不懈的"奇石探索"过程中,孩子们如石头般厚重、坚韧的意志品质逐步积淀,真正地满载而归。

在"万事俱备"后,我又借着学校首届石绘艺术节全面开展的"东风",组织孩子们进行"石尖上的象棋"主题石绘活动。班主任老师的德育渗透、象棋老师的文化传播、美术老师的技艺传授等,全都浓缩在一块块小巧精致的石绘作品中,转化成为孩子们脸上纯真可爱、满是成就感的灿烂笑容(见图3)。

图3 学生们制作的"石头棋"

在劳动项目具体实施和劳动实践的组织上,教师应从时令特点和区域文化产业特色出发,注重选择体现中华优秀传统文化和工匠精神的手工劳动内容,体现新形态、新工艺、新技术的现代劳动特色。人手一块小石头,巧手蜕变小棋子。这副凝聚全班之力制作成的特色象棋是我们"弈石班"最有标志性的"图腾",也是"全班一盘棋"的班级文化理念最淋漓尽致的体现。

(二)亲子游艺园:家庭劳动显底蕴

劳动教育课程化、系列化的开展与家校间的紧密合作是不可分割的。习近平总书记曾多次强调,家庭是人生的第一所学校。家庭劳动教育在孩子的劳动养成和人格塑造中都有着不可替代性。因此,我将很多在学校教育中开展的劳动活动以"亲子活动"的形式进行校外拓展延伸,以此增强学生劳动实践的可延续性,并且充分创造平台,让家长和孩子一同成为劳动的参与主体,让学生对劳动的体验在家庭生活中与家长共同进行,以此让家庭教育的协同配合在劳动教育课程中真正发挥作用,更好地帮助学生培养劳动习惯,形成积极向上的劳动价值观。

1."快乐收纳,学会整理":小兵卒内务体验营活动

兵和卒是象棋世界中初始价值最低、最不起眼的小兵种。但要成为一名优秀的现代士兵,同样需要坚定的意志品质,练就过硬的专业本领。我以士兵军营中的内务管理要求为引子,向学生介绍军人宿舍中对"被褥折叠""桌面整理""物品摆放"等的具体要求和评价标准。让孩子们在领略现代军人风采的同时,也能在"知、情、意、行"中明确自己的行动方向。

以此为榜样引领,我基于《义务教育劳动课程标准(2022年版)》中指向小学低年级学生开展"日常生活劳动"的任务群概述,相继组织孩子们在家中开展"花花被子我来叠""美美衣服我会晾""巧手收纳我最行"等主题劳动体验活动,并让家长作为指导者、监督者与记录者,共同参与到打卡行动中来,以便更好地让孩子们积极参与力所能及的家务劳动,树立劳动光荣、实践快乐的理念,让"快乐劳动"成为日常家庭生活中的主旋律。

2."智慧闪光,文化赋能":亲子手工制作创意象棋活动

除了"日常生活劳动"任务群的家庭化开展实施,"象棋班本文化"在孩子们心中的开枝散叶同样离不开在家庭劳动教育中的扩展延伸。文化的形成需要在实践中积淀,尤其对于小学低年级的孩子,更需要在家庭场域中进行动手实践,不断润泽。以此为行动纲领,我尝试在"班本象棋文化"和"传统工艺制作"任务群的相互结合中,组织开展了"看我72变"——亲子手工制作创意象棋活动。

孩子们在传统象棋的认知基础上,根据象棋中不同兵种的能力特点和子力价值,将文学名著、趣味动画、生活情境中的主题人物赋值、赋能在各个象棋棋子中,并和家长共同进行绘制创作,手工创作

了一副副富有情境趣味和人文内涵的主题式象棋,并活用象棋的排兵布阵,梳理架构其他各领域的主题知识,进一步理解象棋的内涵。

通过富有趣味的象棋工艺制作劳动,孩子在智慧创作中进一步感知:象棋不仅仅是一项以角逐胜负为最终目标的竞技运动,也同样是中华民族传承千年的文化瑰宝,还可以是传承其他文化内容的有效载体!在脑力与体力兼容的综合性劳动中,学生的创造性思维和科创能力得到了很好的培养。学生得以在劳动中经历创作的艰辛,失败后的反思,成功后的快乐……还能在实践探索中形成传承和发扬传统工艺的优良意识。另外亲子合作的形式还能促进家庭亲子关系的和谐融洽,推进良好家风的形成。这对深化班集体的长期建设同样具有非常重要的意义。

(三) 社区实践场:文化传播有风采

中华儿女的文化自信,来源于五千年文明发展孕育的优秀传统文化。每一个中国娃都有从小成为优秀文化继承者和弘扬者的义务。因而"让象棋文化走出校园,走向社区"成为班上每个"弈石娃"肩负的责任和使命。

学校位于金山石化的老城区中,虽说旧、小,但周边社区里住着不少年逾花甲的退休老人,其中不乏象棋的狂热爱好者,在茶余饭后,经常在社区中"摆开阵势,杀上几盘"。基于这样的"地利"优势,结合双休日、寒暑假等社会实践活动,我带领孩子们一同走进周边社区,社、校携手,组织以"老少配"的形式翻开象棋文化传播的新篇章。

结合区域化的"十五分钟社区幸福活动圈""红领巾小小讲解员"等活动,我鼓励孩子们用自己儿童化的语言向老人们讲述象棋的文化故事,介绍象棋的独特魅力。同时,也不时地组织在校内初露锋芒的小棋手们和社区的"江湖高手"们对弈切磋,在"楚河汉界"上向前辈学习。另外,我们还通过学校党组织,积极联系周围社区的党建服务中心,为孩子们的劳动成果提供展示平台。将"石尖上的象棋"主题石绘、亲子手工制作创意象棋等活动中征集到的优秀作品,在社区活动室进行集中展出,由"小工匠""小创客"向前来参观的社区居民介绍自己的杰作,并分享创作中的轶事趣闻等。

在活动过程中,象棋文化更好地得到了推广普及,孩子们的劳动果实也得到了更广泛的认可,他们的表达能力、交往能力都得到了锻炼,这有助于孩子们建立自信心,获得全方位的成长。今后,在积累一定数量的班本棋文化下的优质劳动成果后,可以设想开展义卖、拍卖等社区活动,并将活动所筹的善款集中捐赠给希望工程或用来帮助社区内生活有困难的孤寡老人。这使本项实践活动的意义继续升华,也促使孩子们进一步体会劳动创造财富、劳动彰显光荣的重要意义,更有动力为"象棋"这份"非遗文化"的时代传承贡献自己的力量。

四、"棋"乐无穷,提升"弈石娃"综合素养的全面养成

围绕"为党育人,为国育才"的根本任务,聚焦核心素养,关注学生的德、智、体、美、劳等综合能力,以实现"五育融合"为目标助力学生全面健康发展是班主任建班育人的主责主业。如何挖掘有价值的教育载体,串联起班主任的带班特色与学生的全面养成,塑造一个能彰显底蕴和体现班主任独特育人智慧的"德育空间"? 我让"象棋"这一师生的共同爱好,成为班级文化的最佳纽带,转化为架起班级德育的理想桥梁,让家校生活和德育课堂有效融合,促进学生和班主任老师的双向成长,并助力"弈石娃"综合素养的全面提升。

(一) 劳中树德,建设思想

陶行知先生提出,教育要在劳力上劳心,强调培养行知合一、德才兼备的人。通过特色班级文化下班级公约的民主协商、班级环境的共同布置、班级劳动岗位的轮转实施,深化了学生的规则意识和德育行规的养成,也更明确项目引领下的劳动教育实施策略。无论是

在学校劳动体验场的范畴还是在家庭劳动实践场的建设下,始终注重实现在班级劳动中所要达成的目标。另外,在和家长共同进行家务劳动的履职分工中,凸显了孩子也是家庭中的重要一员,在打扫卫生、器具维护、美化环境等劳动中帮助孩子建立自信心、责任心、感恩心,获得思想认知上的多元提升。

(二)劳中增智,迁移应用

注重在具有班本特色的劳动中实现课内知识向课外的迁移应用,以及多学科知识的项目化融合应用。如在手工制作创意象棋活动中,一副优质的创意象棋作品,不仅在于精致美观,更重要的是人文底蕴的赋能。如何选定合适的主题,如何根据自主选题合理地在象棋世界中排兵布阵,这些问题都仰仗学生对象棋和选定主题的内容有深刻理解,并能将文化知识、学科知识、艺术知识等融会贯通,方能有精彩的呈现。

(三)劳中健体,锤炼毅力

不论是班级卫生清扫等日常劳动,还是家庭中房间整理、物品收纳,又或是其他社会公益性劳动,都注重过程性、阶段性的开展实施。杜绝老师或家长"包办式"的大包大揽,或者"任务交差式"的拍照打卡。学生在实打实的劳动体验中,才能不断提升劳动技能,在劳动过程中磨炼坚毅的意志品质,练就强健的体魄。

(四)劳中育美,润合心灵

从班级班徽创作之美到班服设计的形象之美,从象棋石绘的艺术之美到创意象棋的智慧之美,丰富的班本特色劳动课程处处蕴含着美。在创造美的过程中,学生不断发现问题、解决问题,在不断探索和经验积累的过程中激发创造性思维,凝聚劳动精神。这样我们才能在身、心、灵三个维度上以"劳动"为施力点,让劳动深刻地映入学生的精神生活中,使之成为宏大的教育源泉。

在"弈石班"文化的打磨建设下,我们将竞技体育、人文国粹与中华历史都相融在班本劳动德育系列活动中,对新时代大德育的推进也是一次勇敢挑战。在"弈石班"未来几年的规划与发展中,班本特色课程也将力求动态化地充实完善,与时俱进。项目引领下的劳动教育在以棋通文、以棋明理、以棋益智、以棋促劳、以棋养性的整体战略发展中,绽放不一样的光彩。让每个"弈石娃"都能在这片家园中习传统文化,悟人生真谛,成长为兼具正确价值观、优良品格和劳动素养的时代新人。

第二章　带班方略建设特色班级：智慧蕴劳

　　班主任在实施建班育人过程中，凝聚教育与管理智慧，注重树立"育人"理念。让学生主动参与班级管理，在活动中体现团队魅力，彰显班级育人特色。班主任的带班育人方略体现了全面性、有效性、科学性，并促进了学生的全面发展。

小学传统节日德育班本课程在特色班级建设中的运用

——以"五星五福,融文共创"文化自信班集体建设为例

上海师范大学附属金山龙航小学　金辉召

"文化自信"是党的十八大明确提出四个自信的其中之一,而"五星五福,十全十美"是金山区第二实验小学的育人理念,在建班育人工作中,笔者基于小学生的身心发展特点,结合"文化自信"与学校育人理念,以《中小学德育工作指南》为指导,逐步形成了"五星五福,融文共创"的班级育人理念,即以"爱国""感恩""礼仪""才艺""自信"为五星;以"诚信""敬业""善学""创新""团结"为五福;引导学生在成长的不同阶段,从10个方面协同发展,并在育人活动中融合传统节日这一中国传统优秀文化,家、校、社协力,构建传统节日班本课程。通过文化去熏陶,课程去育人,建设文化自信特色班集体。

一、在班级育人理念下构建全阶段的传统节日文化班本课程

(一)全阶段的传统节日文化班本课程构建

结合每个年级学生的身心发展特点,进一步将发展目标整合细化。根据不同年级的发展阶段特点,制定了每个年级着重关注的分目标(见表1),以"一星一福"辐射"五星五福",各个方面共同发展,培养讲礼善学、有才团结、感恩诚信、爱国创新、自信敬业的"能量星"好

表1 全阶段的传统节日文化班本课程建设与班级发展目标

年级	班级发展阶段	学生发展目标	目标设定分析	融文共育目标	融文共育人主要模式	整体目标
一年级	组建与适应期	礼仪星+善学星（讲礼善学）	一年级是班级组建与学生适应的阶段，侧重规范礼仪与培养学习习惯	普及节日文化认知度	协同育人	通过有生命力的传统文化节日班本课程建设，在整个课程阶段进行育人
二年级	赋能与探索期	才艺星+团结星（有才团结）	二年级时学生具有初步的班级意识，以才艺展示形式，着重个体与班级的联结，培养团结集体意识	提升节日文化参与感	管理育人	
三年级	规范与发展期	感恩星+诚信星（感恩诚信）	三年级处于成长关键期，在规范班级行为的基础上，注重个人与集体的发展；诚实守信、感恩之心是这个阶段较为重要的引领性品质	侧重节日文化实践活动	活动育人	
四年级	成熟与展示期	爱国星+创新星（爱国创新）	四年级的班级建设逐渐成熟，学校各类活动中处于展示期，民族精神类活动成为主旋律；同时学生的想象力与创新能力也在飞速发展	滋养节日文化共情力	活动与实践育人	
五年级	完善与飞跃期	自信星+敬业星（自信敬业）	五年级处于毕业阶段，班级各个方面的建设逐渐完善，学生的性格特点也逐步形成，自信品质与勤学的态度是重中之重	全面提升节日文化自信	文化育人	

少年。同时融入传统节日文化的育人内容，针对不同年段，设计不同的融文共创途径，达到文化育人分目标，最终实现文化自信。①

文化自信班集体的建设基于对中国传统优秀文化的挖掘，在整个建班育人的过程中，传统文化节日的班本课程是育人的一个载体。这一课程是有生命力的，随着学生的认知、身心与道德水平的发展也在不断地成长，不断地丰满。在课程建设不断夯实的同时，多方面的育人目标也在一步一个脚印地逐步实现。②

在每一个年级阶段，节日在一个自然年中完成循环，课程内容也完成循环，但是课程的开展、实施和教育的意义呈现螺旋式上升的特征，班级特色也在课程的建设中不断凸显。③

（二）班级育人理念下构建的"中华福星过佳节"班本课程

从图1可以看到，在整合家庭、学校、社会资源，充分利用传统书

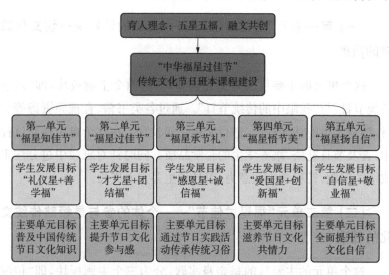

图1 班本课程建设结构图

---

① 成尚荣：《班本课程的存在价值、准确定位与合理开发》，《中小学管理》2014年第11期。
② 黄湘玲：《谈小学班级文化建设》，《云南经济日报》2018年3月12日。
③ 秦咏中：《班本课程开发要顺应学生生长》，《教学与管理》2015年第8期。

籍、音视频资源等素材的基础上,结合融文共创的五个目标与五大育人模式,构建了"中华福星过佳节"的节日班本课程,并将其分为五个单元,分别为"福星知佳节""福星过佳节""福星承节礼""福星悟节美""福星扬自信"。

二、基于学情分析的课程优化,让传统节日班本课程能够解决班级的问题

在确定节日班本课程的五大单元和主要单元目标之后,要结合班级的学情进一步细化班本课程建设。在班情分析中,笔者发现班级中存在几个明显问题,如学生的自我中心意识较强,家长参与度过高,造成学生的自理能力较差,二胎较多(大多数为哥哥姐姐)等。综合考量之后,笔者又将每个单元细化为若干个主题板块。

(一)第一单元"福星知佳节"——正确的认知是一切文化教育的前提

这个单元的主要目的是文化认知,分为两个主题板块,即"走进传统节日"与"我眼中的传统节日"。通过各类书籍、音视频资源等素材,结合学生的认知程度,进行文化认知教育。在这个自主探究过程中,普及节日礼俗,培养学生的善学品质。同时针对班级中过分注重成绩的问题,转移学生注意力,引导学生多方面成长。

(二)第二单元"福星过佳节"——个体的参与是领略传统文化的基础

这个单元的主要目的是亲身实践,分为三个主题板块,即"传统节日怎么过""我们家里怎么过""我们一起来过节"。通过"如何过节"这一大中心主题的探讨,从社会、家庭、学校三个层面开展渐进式单元活动,以期培养学生的才艺能力与团结能力,解决班级中个别不

团结现象和以自我为中心的问题。

（三）第三单元"福星承节礼"——习俗的传承是传统文化流传的根本

这个单元的主要目的是传承习俗，分为两个主题板块，即"传统节日的习俗与内涵""我是节日传承者"。传统节日的习俗有着丰富的育人要素。在这两个主题中，引导学生在亲身参与的前提下，针对不同的节日，通过节日劳动体验、家校合作等方式，感受习俗中的寓意与内涵，挖掘传统文化中的感恩、诚信等品质，培养学生成为优秀文化的传承者。

（四）第四单元"福星悟节美"——亲身的感受是决定文化育人成效的关键

这个单元的主要目的是感悟节日之美，分为三个主题板块，即"传统节日的传说""传统节日的味道""文化中的传统节日"。传统节日的美存在于社会生活的各个方面，古诗词中的韵味美、文化美食中的味道美、传说故事中的幻想美等都是进一步提升学生节日感受的最好资源。学生在感受节日之美的同时，滋养着爱国情怀，也酝酿着文化自信。

（五）第五单元"福星扬自信"——全方位的课程厚植文化自信之魂

这个单元的主要目的是通过学生的主动参与，挖掘传统文化的育人内涵，培养文化自信，分为三个主题板块，即"我最爱的传统节日""传统节日宣传员""传统节日主题班会"。在完成四个单元的活动之后，学生在了解了一定的节日文化之后（不同年段学生的认知程度不同），以自己喜欢的方式，运用当下流行的语言，对传统节日资源进一步开发，在弘扬传统节日文化的同时，厚植家国情怀，培养文化自信。

笔者认为,培育文化自信、家国情怀的过程本质上就是个体去中心化的过程。在整个课程育人的班级建设闭环中,时刻影响着班级中严重的自我中心化的学生们。

三、让传统节日班本课程与班级文化有机融合

班级文化分为显性的物质文化与隐性的精神文化,两者在班级文化建设中相互交融,共同影响着班级建设与育人的能效。笔者以传统节日课程为核心,辐射一个学年中的班级布置、主题班会、家庭任务等活动内容,将传统文化的气息根植于班级建设的各个方面。

(一)用传统节日的文化与意象装饰教室

将节日文化的班级布置与班本课程相结合,让环境成为学生学习传统节日文化和实现个人发展的空间。如在新年来临之际,创设"红红火火过大年"主题墙,挂上红灯笼,贴上红春联;学生自主协商,分工合作,布置区域环境。① 即使在班级这个小天地中,学生也能感受到浓浓的"中国红",品尝出"甜甜的新年味"。再比如在"端午节"的环境创设中,师生共同采摘艾草悬挂于班门口;在家庭任务中分工合作,准备粽叶、竹叶、粽绳、糯米等材料,创设"粽子区",体验包粽子;自制绘本《屈原的故事》,并投放于阅读区等。由于这是学生亲身参与创设的环境,他们对节日文化中蕴含的"文化美""精神美"等感受更为深刻。②

---

① 孙刚成、拓丹丹、拓巧云:《乡土资源在乡村学校教学中的价值和应用》,《桂林师范高等专科学校学报》2017年第5期。
② 李家成、张佳、顾惠芬:《追求班级建设与学科教学的综合融通——基于教师的立场》,《教育发展研究》2012年第4期。

（二）用传统节日的内涵去组织主题班会

传统节日生动的形式、丰富的内容对于学生提高人文素养、厚实文化底蕴、增强民族认同感和归属感发挥着重要的作用。我国传统节日的节庆内容丰富，并蕴含着许多积极的优良传统和民族精神。春节、中秋节思团圆，追求和谐美好、国泰民安；清明节祭祖怀远，感恩寻根……而这些内涵的文化精神在班级建设中可以以不同的主题班会形式进行呈现，在学生不同的认知阶段会生成针对性不同、育人效果也不同的主题班会。这种育人效果必然是递进式的，随着内涵的挖掘，呈现育人的深度。

（三）用传统节日的价值观念去规范行为

学生的行为规范一直是我们在班级建设中必然要去关心的问题，而传统节日文化班本课程的优势在于班主任可以通过挖掘传统节日中的价值观念去规范学生的行为，例如重阳节的敬老品质、七夕的劳动精神、中秋的家庭情怀等。当说教已经无法满足班级管理需要时，在班本课程实施中，学生的自主探究就是培养自我教育能力的最好方式。

四、让传统节日班本课程提升学生的文化自信

我们在班本课程中传承并创新传统节日文化。在课程开发中，以传统节日这个载体，实现了儿童个体与文化之间的对话，实现了个体生命之间的交往和群体与社会之间的互动，激发了学生对文化的深度学习与探究。

"中华福星过佳节"，孩子们在尝试中积淀，在体验中丰富，在传承中创新。传统文化的内涵与伦理，在课程建设中得到丰满与外延，体现了其在班级建设中的育人作用，形成具有鲜明特征的班级特色

文化,在传承文化的同时滋养个体的文化自信。

五、成效分析与反思不足

在以传统节日班本课程为核心的文化自信班级建设实施一段时间之后,笔者通过调查问卷和访谈等形式,从对传统节日的认知、理解与实践等几个方面反思了课程实施的效果。

在班级建设过程中,班本课程可以作为一个优秀的育人载体,在课程中渗透德、智、体、美、劳的各种教育活动,多方合力,构建自信、团结、创新的生态班集体。[①] 让学生在传统文化的熏陶下,滋养文化自信。同时,也是个别化教育的一个有效方式,针对学生在成长过程中的各种问题,依托班本课程中的活动内容,通过活动去育人,做到育人无声。而传统节日主题的班本课程建设更是文化育人引领下的多模式育人实践,能成为班主任建班育人最好、最接地气、最丰富多彩的工具。

当然,在实施过程中,也暴露出一些需要注意的问题,比如,受时间、资源等方面的影响,活动面还是不够宽广,有的学生能够参加整个传统节日德育课程的构建,能深入,能感悟,而有的学生思想上不够重视,活动效果不明显。

以文化自信为引领的传统节日班本课程建设是民族振兴的需要,是社会和谐的需要,也是新时代班主任凝聚建班育人特色的一种尝试。

---

① 王立华:《班本课程开发要立足课程文化自觉》,《教学与管理》2017年第28期。

同伴互助　合作共享

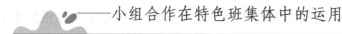
——小组合作在特色班集体中的运用

上海市金山区张堰小学　黄佳丽

学会学习、学会生存、学会合作、学会做人是当今教育改革的重要目标。在班级中设置小组合作机制，给学生们提供组内互相合作、组间公平竞争的双重环境，不仅能调动每个学生参与班级管理的积极性，还能培养学生的合作能力，让学生在互相合作中成长，增强学生的竞争意识，培养学生的集体荣誉感，促进良好班风的形成。[①] 在建班育人的过程中，我始终从小学生身心发展特点出发，以《中小学德育工作指南》为指导，结合学校培养正心少年的理念，通过小组合作机制开展系列活动，逐步形成具有班级特色的五"我"五"心"的育人理念，引导学生"我听""我学""我说""我做""我行"，保持一颗"活力心""乐学心""自立心""探究心""向上心"，最终形成互相帮助、合作共享的特色班集体。

一、在班级育人理念下构建全阶段的小组合作机制

（一）全阶段的小组合作机制的构建

为了帮助学生养成良好的行为习惯，培养学生的自主管理能力，

---

① 孙萍丽：《小组合作在班级管理中的实践与探索》，《中小学班主任》2021 年第 19 期。

提升班级凝聚力,根据不同年段小学生身心发展特点,把小学阶段分为低、中、高三个年段,并制定年段分目标,以"我听""我学""我说""我做""我行"贯穿整个年段,并能以螺旋上升的方式不断提升学生的各项能力,培养学生的合作意识、竞争意识、创新能力、集体观念及多渠道获取信息的能力,养成良好的心理素质,并达成育人目标。

(二)班级小组合作机制模型构建

基于小组合作机制在班级管理中的构建,结合低、中、高三个年段的育人目标以及学生发展特点,将小组合作机制分为三个阶段(见表1)。每个阶段以开展有序、合作的班级管理为目标,围绕着小组组建、制度和目标确定、合作平台开发及合作技能培养等方面实施。三个阶段的实践内容会有交叉点,但又各有侧重。

表1 小组合作制班级管理下的学段发展目标

年段	目标				
	"我听" 活力心	"我学" 乐学心	"我说" 自立心	"我做" 探究心	"我行" 向上心
低年级	目标:养成倾听的习惯	目标:认真听,用心记	目标:能知道自己在小组内的位置	目标:主动参与小组内活动,学会观察,爱动脑筋	目标:学会接受他人的建议和意见,并能改正
中年级	目标:学会倾听,不打扰同伴的发言	目标:小组内,边听边思考	目标:认真履行小组内的职责	目标:积极参与小组各项活动,主动交往,有解决问题的能力	目标:保持良好的心态,宽以待人,学会欣赏他人
高年级	目标:将听到的内容内化于心,并在小组内发表自己的见解	目标:能在小组内主动发表自己的见解,表达有条理	目标:同伴的事情帮着做,不会的事情学着做	目标:善于观察,会提出有价值的问题,带领同伴探究新事物	目标:提升发展境界,服务自己、服务班级的同时,也要服务学校、服务社会

第一阶段为低年级段,此阶段的学生刚接触小组合作机制,对小组合作完全陌生,此时以构建小组合作情境为主,教师在学习活动中创建各种合作活动,如同桌交流、前后桌合作等,根据学情、班情、学生个性特点等指定分组。这种相互合作的学习模式,有利于学生养成合作意识,久而久之学生会接受这样的学习活动模式,并慢慢向自主构建小组合作转变。

第二阶段为中年级段,此阶段的学生已经初步了解并践行了小组合作机制,此时着手尝试改变分组形式,以学生自由组合为主,并在组内商讨各项细则。同时围绕班级正常活动的开展,设置更多的班级岗位,以小组合作的模式做到人人有岗位,并制定和细化各项管理条例,提升学生的主人翁意识和班级幸福感。同时在每月进行优秀小组评比活动的基础上,增加进步小组等评比,帮助各小组树立自信心。

第三阶段为高年级段,此阶段的学生心智逐渐成长,在校内小组合作开展各项活动的基础上,增加校外活动,开展社会服务活动,增强社会责任意识(见图1)。

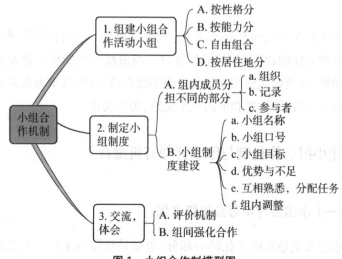

图1 小组合作制模型图

二、基于学情分析,让小组合作机制能够解决班级的问题

班主任是一个班级的组织者、引导者,做好班集体工作的前提是必须深入了解班级情况,能够在第一时间内掌握班级信息,以便做出正确的决策,制定适切的育人目标,践行育人理念,引导学生以更加饱满的状态投入各项班集体活动中。

在进行班情分析中,经过观察,我发现不少学生胆子较小,课上不愿意举手发言;个别几个同学有拖拉的现象(作业拖拉、上学拖拉等);部分比较优秀的学生自我感觉良好,合作意识稍显欠缺;三分之一的学生做事情毛糙,不懂得慢工出细活等。基于以上几点,后续班级建设中需要关注学生的个性发展、规则意识、协作能力等方面的发展需求。

在班级管理中,建设小组合作机制,有利于提升学生综合素养。学生在小组合作活动中体验着同伴互动带来的集体归属感,在提高自主管理能力的同时,学会合作共享。在合作的过程中,学生学会"换位思考",社会意识和社交能力也得到了发展,有利于促进全面发展。

小组合作机制同时也提高了班级管理效率。小组合作管理可以充分发挥集体的教育作用,学生通过参与班级管理能更好地发挥主观能动性,班级归属感和主人翁意识不断提高,班级凝聚力和向心力逐渐形成,有助于构建和谐的生生关系、师生关系。

三、让小组合作机制与班级管理有机融合

(一)小组合作中彰显班级文化

小组文化是班级文化的一部分,也是班级特色文化。小组文化

建设包含设定组名、口号、目标,以及分析优势与不足等。各小组在组长的引导下积极建设自己的小组文化,形成本组的特色文化,做到人人参与。在小组名字、口号、目标上,各个小组彰显特色,做到各不相同。而在不同的发展阶段,小组的优势与不足也会随之改变,并形成新的小组文化。同时,各小组制作不同的组牌,进行教室的布置等,让文化看得见,摸得着。

(二) 小组分工,人人有岗位

班级管理工作涉及的管理内容比较多样,通过运用小组合作进行班级管理的模式,需要按照不同的管理内容科学设计方案。如在班级卫生管理工作的开展中,可以根据小组组员的特点,进行班级各项岗位的分配。如"蓝爸爸组"的特点是能够起引领的作用。"蓝妹妹组"就是美容美化,不但要注意仪容仪表,还要关注环境美。"笨笨"的形象是憨憨的,所以这个组的岗位特色就是踏实能干,保证各个岗位的正常运行。"恢恢"看着形象不太好看,但是他特别追求完美,"恢恢组"的岗位需要时刻关注各个环节,做好这个工作不容易。"聪聪组"聪明伶俐,做之前都要思考一番,别具特色。"勇勇组"要负责、有担当,那么这些岗位就需要这样的小伙伴。这样的岗位设置,学生自主选择,同伴出谋划策,让每个孩子找到适合自己的岗位。组员之间偶尔也可以相互提醒,相互帮助,这样的集体才能更和谐、更友善。找到自己适合的岗位,学生也会更加积极地为班级服务。

四、小组合作制改善人际关系,提升班级凝聚力

人际关系一般是指人与人之间的社会关系和心理关系,是在一定群体中,在人们相互交往过程中所形成的比较稳定而又持久的关系。班级人际关系主要包括教师与学生之间的关系,学生与学生之

间的关系。① 良好的人际关系有助于促进教师与学生之间、学生与学生之间的密切交流和合作,有助于促进班集体的发展。

我们班级不但有一支优秀的班干部队伍,还有一支优秀的小组长队伍。小组合作制一直是我们班级的特色,5—6名同学组成一个学习、活动小组,组长由组员们统一推荐。在小组长的带领下,同学们不但能互帮互助,还能起到一定的相互监督作用,改正不良习惯。这些小组长本着帮助同学、关心同学的原则,在尽职尽责地做好自己工作的同时还尽力配合班委的工作,真正做到视班级为一个大家庭,充分地发挥个人能力,让每一个人感觉到班级给予的快乐和温暖。同时,在小组合作学习、活动中,培养学生之间的交往技能、合作意识,让每一个学生找到自己的位置,锻炼自己的能力,并能突破自己。当然,这样的小组合作两个月轮换一次,让学生与其他的同学也能有更多的交流与合作的机会,学生心中始终有班集体这样的意识,使班集体更加和谐。小组合作发展的模式,就是学生慢慢从"我听"向"我行"发展的过程,学生在潜移默化中得到锻炼和培养。

小组合作机制在我们班级已经开展一段时间,在此期间,学生的自主意识和合作意识有了明显提高,懂得了遇到问题能主动思考,向同伴寻求帮助,商讨解决方案等。学生体验到了同伴之间交流合作的乐趣,感受到了他人的友善,从而提升了班级幸福感和凝聚力。

---

① 张慧玲、白花春:《加强文化建设,优化班级管理》,《家长》2019年第10期。

以"竹"为媒,激励学生主动成长

——以"小青竹"中队新成长班集体创建为例

上海市奉贤区星火学校　路青睐

《中小学德育工作指南》指出,我们要引导学生准确理解和把握社会主义核心价值观的深刻内涵和实践要求,养成良好政治素质、道德品质、法治意识和行为习惯,形成积极、健康的人格和良好的心理品质,促进学生核心素养提升和全面发展。而竹子在我国传统文化中一直是君子贤人的理想化人格,"竹文化"蕴含着厚实的中华民族精神。学校依托区域浓厚的农垦传统文化氛围,秉承农垦精神优良的办学传统,开设了"绿润"特色课程。在此基础上,我们树立"小青竹"中队"绿润星'竹',拔节成长"的育人理念,旨在通过挖掘"竹文化"精髓,通过丰富的活动,以竹子的优秀品质感染、启迪、激励学生奋发向上,主动成长。

一、以"竹"为媒,建设班级文化,给予学生成长动力

"新成长班集体"创建坚持"六好"标准,其中一个标准就是班级文化建设好。

(一)制定班级目标

结合本班"绿润星'竹',拔节成长"的育人理念,笔者和学生共同制定了班级总目标:事事用心,节节向上,争"五竹",做"最美星竹"。

其中"五竹"即清雅脱俗、文明有礼的"雅"竹,虚心好学、踏实奋进的"智"竹,热爱劳动、团结奉献的"贤"竹,乐观自信、阳光向上的"艺"竹,强身健体、自强不息的"健"竹。

(二)布置班级环境

班级环境的布置是班级文化建设最基本的内容。它不仅能体现班级的精神面貌,还能影响学生的身心健康。[①] 笔者结合班级育人理念,优化教室环境,让每一面墙壁都能"说话",处处彰显"小青竹"班级特色,随处散发"竹文化"的气息,激励学生勇往直前。

新学期第一天,学生们将寒暑假期间各方面能力提升的成果展示于"笋芽尖尖"版块,用于与期末的成果形成对比。"青竹竞冒"版块则定期更换,张贴学生们在各学科及探秘竹文化时的优秀作品,鼓励成长较快的学生,同时为成长较慢的学生树立榜样。"节节攀高"即"雏鹰争章"指定项目。在争章过程中,鼓励学生通过自己的勤奋努力,自律成长。"笑竹颜开"版块张贴了学生们参与校内外、班级的各项活动的精彩瞬间,鼓励学生乐观自信。"竹光添彩"版块则是用来展示学生们参与各级各类活动获得的奖项及成果,增强学生的集体意识,营造团结向上的班级氛围。"竹墨花开"也就是班级小小图书角,学生自主管理,自我阅读。每日有两位朗读者,自选有意义的内容,朗读并提问,最后说明选择这个内容的理由。鼓励学生们认真倾听、敢于表达、善于思考,调动学生们的阅读积极性。

(三)加强班级管理

为了提升班级凝聚力,深化学生的责任意识,让学生明白"集体"的概念,意识到不仅要管好自己,更应该为集体作贡献,笔者在班级中按学号实行每日两位学生体验"一日竹园管家"的活动。每周五班

[①] 梁羽、梁蓓:《浅谈班级文化建设》,《教育实践与研究》2015年第12期。

会中请10位"小管家"总结自己发现的问题,并尝试提出建议,同时请大家对10位"小管家"进行评议,根据实际情况评选出两至三位"优秀竹园管家"。虽然学生的能力参差不齐,但是很多学生表现出强烈的参与班级管理的意愿。学生在自己当"管家"的时候,会认真观察班中的同学,也会发现一些不妥的行为。而在评价"管家"的过程中,也了解到哪些同学在哪些方面能力较好,同时也在思考,轮到自己的时候,人家会怎么评价自己,潜意识中开始产生责任意识。

为了尊重每个学生,提升学生的积极性,让每个孩子明白自己是班级的"小主人",遵循"事事有人做,人人有事管,人人有责任"的原则,笔者在创设班级小岗位的时候,做到广设岗位,实现每人一个岗位。从班级生活的需要出发,结合前期"一日竹园管家"活动时学生们看到的问题,设置相关岗位,并将这些岗位按照"五竹"进行分类。为了不打击学生的积极性,每个岗位可以采用试用期,到期后,根据实际情况决定留岗还是轮岗。有些岗位的竞争者较多时,采用定期轮岗制度,大家轮着做,看谁最合适。另外,岗位及其职责也不是一成不变的,需要与时俱进,适时增加或者删减岗位,根据学生成长情况适时拓展升级等。岗位的轮换,能给学生提供更多的锻炼机会,丰富学生在不同岗位上的体验。同时,学生能与不同个体进行合作,有利于开放心态,共同经营班级生活。① 这样能够促使学生自觉成为班级的主人,为班级发展作贡献。

二、以"竹"为媒,开展各类活动,挖掘学生成长潜力

(一)"知'竹'常乐,'竹'以致用"特色活动

竹子的精神内涵已经成为中华民族传统美德的象征,"竹文化"

---

① 郭芳:《巧轮换 重评价 促成长——班级小岗位建设之我见》,《思想理论教育》2013年第2期。

蕴含着丰富的德育资源,所以笔者融合各学科知识,探索契合点,尝试开发"知'竹'常乐,'竹'以致用"班级特色活动。

1. 寻竹

通过查阅资料了解竹子的生存环境、生长特征,以及竹子所具备的精神品质,构建班级的文化建设内涵。通过实地参观校园竹林,了解如何种植竹子,分组体验护竹。走出校园,寻找自己身边不同种类的竹子,与之合影,并尝试介绍。

2. 知竹

笔者携手音乐老师,带领学生认识竹笛、葫芦丝、竹笙等与竹相关的乐器,并欣赏这些乐器演奏出的乐曲,感受竹子带来的音乐之美。通过寻找家中用竹子制作的东西,体会竹子的贡献之大,介绍保养方式,增加爱竹意识。和家人一起挖竹笋、剥竹笋,尝试用竹笋炒菜,制作竹筒饭,在这个过程中,进一步了解竹子在不同时期的用途,同时也提升劳动能力。

3. 赞竹

利用晨会、午会时间,组织学生朗诵有关竹子的名言、对联或古诗,阅读赞美竹子的文章,体会其中的竹子精神。通过欣赏文人墨客笔下竹子的千姿百态,感悟作品中所表现出的竹子精神。联合美术与书法老师,让学生尝试画竹、写竹,如国画、诗配画、硬笔书写、软笔作品创作等。开展"竹"笔生花活动,通过创作诗歌、撰写文章等形式赞竹。

4. 制竹

利用竹叶、竹枝、竹篾等材料,学生动手制作竹贴画、竹枝拼图、竹蝉、竹蜻蜓、竹节人、风筝、创意竹筒等。利用彩纸、绳子等其他素材,进行竹子造型的创作,如"熊猫爬竹"等。测量绿润农庄土地,家校合作设计、制作竹篱笆,美化、保护自己的农庄。

5. 玩竹

在制作竹蜻蜓和竹风筝的基础上,比赛谁的作品飞得更高、更远,在玩中激发学生的竞争意识,节节向上。利用活动课、假日小队活动等时间,跳竹竿操、竹竿舞,抖空竹,激发学生的运动兴趣,积极锻炼,增强体质。

以"竹"为媒的特色活动对学生成长、构建新成长班集体起到了巨大的促进作用。学生在活动中各方面的能力都得到了锻炼与提升,"竹文化"深入人心。

(二)"争'五竹',做'最美星竹'"系列活动

班级育人目标的实现,需要以具体的活动为载体。所以,在学校大主题下,基于班情,围绕着学生成长需求及目标进行系统化呈现,开展了"争'五竹',做'最美星竹'"系列活动,让学生在竞争中积极向上、主动成长。

1. 争做"雅"竹

通过"金牌小导游""每日之声""寻找最美瞬间"等活动,从他人身上发现雅言雅行,在与他们交流中做到词达意、言有礼,举止清雅脱俗。

2. 争做"智"竹

通过"小小书签,满满书香""做时间的主人""诵经典,筑未来"等活动,设计作息表,制作精美书签,养成读书好习惯,通过经典诵读,弘扬中华文化,树立远大理想,勤奋好学。

3. 争做"贤"竹

通过"特色岗位显担当""我是养殖小能手""寻找身边的暖'星'人"等活动,人人有岗位,个个是主人。通过劳动,增强班级凝聚力,培养责任心,寻找暖"星"人,体会奉献的快乐,懂得感恩。

4. 争做"艺"竹

通过"'竹'光添彩秀一把""今天我是小导师""果蔬堆砌画,创意无止境"等活动,鼓励学生敢于展示自己的才艺、兴趣爱好,尝试做"小导师",敢于动手,勇于表达,增强自信心,发散思维,发挥创意,阳

光向上。

5. 争做"健"竹

通过"创意运动共挑战""探寻生活中的'坚持'""今天我管家"等活动,探寻生活中有关"坚持不懈"的故事,学习其精神。"小管家"自主管理,锻炼身体,自律自强。

三、以"竹"为媒,构建评价体系,激励学生主动成长

在班级建设过程中,笔者从育人目标入手,整体构建学生评价体系,发挥评价在学生成长过程中的导向和激励作用。

(一)评价主体多元化

除班主任以外,本班所有任课教师、全班学生及家长都可以参与班级各项活动的评价。

(二)评价内容多维化

每个学生各有所长,要综合各方面内容对学生进行评价。围绕班级育人目标,师生共同商定常规评价内容,让学生对评价内容有认同感。另外,坚持所有活动必评价的原则。

(三)评价方法多样化

评价周期分为每日一评、每月一评、每学期一评。每日一评:各项常规表现及各项活动表现优者,可在自己的竹竿上获得1枚熊猫章,一节竹竿可容纳10枚熊猫章,积满10枚后可以给自己的竹竿加上一节。最后比一比,看着谁是最高的青竹。每月一评:根据一个月来的综合表现,评选出"五竹":"雅"竹、"智"竹、"贤"竹、"艺"竹、"健"竹。每学期一评:综合一个学期的表现,评选出学期"最美星竹"。在拔节的过程中,学生清楚地看到自己的成长过程,必将继续

努力前行。

四、实践成效

原本受地域、家庭环境等因素影响,孩子们缺乏兴趣爱好和特长,课外学的本领较少,行为习惯不是很理想,综合素质较低,但他们比较淳朴热情,不拘小节。基于这一点,以"竹"为媒,五育融合,多方协同开展丰富的实践活动,成效还是比较好的。

学生们不仅养成了较为良好的行为与学习习惯,对于竹子精神也有了一定的了解,事事用心,个个都在进步中。在竞争"五竹"的过程中,他们参与活动的积极性很高,大家都努力展示自己的闪光之处,并取长补短,综合能力得到了提升。在竹子精神的熏陶下,学生们养成了良好的道德品行,锻炼了坚定的意志品质,逐渐实现了健康全面发展。

建自治班级　育担当少年

——基于管理育人视角的小学生自主能力培养

上海市金山区前京小学　范宁

一、基于学情的"自治班级"育人理念构思

物质条件的提升与家庭教育的滞后，使部分孩子存在集体观念淡薄、自我管理能力不足的现象。培养学生的自觉性与能力首先就是班主任为学生提供自我教育与管理的机会，通过"他律"达到"自律"。[①]小学生正处于行为习惯养成和价值观形成的关键阶段，我以中国学生发展核心素养为指导，以"建自治班级，育担当少年"的育人理念，打造一方融生态、健康、人文于一体的成长空间。在建班育人的过程中，班主任基于对学生独特个体的信任和尊重，引导其共同制定班级规则，共同管理班级事务，创建一个团结合作、民主法治、友善大气的班集体，助力每位学生个人综合能力的提升。

二、以"担当少年"育人目标为靶向的行动路径

以本班为例，男生18人，活泼好动，关心他人，但自我约束能力不足；女生22人，踏实勤勉，热心团结，但班级管理能力不足。小学

---

① 李镇西：《李镇西和他的学生们》，科学出版社2009年版。

五年的生活和学习中,我们以"五步三阶段"逐步落实"建自治班级,育担当少年"这一育人理念,不断提升学生自我约束和自主管理的能力。"五步"即认识规则、制定班规、实践班规、修正班规、内化班规,依据"班规"实现自治班级的创建;"三阶段"即"他律—自律—自觉",落实管理育人对"引导师生培育自觉、强化自律"的要求(见表1)。根据不同年级班级的发展阶段特点,制定每个年级着重关注的分目标,设计不同的共创途径,以达到育人目标"育担当少年"——爱集体、讲民主、会合作、重公正、乐奉献。

表1 班级自治年级目标表

年级	班级发展阶段	学生发展目标	目标设定分析	管理发展目标	育人途径
一年级	自治班级心理认同期	爱集体	了解学校、社会的各种规则,以《小学生守则》、校规、优秀班规为抓手,培养学生守规则的意识	教师管理下的"他律"	活动育人
二年级	自治班级情感期待期	讲民主	在班主任的引导下,全体成员根据班级出现的各类问题通过讨论、商议制定出适合本班的规则	班规影响下的"他律"	实践育人
三年级	自治班级理想实践期	会合作	值日班长负责制下,值日小组根据班规对全体学生和班主任进行考评并公示	班规要求下的"自律"	管理育人
四年级	自治班级自我修正期	重公正	独立承担班级各类活动,组织班级各项活动,热爱班级,愿意为班级奉献自己的才智	价值认同后的"自律"	协同育人
五年级	自治班级完善成熟期	乐奉献	学生思想逐步成熟,引导学生把目光投向社会,鼓励其彰显自己的个性,表达自己的观点,逐步成长	集体观念中的"自觉"	文化育人

三、多维度视角下自治班级建构的实施策略

（一）多样化的"法治"活动促生情感认同

美国教育家杜威认为，经验包含着行动或尝试和所承受的结果之间的联结，"知"和"行"是紧密相连的，没有"行"就没有"知"，"知"从"行"来。"法治"理念是自治班级的认知基础，巧设"识法—寻法—用法"系列活动，吸引学生主动参与到学习中。学生学习《中小学生手册》和校规，知道遵守规则是每个学生应尽的义务；探寻生活中常见的法律法规，明白触犯法律法规要接受惩罚；开设"班级法庭"，解决班级的问题；走进社区开展普法宣传，强化法治理念。

（二）接地气的"立法"行动启蒙民主意识

班级自主管理的前提是要引导学生制定出班级规范，以制度的形式来保证每一位都有参与班级管理的权利与义务，同时每一个人都受到班集体的监督。[①] 在班主任的引导下，全体成员参照优秀班规，结合本班情况，制定出自己班级的专属班规。班规不仅涵盖范围广，更是班级其他制度的基础，务必做到逐条讨论通过、解释说明、公示监督、严格执行，充分彰显民主性。有法可依，班级各项制度（家委会选举制、班干部轮换制、各类学生和家长评优制度等）一应俱全是班级自治的有力保障。班主任和任课教师作为班集体的一员也应受班规的制约，让学生通过这种形式受到真正的民主启蒙教育。[②]

---

① 袁川：《自主管理、自主学习、自主发展——兼谈"全程全员全域"人才培养模式在某班学生中的实践研究》，《贵州师范学院学报》2012年第5期。
② 李镇西：《做最好的老师》，文化艺术出版社2012年版。

（三）多平台的能力训练保障"执法"落地

巧借学校德育平台——升旗仪式、中队秀、运动会、十分钟队会，搭建班级活动平台——"一诗一品""云端畅聊会""十岁生日会"，创新班级管理平台——"值日班长负责制"，挖掘社区探究平台——"雏鹰假日小队"活动、家庭家务劳动、长或短周期的社会调查活动，为每个孩子提供参与管理班级的机会，锻炼其统筹安排能力、沟通表达能力和劳动实践能力。从班规的制定到推行，学生发挥着主体性作用。由班级干部示范到师徒带教推广，再到值日小组轮流担任，公平公正、和谐友善的理念滋养着每一个人。

（四）规范的"执法"流程实现依法管理

班规从制定到执行是班级由"人治"到"法治"的过渡[①]，要充分考虑特殊情况的发生。制定操作性强的执法流程是自治班级的基础，值日生、值日班长、班委、班主任要各司其职，"班级法庭""考评仲裁""法规常务"等组织随时解疑答惑。"班级法庭"旨在解决班级重大突发事故，班主任或班长任审判长，班委任法官，被告和原告可以聘请律师，其他同学担任陪审团。"考评仲裁"由值日班长和班委担任，随时解决值日生遇到的考评问题，调节考评冲突。"法规常务"由班主任和班委担任，随时记录学生对班规条款的建议，为班规修订做好准备。

（五）清晰的量化考评激发班规的内化

班规量化考评不仅是在践行公正理念，更能让学生将班规内化于心。班规量化条款和考评办法由全体成员自主拟定，以值日小组

---

① 谢汝苹：《班级管理三部曲——人治·法治·自治》，《科学大众（科学教育）》2017年第4期。

的形式轮流对全班进行考评,并将考评结果张贴公示,并通告家长群知晓。班规考评中的惩罚是要求学生自己对自己惩罚,这种自我约束的惩罚是学生自我教育的一种形式。从一年级认法识法到二年级制定班规,两年的"慢学习"遵循学生的认知特点和身心成长规律;三年级班规的执行过程中,第一个星期"试行期"和第一个月考评结果"内部公示期"给予学生在试错中成长的机会;四年级的班规修订,充分考虑每位学生的意见,落实班规助力学生成才的初衷;五年级的"淡化"班规,实现从"他律"到"自律",再到"自觉"的成长要求。

四、立德树人目标指向下"担当少年"培育行动

"担当"意为"接受并负起责任","育担任少年"的理念基于学生学习被动、无视劳动、拒绝束缚等现状,旨在唤醒学生主动承担社会和家庭责任的意识,使其成长为对祖国建设有贡献的人才。在小学五年生活中,我们遵循学生成长规律,将"担当少年"细化为"爱集体、讲民主、会合作、重公正、乐奉献"五个育人目标,并落实在班规的"五步走"行动中。

生活中处处有规则,"爱集体"促使学生增强自我约束力,乐意接受班规的实施,才有担当的精神;班规制定中拒绝"霸王条款","讲民主"不仅是尊重学生的意愿和学生全员参与,本班教师也接受班规条款的约束,民主的"担当"更有价值;班规的执行中会遇到各种问题,随时可能激发班级矛盾,只有"会合作"才能担起班级重任;有担当的少年要关注班级特殊学生,留意特殊情况,班规的修订是基于公平公正的原则,只有"重公正"才能有担当;班规是只限于"提倡"好行为和"惩处"坏习惯,而有担当的少年更要自主自觉地做正确的事情,"乐奉献"是"有担当"的高位追求,在做好本职工作的基础上服务更多的人。

立德树人是教育的根本任务,"敢于担当"属于个人品德规范,是

一个人立身、处世、成人、成才、成功的保证。在创建自治班集体的全过程育人中,在学生感悟法治的规范中,从增加自我约束到勇于承担责任,再到自觉服务班级,个人品德不断提升,逐步实现教育的目标。①

---

① 李洁、吴乔、张珊:《基于管理育人视角的高校学生自律能力培养研究》,《黑龙江教育(高教研究与评估)》2020年第7期。

浅析"以文化人"理念下特色班级建设的策略与实践

——以涵育凝心聚力的"蚂蚁班"实践为例

上海市松江区新闵学校　程仁慧

班级文化是特色班级的灵魂。特色班级文化,即一个班级所特有的气质和风貌,它不仅包含着外显型的班级教室的布置,还包含着内在的学生的精神面貌及良好行为习惯的养成等。积极向上、富有特色的班级文化,不仅能满足学生发展的内在需求,更能起到"润物细无声""以文化人"的作用。

那究竟如何在"以文化人"的理念下,创造特色的班级文化,打造特色班级呢?笔者以涵育凝心聚力的"蚂蚁班"实践为例,浅析"以文化人"理念下特色班级建设的策略与实践。

一、明确育人目标,为特色班级建设指明方向

班级文化是校园文化建设和促进学生全面发展不可或缺的重要组成部分。它反映了班级师生的共同奋斗目标,指引班级成员努力朝着一个方向、一个目标携手奋进,对学生起着潜移默化的教育影响。[①] 因此,建设怎样的班集体,确定怎样的班级特色,需坚持以生为本的原则,从学生的真实需求出发。班主任通过深入了解学生、充分

[①] 宋艳丽、艾秀娟、毕秀华:《"梦想班级"德育模式下的特色班级建设》,《辽宁教育》2020年第12期。

考虑每个同学的特长爱好,在征求家长意见后,由学生与老师一起,高度整合提炼出全体师生的班级愿景。这样的班级文化,才能激发学生为之努力与奋斗,才更加拥有班级归属感。

2018年9月,笔者迎来了一批可爱的一年级学生。通过对班级的学生情况、家庭情况进行综合分析后,笔者发现班级大多数学生为独生子女,家长较为重视学生各种能力的培养,因此学生的兴趣爱好都很广泛,个人能力较强。但从集体的角度来说,学生与家长普遍个性突出,较为自我,缺乏团结合作的能力。如果能让集体中的多条枝干往同一个方向生长,多方力量形成合力,那么班级这棵大树定会茁壮成长。基于以上班情分析,经过班级会议商讨,最终我们结合《中小学德育工作指南》学生德育目标、《中国学生发展核心素养》,将"建设有凝聚力的班集体"作为班级发展目标,以班级文化建设为载体,打造特色"蚂蚁班",并根据学生不同学段的身心发展特点,制定了阶段性发展目标(见表1)。有了班级目标为导向,班级文化的建设便有了"主心骨"。

表1 班级各学年阶段发展目标

年级	班级发展阶段	学生发展目标	目标设定分析
一年级	奠基期	心向阳光	学会遵守规则,懂得各项礼仪规范,爱集体、爱同学,快乐地适应小学生活
二年级	赋能期	勤劳勇敢	注重培养学生自理能力,做到爱劳动,爱小岗位
三年级	成长期	敏学善思	乐于学习,善于思考,善于创新
四年级	助力期	顽强拼搏	有一定的抗挫折能力,能做到自主、自立、自信、自强
五年级	飞跃期	乐于奉献	能够为班级、学校、社会贡献自己的一份力量,有一定的责任担当

二、打造班级特色形象,构建班级精神文化,增强学生集体归属感

班级精神文化是特色班级建设之魂,它不仅体现了师生共同创造的价值取向,也是规范学生行为、涵育学生思想品德的重要手段,更具有增强班级凝聚力的功能。因此,需要寻找一个形象,将这种班级精神外显化,从而增强学生的集体归属感。

蚂蚁,一种极具社会性的昆虫,不仅有着强大的凝聚力,能团结合作,且拥有强大的生命力。建班之初,通过组织学生对蚂蚁展开研析调查,我们提炼了蚂蚁的四大精神:善于合作、敏于学习、勇于拼搏、乐于奉献,并以此作为学生的四大发展目标。用蚂蚁作为精神形象,涵育学生,从个人为班级集体核心赋能到班级为个人成长助力,螺旋上升,促进学生与班集体共生共长。

除了班级形象,教室布置也是打造班级精神文化的重要途径。让教室的每面墙壁、每个角落都富有教育意义,从而挖掘出潜移默化的育人功能。[①] 在确定蚂蚁作为班级特色形象后,笔者以蚂蚁为文化载体,师生合作,共同打造"蚂蚁公社"。在家长与学生的合力下,一起设计带有蚂蚁标志的班级文化符号,如班名、班徽、班级公约、班级代币券、班级视频号等,同时定制了印有班级标志的专属胸牌。在为班级贡献智慧和力量的过程中,学生们也逐渐培养了集体意识。在班级精神文化的浸润下,凝心聚力的班级文化正潜移默化地根植于学生的内心。

---

① 建晖、孙文婧:《班级文化——一种重要的隐性课程》,《当代教育论坛(教学研究)》2011年第12期。

三、建立民主规章制度，构建班级制度文化，助力学生形成班级主人翁意识

俗话说：没有规矩不成方圆。科学、民主、健全的班级规章制度，对学生良好行为习惯的形成以及主人翁精神、民主意识的培养有巨大的促进作用。为构建凝聚共生的"蚂蚁班"，笔者主要从以下四个方面开展制度建设，以班级制度文化助力学生形成班级主人翁意识。

首先，建立特色岗位制度。五年来，笔者始终坚持人人参与班级管理，从低年段的小岗位设置到高年级的班干部轮岗制，都充分发挥学生的主体意识。以班级共同价值为取向，所有学生参与定岗、选岗、竞岗、值岗、护岗。儒雅岗、敏学岗、博艺岗、爱劳岗、奉献岗五大特色岗位类型，让学生在合作管理班级的过程中，德、智、体、美、劳全面发展。

其次，建立小组合作制度。到了三年级，进入班级发展成长期，随着学生逐渐成熟和同学之间了解的深入，班级开始组建兴趣小组，如乒乓球兴趣组、历史爱好小组、手账制作小组、乐器交流小组、热爱自然小组、书画爱好小组等。在一些班级活动中，以小组为单位，分工合作，完成相关主题的探究性学习，以适应不同的活动需要。体育节、读书节、艺术节，各大节日都能看到小组的合作身影，在协作中，小蚂蚁们适性扬才，各种能力得以提升。

再次，建立班级议事制度。每周例行班会课，是班级成员共商班级事务的好时机；为达成不同的育人目标，在班集体的引领下，每学期开展不同主题的班会课。除了生生合力，邀请家长参与班级议事制度，也是有效构建班级共同体的做法之一。每月一次的家委会议，有效搭建了家校合作的桥梁，为班级凝心聚力助力。

最后，建立特色评价制度。评价制度可以促进学生在集体合作中良性竞争，成长为更好的自己。"蚂蚁银行""蚂蚁代币券""蚂蚁小

卖部",激励学生行为,为班级凝心聚力。此外,还有班级明星榜等评价体系,如"敏学蚁""儒雅蚁""爱劳蚁""奉献蚁"。通过丰富、有趣的评价制度,激发学生的内驱力,让学生将外在的规范内化为自己的行为习惯。

四、开展丰富的班队活动,构建班级活动文化,提升班级凝聚力

塑造班级精神,打造班级特色,需要通过活动来培养。班级只有经常性地开展富有班级特色的活动,班级制度才能够得到执行,团队精神建设、班风、学风建设才能够深化,班级的凝聚力、团队的战斗力和个性的活力才能够形成。①

为构建凝聚共生的班集体,笔者在五年建班过程中,主要以小组合作制,开展了一些特色活动(见表2)。

表2 班级活动类型一览表(部分)

活动类型	活动内容				
仪式教育活动	入学典礼	入队仪式	十岁生日	学劳模仪式	毕业仪式
校园特色活动	和美种植体验	体育节特色运动会	艺术节班级大合唱	读书节图书义卖	读书节诗词大会
主题教育活动	劳动节系列活动	清明节祭英烈系列活动	安全教育宣传日系列活动	奥运会系列活动	"科学防疫"系列活动

在丰富多彩的活动中,小组之间、师生之间、亲子之间的关系都慢慢亲密起来,为班级整体注入能量。各类活动锻炼了学生的个人品质,使其养成一定的行为习惯和道德规范,同时提升了班集体的凝聚力。

---

① 郭磊:《基于核心素养下小学班级文化建设策略探讨》,《新课程》2020年第48期。

五、开设特色课程,共建课程文化,为班级共同体生生不息助力

家校共育,共设趣味课程,为班级共同体生生不息助力。五年来,笔者充分调动家长资源,利用每月一次的"家长进课堂""小小先生开讲了"平台,开设班级系列微课程。一、二年级时开设家长课堂,三、四年级时开设学生课堂,家长都给予支持和帮助。五年级时开设学生小组汇报性课堂,由学生独立完成。从家校合作到亲子合作,再到生生合作,打造班级共同体,助力学生全面发展(见图1)。

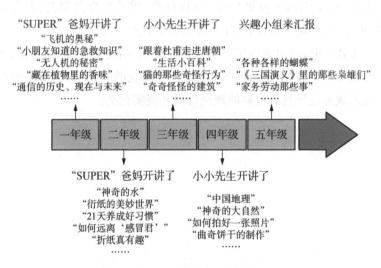

图1 班级特色微课程一览表(部分)

五年来,"家长进课堂"活动共计20余次,"小小先生"开讲20余次,由于疫情,小组汇报仅3次。整体来说,微课程内容涵盖面较广,有劳动技能方面的培训课程,有日常生活中的急救常识培训,更有历史文化、自然科学知识的普及。这些丰富有趣的微课程,不仅打开了

同学们的视野，更凝聚了家长与学生各方的力量，促进了班级共同体的建设，为学生全方面发展赋能。

六、成效分析与不足之处

五年来，在"以文化人"的特色班级建设理念下，笔者打造班级特色精神文化，构建班级民主制度，开展丰富多彩的活动，建设有趣的特色课程，营造了凝心聚力的班级氛围。"小蚂蚁们"同心协力，创建了一个有凝聚力、有生命力的班集体。班级也曾多次被评为校级优秀班级。每个学生对于班级都有着较强的幸福感和归属感。有了集体做后盾，学生敢于发展个性，挑战自我，成长为心向阳光、勤劳勇敢、乐学善思、顽强拼搏、乐于奉献的新时代好少年。

实践证明，通过建设班级特色精神文化、制度文化、活动文化、课程文化等，"以文化人"，促进班级学生价值观的共同形成，对学生的个性形成和发展具有重要的理论价值和现实意义。

随"诗"潜入班,润"心"细无声
——古诗文化引领下的特色班级建设

上海市金山区朱行小学　董国凤

一、立足班情,探索"以诗建班"育人策略

(一) 树立文化自信,确定育人理念

《中小学德育工作指南》把"中华优秀传统文化教育"列为重要的德育内容之一,要求引导学生增强国家认同,形成爱国情感,树立民族自信,积极争做有自信、懂自尊、能自强的中国人。《义务教育语文课程标准(2022年版)》将文化自信列为重要的核心素养,要求学生认同中华文化,继承和弘扬中华优秀文化。古诗词是优秀的传统文化,不仅是语言的精华,更是思想的结晶,蕴含着家国情怀、传统礼仪、人格修养等丰富的精神财富。在建班育人的过程中,笔者以"诗"作为班级的核心文化,确定"志存高远,永葆诗心"的育人理念,引导学生在读诗悟情的过程中,传承爱国、孝亲、知礼、守信、勤俭等优秀的传统思想,渗透社会主义核心价值观教育。以"诗心"铸少年魂,引导学生从小树立远大的理想,永葆少年纯真善良的性情和蓬勃向上的朝气,做"诗心少年"。

（二）根据班级学情，制定育人目标

我所从教的学校是一所农村小学。班级里共有 42 名学生，其中有 22 名男生，20 名女生，男生人数偏多，班级氛围活跃。本地生源 8 人，外地生源 34 人，外省市务工人员的子女偏多，家长的阅读意识薄弱，学生的阅读量较少。根据班级学情，我确定了"以诗养德、以诗启智、以诗强体、以诗悟美、以诗颂劳"的育人总目标（见图1），引导学生在诗情画意的班级生态中，成长为"知礼仪、会劳动、懂感恩、敢创新、立志向"的有志少年，促进学生在德、智、体、美、劳方面的综合发展。由于每个学龄段的学生都有不同的心理特点，根据学龄特点，我又制定了年级分目标。根据"一个为主，四个为辅"的策略，每个年级着重发展一个目标，在日常建班育人过程中渗透其他四个目标（见表1）。

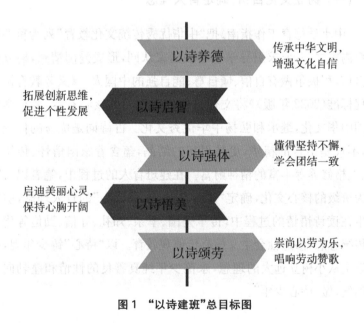

图1 "以诗建班"总目标图

表1 小学各年级目标体系

年级	班级发展阶段	学生发展目标	各年级具体目标	总目标
一年级	播种期	知礼仪	学生初入校园,学习校规和课堂常规,明确学习、用餐、路队、课间休息等行为规范,争做知书达理的谦谦君子	以诗养德 以诗启智 以诗强体 以诗悟美 以诗颂劳
二年级	生长期	会劳动	重点训练理书包、洗餐具、打扫教室等劳动技能,提升学生的自立能力,增强学生的责任心	
三年级	发展期	懂感恩	利用十岁生日,引导学生懂得感恩父母,感恩社会,感恩祖国,并懂得回报和奉献	
四年级	稳健期	敢创新	结合学校"创造"的教育理念,鼓励学生在学习和活动中,敢于创新,勇于创造	
五年级	绽放期	立志向	学生处于小升初的转折期,引导学生志存高远,树理想,立志向,并为之不懈地努力	

二、文化引领,建设"古诗特色"诗心班级

(一) 创建"诗心"温馨教室,加强物质文化建设

物质文化是一种显性文化,可通过创建良好的班级环境来体现,对学生起到潜移默化的作用。上海市德育特级教师洪耀伟老师认为:"德育不是说教,是言传身教,是真善美的传递。教室环境像一位默默无闻的老师,静静地发挥着它特殊、潜在的教育作用,促进师生

和谐发展。"①打造一间充满诗情画意的温馨教室,可以陶冶情操,增强班集体凝聚力和师生的归属感。我们班的教室里,处处充满诗意:有精心布置的"诗心"中队角,"宁静致远"图书角,"姹紫嫣红"植物角,"香远益清"卫生角;教室后面的墙壁上,设有"长风破浪"版块,记录学生成长的足迹;左右两边的墙壁上,张贴着学生的书法作品及绘制的古诗小报;前面的黑板上设有"每日一诗"专栏,由学生轮流书写经典诗句……教室的每个角落都笼罩着浪漫的诗意,孩子们在诗间行走,自然将诗的种子播种在心田。

(二)建设"诗心文化"符号,提升精神文化建设

精神文化是一种抽象的意识形态,有文化的班级不仅拥有显而易见的诗意教室,还要有诗意的名字、响亮的口号、显著的标志等体现文化内涵的符号。确定了以"诗"为班级核心文化之后,我请全班同学为中队取名,选票最高的是"诗心中队"。在全班同学的讨论中,我们确定了"志存高远,永葆诗心"的班级口号;确定了"以诗养德、以诗启智、以诗强体、以诗悟美、以诗颂劳"的建班总目标;制定了详细的班训、班规;发动家长的智慧,一起参与班徽的设计。班级文化符号的创建过程,也是班风形成的过程,学生在集体讨论、民主投票、公平竞选中达成共识。每个文化符号都凝聚着同学们的希冀和寄托,是师生智慧的结晶,也是班级凝聚力的象征。

(三)设计系列主题班会,解决班级实际问题

建设特色班级的目的是立德树人,主题班会课是班主任进行德育的重要阵地。好的班会课可以在不知不觉中向学生传递正确的价值观,令学生从中获得感悟,并内化于心,付诸行动。而设计系列主题班会课,能够帮助班主任实施系统的教育。通过班会课的强化作

---

① 洪耀伟:《打造最美的教室》,华东师范大学出版社 2020 年版,第 12 页。

用,可以承前启后地连接起班级里的其他工作,解决班级中存在的问题,组成完整的班级教育生态体系。① 因为班级学生缺少吃苦耐劳的品质,我设计了"以诗育劳"系列主题班会课(见表2),引导学生在诵读古诗中,体会劳动的辛苦,感受劳动的快乐,激发对劳动的热爱。

表2 "以诗育劳"系列主题班会课

周次	主题		古诗篇目	育人目标	主要形式
4	劳动之辛		《悯农》两首《江上渔者》《田上》	诵读古诗,了解古代劳动人民的艰辛,懂得今天的幸福生活来之不易,懂得珍惜劳动成果	诵读诗词
8	劳动之乐		《江南》《采莲曲》《击壤歌》	梳理古诗中快乐的劳动场景,引导学生感受劳动的快乐,激发学生对劳动的热爱之情	吟唱古诗
12	劳动之美	画面美	《乡村四月》《渔歌子》《山居秋暝》	引导学生感受古诗"诗中有画"的特点,在诗情画意中感受劳动的画面美,了解古人的劳动生活	古诗绘画
15		意境美	《池上》《四时田园杂兴》其二十五《过故人庄》	透过情景交融的诗句,在耐人寻味的意境中,感受韵味无穷的诗意空间,感悟美好的劳动生活	视频欣赏
18		情感美	《清平乐·村居》《四时田园杂兴》其三十一《春中田园作》	激发学生对诗情的感悟,培养学生热爱传统文化、热爱劳动的情感	师生谈话

---

① 赵福江:《更好的班会课》,上海教育出版社2021年版。

(四) 开展各类诗词活动,促进学生综合发展

教育专家李镇西老师说,生动有趣的活动,是迅速形成班级凝聚力的途径之一。[①] 活动是中小学开展教育教学的重要形式,是学生道德形成和发展的重要途径,更是学生喜欢的一种学习方式。我常组织学生开展"诗中有画""与诗人对话""还原诗人的朋友圈""漫画诗词"等班级活动;结合学校组织的传统节日、重大节庆日、纪念日等主题活动,开展相应的诗词活动,如在劳动节开展"以诗颂劳"诵读活动,结合读书节开展"诗词大会"等活动;鼓励学生积极参与校外的各类诗词公益活动,把诗词之美传播到班级、校园和社区的每个角落。充分挖掘活动的教育意义,培养学生良好的思想品德和行为习惯,促进学生的综合发展。

(五) 组建班级家委会,形成家校教育合力

教育不只是学校的责任,国家重视家庭教育,2021年10月23日公布了《中华人民共和国家庭教育促进法》。组建家委会,以诗为媒搭建家校沟通的平台,可以赢得家长对学校教育的理解和信任,形成家校合力,实施协同育人。接班之初,我就根据每位学生的家庭住址,按照就近原则把全班学生分成了四个小队。每个小队中由两位家委会成员担任队长,主要负责组织学生开展各类校内外活动。我引导学生以雏鹰假日小队的形式,进行主题式的古诗探究学习,如感悟古诗中的亲情和友情,寻找古诗中的劳动美,探寻古诗中的传统节日、二十四节气等内容。通过小组合作学习,实现家校联合育人,在老师和家长的引导下,开展各类实践探究活动。在活动中,激发学生的创造力,促进小队成员之间的团结互助,引导学生在综合实践活动中提高能力、培养责任感。

---

① 李镇西:《做最好的班主任》,漓江出版社2021年版。

三、创新意义，挖掘"以诗育人"研究价值

（一）形成班级特色文化，培育"诗心少年"

打造古诗特色班级文化，在读诗、唱诗、绘诗、玩诗等过程中，潜移默化地把古诗文化渗透到学生心中。在古诗的熏染中，激发学生热爱祖国的豪情壮志，树立积极乐观的人生态度，传承勤俭节约的传统美德，争做知书达理的谦谦君子，以"诗心"铸少年魂。通过"以诗建班"育人策略的探索和实施，班级里渐渐有了"诗意"：学生对待老师尊敬有礼，同学之间友好互助，孩子们也懂得敬老孝亲，节日时绘制贺卡送给家人。学生越来越喜欢玩飞花令、诗句接龙等游戏，既丰富了知识，又愉悦了身心。劳动小岗位不再被嫌弃，成了光荣的"官职"……孩子们渐渐受到古诗文化的浸润，心中有颗向上的种子在悄悄发芽。

（二）提升教师专业能力，积累管理经验

建班育人的过程，推动着班主任不断学习新的育人理念，根据具体班情，及时调整自己的管理方法。针对不适合学生的活动，及时做出调整。深受学生喜爱的内容和形式，及时记录下来，作为管理经验不断积累。好的建班育人策略，不仅可以促进学生成长，也会推动着班主任不断向专业化发展，成长为一名有管理经验、有智慧的德育工作者。

（三）传承优秀传统文化，增强文化自信

习近平总书记重视中国优秀传统文化教育，他说："以学益智，以学修身。中国传统文化博大精深，学习和掌握其中的各种思想精华，对树立正确的世界观、人生观、价值观很有益处。"他认为："学诗可以

情飞扬、志高昂、人灵秀。"①应该把这些经典嵌在学生的脑子里,成为中华民族的文化基因。优美的诗词,蕴含着丰厚的知识和文化内涵,是中华民族传统文化的瑰宝。每一首古诗,都是从中国古代文学库中精选出来的,它们是中华民族心灵史的记录,对当下的学生有着深刻的影响。以古诗特色文化引领班级建设,让古诗中蕴含的传统美德随"诗"潜入班,润"心"细无声。把优美的古诗文化在建班育人中传承下去,可以让优秀的中华文化越来越璀璨。

---

① 习近平在中央党校建校 80 周年庆祝大会上的讲话,《人民日报》2013 年 3 月 1 日。

石文化融入班级建设的实践研究

——以朱泾小学"五彩石"特色班级建设为例

上海市金山区朱泾小学　王玲玲

石头是大自然的艺术,是构成地壳的重要物质。石头见证了人类文明的发展,人类的祖先从旧石器时代利用石块作为生活用具、当武器等,到新时期器时代打制石器,石头是中国传统文化的载体和传播者。

《中小学德育工作指南》明确德育内容之一为中华优秀传统文化教育。开展家国情怀教育、社会关爱教育和人格修养教育,传承发展中华优秀传统文化,大力弘扬核心思想理念、中华传统美德、中华人文精神,引导学生了解中华优秀传统文化的历史渊源、发展脉络、精神内涵,增强文化自觉和文化自信。因此在建班育人过程中,从学生身心发展特点出发,将石文化融入班级建设,以"根植石文化,润泽实之花"的育人理念引领建班育人过程,即文化建班、环境润人、课程育人、活动化人"等方面,着力构筑符合学生身心发展规律的"石文化"育人体系。将石所具有的朴实、坚毅等属性涵养学生的品格,从"石"到"实",让石文化成为特色班集体建设之魂。

一、石文化融入班级建设的原因分析

1. 石文化历史悠久

石文化,作为中国传统文化的一种,融自然与社会为一体。石文化的基本内容包含与石相关的研究、神话传说、宗教、民俗、文学艺术等。

人类与石头的关系可谓密不可分,原始人以石穴而居、以石头为工具,用漂亮的石头做装饰品;中国古代神话中的盘古开天辟地及女娲炼五彩石补天等,无不反映出先人对石头的理想寄托,如此种种造就了源远流长的石文化。①

2. 学校传统文化氛围浓郁

金山区朱泾小学是"德育特色"学校,学校弘扬传承优秀传统文化,并将其融入校园生活的方方面面。在学校营造的传统文化大环境中,将石文化融入班级建设,与学校的德育教育有机结合,既引领学生走进石文化、亲近石文化、感悟石之品格,又培养学生核心素养,形成良好的品行和修养。

3. 基于学生学情

入学一段时间后,通过对班级学生的观察,我发现不少学生缺乏生活自理能力,抽屉和书包柜中杂物成堆;部分学生做事只有三分钟热度,缺乏恒心;还有部分学生十分浮躁,课堂里小动作不断,无法静下心来学习。基于以上情况,后续班级建设中需关注学生在自理能力、恒心、毅力、踏实做事等方面的发展需求。因此,在"根植石文化,润泽实之花"的共同愿景下,经过全班同学讨论、投票,班级最终以"五彩石"命名,旨在让班中的每个学生感石其境、品石之韵、悟石之德、传石之魂,用石所具有的朴实、坚毅等属性涵养品格。

二、石文化融入班级建设的育人目标

1. 发展总目标

基于班情分析,对照《中国学生发展核心素养》所提出的要求。

---

① 李玉兰:《茶文化融进班级建设的实践研究》,《福建茶叶》2022 年第 5 期。

在"根植石文化,润泽实之花"的育人理念下,通过班本特色课程等举措,协同家长助力,让班级成为踏实向上的"五彩石"班级,让学生在班集体中成长为"会欣赏,善表达,能创造,勤思考,乐奉献"的现代小公民。

2. 分年级目标

结合每个年级学生特点,进一步将发展总目标细化,制定了每个年级着重关注的分目标。班级发展目标分步走,从奠基期到赋能期,再到发展期、深耕期,最后到达飞跃期,体现班级建设的发展历程。同时,根据学生各年级特点,制定分年级目标,以"一个为主,四个为辅"的策略,每个年级着重发展一个目标(见表1)。最终五年后,班级成为踏实向上的"五彩石"班级,学生成长为"会欣赏,善表达,能创造,勤思考,乐奉献"的现代小公民。

表1 "五彩石班级"年级分目标

年级	班级发展阶段	学生发展目标	目标设定分析
一年级	奠基期	会欣赏	一年级学生初入校园,着重关注培养欣赏他人、快速融入集体的能力
二年级	赋能期	善表达	二年级学生处于成长学习期,着重关注培养表达能力与学习能力,以及主动参与班级活动的能力
三年级	发展期	能创造	三年级学生初步具备集体意识,对集体的观念加深,着重关注培养创造能力,勇做班级生活与学习小主人
四年级	深耕期	勤思考	四年级学生已经具有较强的逻辑思维和抽象思维,着重培养思考、感悟和提炼能力,并积极为班级献计献策,管理团队
五年级	飞跃期	乐奉献	五年级学生已经具备一定的自理与社会实践能力,着重关注培养奉献精神、责任意识

三、石文化融入班级建设的实践策略

以班级特色岗位和班本特色课程构建"五彩石"班级公共生活，创踏实、奉献、质朴的班级公共生活，同时让学生在其中学习、锻炼公共生活能力，让学生会欣赏、能创造、善表达、乐奉献和勤思考，获得综合能力的发展（见图1）。

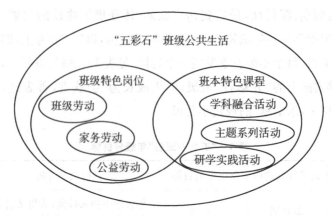

图1 石文化融入班级建设的实践策略

班级特色岗位是"五彩石"班级建设之基。根据"按需设岗，人人参与"原则，做到人人有岗位，个个担责任，增强班级建设的主人翁意识。

班本特色课程是"五彩石"班级建设之魂。"五育融合"引领下的班本特色课程，让班级公共生活富有生命力。

三、石文化融入班级建设的主要措施

在"五育融合"背景下，充分挖掘班级建设中的"五育融合"教育资源，充分凸显融合育人价值，提升育人成效。在实践中，我们将"五育融合"理念融入班级建设中,在建设"五彩石"班级的目标引领下,结合中国学生发展核心素养要求,根据班级公共生活需要,设计了班级特色岗位和班本特色课程。

1. 班级岗位建设助推"五育融合"的日常实践

班级岗位建设,旨在让学生真正成为班级的主人,这是班级建设的重要渠道之一。我们在班级中设置了很多岗位,引导学生"服务他人,成长自己"。从班级岗位的设置、劳动实践以及评价等方面,在班级建设中根植劳动育人的理念。

首先是岗位设置。我们将班级劳动岗位设置的名称与"五彩石"班级挂钩,常规岗位,如扫地、拖地、擦黑板等被命名为"常青石"岗,希望岗位上的同学能够做好本职工作,常常保持班级的清洁卫生。而图书管理员、板报设计师和护绿小卫士等需要一定创造力的岗位被命名为"雨花石"岗,希望同学们能发挥创意,把班级布置得有声有色。富有班级特色的劳动岗位命名方式可以让学生发挥主人翁意识,积极主动参与班级管理。

其次是岗位实践。为了更好地发挥劳动育人的效果,我架起家校之桥,让家庭成为劳动教育的主阵地。同时融合"五彩石"班级文化,将"石文化"融入劳动教育,鼓励开展家庭亲子劳动、简单生产劳动和公益劳动等(见表2)。

表2 "五彩石"班级劳动岗位实践

主要内容	具体内容和要求	备注
家务劳动	家庭亲子活动(绘制石头画、制作山石盆景等)	让家庭成为劳动教育的主阵地,培养学生的劳动技能
简单生产劳动	石具科普(劳动工具):石臼、石磨、秤砣、石斧、石刀等	让学校发挥劳动教育的主导性:学科融合,诸育融合
	赏析劳动号子:听、学、编劳动号子	
公益劳动	参观奇石博物馆、地质博物馆等	协同社会力量,实现协同育人
	在公园等场所中寻石、赏石、画石	

最后是岗位评价。岗位评价既是一种激励和肯定,更是一种导向。通过评价引导并促进学生培养"爱劳动"的情感,习得"能劳动"的方法,养成"常劳动"的习惯,提升"会劳动"的能力,丰富"乐劳动"的体验,激发"慧劳动"的创造。岗位评价的形式多样,可以采用自评、他评和全班共评的方式同步推进,促进学生争先创优的岗位实践热情。①

2. 班本特色活动助推"五育融合"的日常实践

班级活动策划的前提有两个。一是班级学生的学情,包括身心发展、认知水平、兴趣爱好、成长问题等;二是融合"五育"元素,体现融合育人,培养学生核心素养。基于"五彩石"班级文化,我们从学科融合活动、主题系列活动、研学实践活动等层面展开(见表3)。

表3 "五彩石"班级文化的学科融合活动表

学科	活动举例	育人目标
"音乐+"	演奏石头乐器:石磬、石头埙	通过演奏,体验石头乐器的演奏方式,感受传统石头乐器的音与形之美
"美术+"	了解篆刻艺术,绘制灶壁画等	通过实践,掌握一定的篆刻技能,了解篆刻艺术的发展历史,增强民族自豪感;通过绘制灶壁画,了解本土特色灶壁画的题材、表现形式等,激发热爱家乡之情
"自然+"	认识岩石,制作岩石标本	掌握制作岩石标本的基本方法,激发对岩石研究的热情
"体育+"	探究冰壶,创意制作冰壶,开展冰壶大赛	通过活动,了解冰壶的制作过程,感受运动的魅力

基于"五彩石"班级文化,开展学科融合活动,凸显学科融合的魅

---

① 夏宇清、袁文娟:《在班级建设中实现"五育融合"》,《江苏教育》2020年第24期。

力,在开展活动时挖掘学科之间的契合点,引领学生在玩中探索,在玩中创新,让教育自然发生,在活动过程中引导学生了解石文化、品味石文化、传承石文化。①

班集体的发展大致经历奠基期、发展期和飞跃期三个阶段,每个阶段的班级建设目标不一样,因此班级活动的内容也各有侧重。例如低年级以"赏石"和"画石"为活动内容,依据班级建设初级阶段的特点,主要从班情与学情出发设计活动,确立班级文化核心,认同班级文化,着重关注学生学会欣赏他人、快速融入集体等。中高年级以"读石""作石"和"悟石"为活动内容,以"能创造,勤思考,乐奉献"为育人主目标,融合资源,形成班级系列化、主题化活动,着重关注培养学生的奉献精神、责任意识等,使其真正成为班级的主人(见表4)。

表4 "五彩石"班级主题系列活动

主题	活动举例	育人目标
一年级:赏石	集石、展石、品石	赏石清心
二年级:画石	选石、备石、画石	观石其形
三年级:读石	石成语故事、石神话故事	品石之韵
四年级:作石	雕刻石头,用鹅卵石铺路等	感石其境
五年级:悟石	抒发感悟	悟石之德

协同社会力量,实现协同育人。借助社会场馆,如奇石博物馆和地质博物馆等,通过开展研学实践,让学生走进社会,在研学实践中通过观察奇石和各类化石,让石头"说话",探索生命的奥秘。

班级文化是特色班集体建设之魂。在"五育融合"背景下,以学生核心素养的培育为前提,遵循学生身心发展特点,构建符合班情的文化体系。通过参与班本特色课程,逐步形成踏实向上的"五彩石"

---

① 廖哨兵:《品味美石文化,促进个性发展》,《文理导航》2018年第6期。

班级,学生成长为"会欣赏,能创造,善表达,乐奉献,勤思考"的现代小公民。

在特色班级创建中,立足班级文化,构建"五育融合"理念下的班级之魂;开展班级岗位建设和开设班本特色课程,落实"五育融合"之道。石文化在班级建设中的融入,为班级建设提供了美育价值和德育价值,是培养学生核心素养的重要保障。

立象树魂　棋融五育

——传统文化下的建班方略探索

上海市金山区石化第一小学　王斌

班级的人文熏陶对每一个孩子都有着极其重要的影响,良好的班级风貌对孩子的长远发展也有着深远的影响力。如何创建有特色、有内涵、有生长力的班集体,这是班主任需要思考的问题。新接班伊始,当听说一位"象棋冠军"将要成为未来五年的班主任后,便不断有家长和孩子涌现出想要学象棋的强烈愿望。欣喜之余,我也在思索:如何让孩子们喜爱的象棋成为我建班育人的"独家法宝"呢?于是,一个以棋文化为特色的建班规划便应运而生。[①]

一、班情分析——"弈石班"的创建基础

这是一个由42名学生组成的崭新集体,其中男生23人,女生19人,男生居多,体现了整体比较活泼好动的特点。其中本地户籍学生10名,所占比例很小。外省市户籍的孩子中父母积分达标的人数占比较往年有很大提高,大部分家长对孩子的学习发展相对重视,但班

---

① 张涛锋、贺艳芸:《基于学生核心素养下的特色班级文化建设初探》,《知识文库》2022年第3期。

中也有一位家庭情况特殊、行为习惯有很大偏差的学生。从学生的认知水平和兴趣爱好出发，在与家委会和小干部们充分商议并经全班表决通过后，我班确定以象棋为原点，结合学校"石韵文化"的发展远景，将班级命名为"弈石班"。

二、育人目标——"弈石班"的创建主旨

《中小学德育工作指南》对开展中华优秀传统文化教育，增强学生的文化自觉和文化自信作了具体、明确的要求。而在具有厚重历史底蕴的金山教育土壤上，"五育并举，融合育人"的发展战略下的"琴棋书画"区域教育品牌经过多年的积淀已有较为成熟的经验基础。基于以上宏观背景和基本生情，我确定了"勤学善思，明理求真"的长远培养目标，努力培养善于主动思考问题、遇事能够冷静辨别是非、知书达理、向上向善的时代好少年。

三、整体架构——"弈石班"的创建主体

班集体是一个以共同学习生活和直接人际交往为特征的成长共同体。在带班实践中，课程建班、文化润班、活动强班、实践励班、民主治班和协同助班可谓是班主任常用的六大实施途径。我尝试以课程育人为引领，建立"象棋班本特色课程"，以"棋"育人。并与其他五大育人途径有机融合，实现普及化、情境化、多元化的育人体系，力求教育功效的最大化。

基于学生不同年龄段的身心特点和发展需要，我以年级划分设计了五项子课程，希望学生能在相应课程的参与体验中获得技能认知与情感认知的阶段性双向发展（见表1）。

表1 "楚河汉界"班本特色课程

单元	课程内容	主要模式	目标导向	适应年级
第一单元	象棋的认识与基本走法	教师主导	知识技能	一、二年级
第二单元	象棋的对弈与礼仪	体验感知	养成教育	
第三单元	象棋内涵的界定与讨论	交流研讨	道德教育	三年级
第四单元	象棋的历史与发展	合作探究	人文探究	四、五年级
第五单元	象棋的延伸与推广	社区服务	实践拓展	

象棋的认识与基本走法：教师利用游戏课、课后服务等时间，普及讲解象棋的基本知识，传授入门的专业性技巧，组织开展简单的对弈活动。旨在丰富"双减"后的校园生活，营造班中良好的象棋氛围，实现象棋活动的普及化，使班上人人都能"露两手"。

象棋的对弈与礼仪：教师以主题班会，或者微班会的形式组织开展象棋礼仪的学习。通过对古人下棋时作揖、端坐等礼节的学习，促进学生课堂行规的有效养成，使其尽快度过幼小衔接的适应阶段。另外通过对"观棋不语真君子，起手无悔大丈夫"等象棋俗语的解读与学习，助力学生养成良好的道德认知和学习习惯。

象棋内涵的界定与讨论：在熟练掌握象棋各棋子的基本走法后，教师引领聚焦象棋七大兵种的寓意象征，组织开展深入思考与讨论，如老帅运筹帷幄、小兵身先士卒等，引领学生感悟不同棋子所赋予的品质内涵，明确自我应当习得的优良品质，树立正确的人生价值观。

象棋的历史与发展：利用雏鹰假日小队活动等契机，在课余时间组织开展小组探究活动，让学生在自主查询、自我阅读中了解象棋的人文历史，知道象棋数千年来不断演变发展的过程。在自主学习中感受中华国粹的博大精深，提升民族自豪感与文化自信。

象棋的延伸与推广：结合寒假、暑期等社会实践活动，带领学生们一同进一步学习有关象棋的传统文化知识。鼓励并指导学生参与

"红领巾,小小讲解员"活动,走向社区,广泛宣传普及象棋文化,为这份"非遗文化"的时代传承贡献自己的力量。

四、多育相融——"弈石班"的创建特色

(一)"课程引领"六育人途径的有机交汇

班本特色课程是推进特色班级创建的核心途径,但育人成效的达成离不开其他途径的综合并用。举例而言,环境对孩童的发展会产生巨大的作用,良好的育人环境对新时代小学生的发展会产生正向积极的引领。作为特色班级文化中的重要一环,棋文化下的环境布置注重从美育的角度培养学习兴趣和审美情趣。以圆环状设计的班徽非常贴近红色棋子的形状,班徽的下方"沉着、善思、宁静、致远"八字体现了班级的精神,这既是下棋的态度,也是求学的态度,更是为人的态度。教师寄语"走好人生每一步"一语双关,借用对下好棋的要求,进而体现做人的真谛,凸显班级文化布置中象棋元素的教育性[1],真正让班级墙文化会说话,充分体现环境育人的价值。"亲子创意象棋手工制作""象棋推广小先锋"等活动的开展体现了活动育人的不可或缺,班本特色活动促进了家长、社区辅导员的协同共育,为家、校、社育人共同体的创建打开了新局面。

(二)"德育领航"五育并举的有机相融

特色班级的张力除了"硬文化"外,"软文化"育人作用的重要凸显更是不言而喻的。班主任要充分奉行"从学生中来,为学生发展服务",让特色班级对学生德、智、体、美、劳等多方面产生潜移默化的深

---

[1] 刘莉:《弈棋育人,指向儿童生命生长的校本表达——"走好每一步"象棋特色课程文化建设》,《名师在线》2021年第31期。

远影响。以象棋为育人载体,从提高问题解决能力的角度剖析,促进文化力、洞察力、逻辑思维能力、创造力、想象力、意志力、计算力、抗挫力等多育的有机融合,体现象棋活动本身的育人功效。而若从象棋文化的视角看,在班级中建立有象棋特色的岗位制度,如"午餐快车道""绿植小卫士""IT小炮手"等,能够有效推进学生劳动能力和劳动意识的形成,让班中的每一个孩子都有获得劳动教育的机会,促成动手能力与精神品质的双向提升(见图1)。

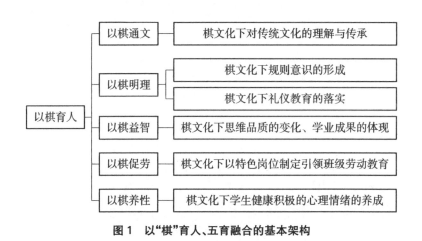

图1 以"棋"育人、五育融合的基本架构

五、双向成长——"弈石班"的创建展望

如何能让棋文化成为有价值的教育载体,串联起班主任建班育人的主责主业与学生的德育养成,塑造一个能彰显底蕴和体现班主任独特育人智慧的"德育空间"?我认为,"抓住班主任和学生之间共同的兴趣点,使之成为架起班级德育的理想桥梁",能够让校园生活和德育课堂有效融合,促进学生和班主任老师的双向成长。"弈石班"的打磨建设能将竞技体育、人文国粹与中华历史都有机融入班级德育中,对新时代大德育的推进是一次勇敢挑战。在"弈石班"继续

活跃的未来几年中,班本特色课程也将力求动态化地充实完善,与时俱进。每一个"弈石娃"都能够在这片家园中习传统文化,悟人生真谛,实现家校之间同步发展、师生之间双向成长。

以植物为媒　探育人路径

——生态教育理念下的特色班级建设实施策略

上海市金山区漕泾小学　王秋艳

育人为本、德育为先。习近平总书记指出：要坚持把立德树人作为中心环节，实现全员全过程全方位育人。在此视域下，德育工作也应随之产生新路径、新方法。笔者作为一名青年班主任，在学校课题"追求适合学生发展的生态教育探索"的引领下，积极探索生态育人理念，借用鲁迅先生笔下的"百草园"作为班级名称，致力于打造一个充满爱的童心乐园，培育26株和而不同的"小草"，引导学生养成踏实的学习态度，形成积极的生活心态，培养坚韧的精神品质。下面，笔者谈谈对生态教育理念下的特色班级建设实施策略的粗浅认识。

一、建班目标生态——精准分析，分阶段设定班级建设目标

在生态教育理念的指引下，班主任必须立足于学生全面而有个性的发展和可持续发展，着眼于师生的共同成长，创建开放、生态、多元的育人氛围[①]，培育学生可持续发展的核心素养。班级建设的第一

---

① 王丹：《生态德育的创新实践》，《中国德育》2022年第7期。

步就是精准分析,可以从以下三方面着手。

(一)立足班级实际班情

班级是由不同个性、不同潜能的学生组成的,要根据学生的身心发展特点、认知规律及成长与发展需求,从促进学生发展的角度来打造班级特色。[1] 具体而言,班主任可以从班级存在的优势与问题出发,找准问题的核心,思考解决的策略,通过创建特色班集体来破解难题。比如:在打造"百草园"的前期,笔者对班级学生与家长进行了观察,发现学生总体上学习积极、乐于创新,但是缺乏合作意识;多子女家庭占比较高,家庭教育呈现"一刀切"现象。基于个体特点和家庭情况,笔者初步制订了班级建设方向:发挥不同个性优势,追求"和而不同"的班级创建;调动家长资源,加强线上线下交互的家校合作。

(二)定位建班育人理念

班级建设犹如培育植物。在"百草园"班级建设过程中,笔者认为班级常规管理是基础,是"土壤";班级特色活动犹如灿烂阳光,给予活力;班级特色文化是"水分",滋润心田;家校合作机制就是"养料",提供生长所需的养分。首先,依托四个单项,在不同领域自主探索,做到常规管理民主化、主题活动特色化、文化建设生命化、家校合作多样化;其次,整体推进,以主题活动为主线,融通四大领域,在生态循环中植物会茁壮成长,孩子们能在充满爱的环境中获得安全感、归属感和价值感,深扎爱之根,开出爱之花,结出爱之果(见图1)。

---

[1] 范中有、蔺素琴、段海军:《班主任工作概论》,山西教育出版社2014年版。

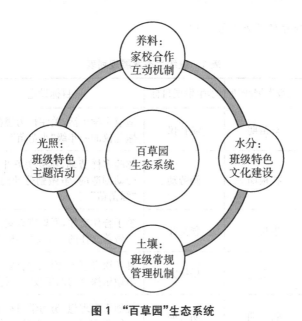

图1 "百草园"生态系统

(三) 设定班级建设目标

每位学生的个性发展构建了班级成长的共同体,每个阶段中的个人成长小循环其实就是班级成长的大循环。基于以上班级实际和育人定位,依据《中国学生发展核心素养》的要求,笔者制订了班级建设的远期总目标和分年级目标。在小学五年内,每年侧重一个发展目标,五年后将班级打造为一个充满爱的童心乐园,学生成长为"懂礼仪、勤劳动、善交往、乐探究、明志向"的社会小公民。

1. 远期总目标

以兰育德:学习兰花的高洁典雅,举止有礼、朴实谦逊。

以樟启智:学习香樟的葱郁挺拔,勤奋好学、坚忍不拔。

以榄健体:学习橄榄的奥运意义,热爱运动、团结友爱。

以荷育美:学习荷叶、荷花的品性,阳光生活、个性发展。

以药筑劳:学习百草的药用价值,植根养正、传承文化。

2. 分年级目标（见表1）

表1 班级生态发展规划表

年级	班级发展阶段	学生发展目标	目标设定
一年级	幼苗期	懂礼仪	适应小学生活，关注行为规范，争做懂礼仪的一年级"小苗苗"
二年级	扎根期	勤劳动	体验多样劳动，感受美好生活是由劳动创造的，争做勤劳动的二年级"绿苗苗"
三年级	生长期	善交往	善于合作交往，凝聚班级集体力量，争做善交往的三年级"小树苗"
四年级	风雨期	乐探究	具备探究意识，锻炼综合实践能力，争做乐探究的四年级"壮树苗"
五年级	收获期	明志向	规划未来理想，努力学习社会榜样，争做明志向的五年级"绿荫树"

二、班级文化生态——彰显特色，多角度实施班级文化建设

班级文化是一个班级的灵魂，班级文化藏在每一个不起眼的细节中。为发挥班级文化的育人功能，可从以下两个角度进行思考。

（一）物质文化：让教室墙壁"说话"

笔者结合班级特色，将植物文化运用到教室布置中，开设"蕙质兰心"书法角，展示学生的书画作品，品味书法、美术的独特魅力；开设"香樟悦读"读书角，将各类图书、读书小报、作家故事等不同专题呈现其中，形成浓厚的阅读氛围；开设"橄动少年"运动角，以"橄榄枝"为线索，使学生了解奥运精神，打造爱运动、善运动的活力少年；开设"荷韵风采"收获角，荷花绽放的那一刻夺人眼球，同时也经历着

成长的必经之路,通过展示收获,勉励同学勤于学习、共同进步;开设"药香沁人"植物角,摆放不同季节的中草药植物,张贴中草药调查小报,讲解古代名医的故事等。将墙面文化特色化,同时也使学生领会植物蕴含的文化意义和教育意义。

(二) 精神文化:让班级"和而不同"

班级的精神文化是班级文化建设的核心部分[1],因此班主任可以从班级口号、班风班训、主题班会课等方面入手,为班级精神文化赋予特色内涵。例如:笔者与班级学生共同讨论、制定"百草园"一日常规制度,并在实践中发现问题、修改制度,让制度更加合理,管理更加高效。此外,为了提供适合学生兴趣和自我发展的开放性的学习时空,搭建一个让学生充分展示自我发展的平台,利用微信公众号、视频号打造属于学生自己的闪亮舞台,同时,这也可以是家校互动的平台。如开设"百草园·动态新闻""百草园·每周之星""百草园·悦读时光"等不同栏目,定期分享新鲜动态,挖掘学生身上的"隐藏宝藏"。在"百草园"中每株"小草"都是独立而自由的存在,当他们各自生长、开花、结果时便构成了一个"和而不同"的乐园。

三、班级活动生态——劳动育人,序列化落实班级特色活动

劳动教育具有树德、增智、强体、育美的综合育人价值,实施劳动教育,重点是在系统的文化知识学习之外,有目的、有计划地组织学生参加日常生活劳动、生产劳动和服务性劳动。而植物世界时刻都在演绎着各种各样的生长力量,于是,笔者将劳动课程活动化、序列化,以更好发挥劳动的育人功效(见表2)。

---

[1] 赵海霞:《班集体建设智慧与策略》,东北师范大学出版社2010年版。

表 2　"百草园"班级特色劳动课程规划表

育人目标	内容(劳动内容渗透)		德育内涵
	学校(班级)	家庭(社区)	
在动手实践的过程中,激发创造力与想象力,用生活中的艺术,向身边的人、事、物传达感恩与敬意	"小小盆栽,美化生活": 第一步:认识植物 第二步:种植盆栽植物 第三步:根据植物特性制作不同的手工艺品	"又闻荷香": 第一步:探究莲藕、荷叶、荷花生长过程及相互之间的关系 第二步:尝试种植,手机记录荷叶之韵、荷花之美,全程养护 第三步:采摘莲藕,制作美味佳肴	以劳育美
1. 体会劳动中蕴含的独特智慧和人类创造力,能初步运用所学知识分析和解决生活中的实际问题 2. 获得初步的职业体验,形成初步的职业意识和生涯规划意识	"校园植物养护员":认识校园中的植物,认领一棵植物进行悉心养护,并完成"植物名片"	"田间识百草": 第一步:认识田间的植物 第二步:了解植物的用途 第三步:拔出有害杂草(如:一枝黄花)	以劳促智
1. 感受劳动让身心健康,美好生活是劳动创造的 2. 体验以自己的劳动服务他人的自豪感和幸福感	"我是园艺护理师":开展清洁家园活动,营造良好的卫生环境,推崇健康、科学的生活习惯和方式	"药食同源": 第一步:参与中草药植物的种植 第二步:探究中草药植物的成活、开花、结果,学习养生知识 第三步:进行中草药的采摘、制作与炮制,将其入食入药	以劳健体
1. 了解不同劳动者对社会的奉献,激发对劳动者的尊重和爱戴之情 2. 在劳动过程中懂得感恩大自然,培养勤劳、坚毅、有爱心的品格	"绘质兰心":参观漕泾镇的兰花基地,跟着农业技术员学种兰花,完成绘画作品,感受兰花之美	"一起种树":在自家田地种植一棵小树,或在"花开海上"等公益林中认养一棵小树,与家人定期照料小树苗茁壮成长	以劳树德

除了开展劳动课程之外,也可以利用主题班会课、雏鹰假日小队等途径开展特色活动,例如:结合金山乡土文化,开展"百草匠人堂"手工制作活动;学习植物的食用价值,在周末为家人烹饪一道美食,并完成"百草日食记"的劳动手账。

四、家校关系生态——协同育人,动态化构建和谐家校平台

协同育人,赋能成长。"双减"背景下,家长与学校是教育的合伙人,班主任必须充分认识到这一点,并在最初的建班育人方略中融入"家校观念同向,各尽其责""家校合力践行,共筑儿童友好教育生态"等关键元素。

(一)家校观念同向,营造生态型家校新秩序

《中国教育现代化(2035)》提出,要注重学生全面发展,大力发展素质教育,促进德育、智育、体育、美育和劳动教育的有机融合。实施"双减"政策的最终目的也是"构建教育良好生态,促进学生全面发展、健康成长"。所以,家校协同育人在观念上应该是同向的,即关注人的全面发展,坚持把孩子的身心健康放在第一位。班主任可以通过"互联网+教育"的模式开展家长会、智慧育人讲座等活动,形成正确、健康、可持续的育人观念。

(二)家校合力践行,共筑儿童友好教育生态

家校合作是无形而有价值的"养料",多种形式的家校践行助力了班级中的每一株小生命茁壮成长。笔者发挥语文教学的优势,经常开展"亲子共悦读"活动,打造家长与孩子一起阅读书籍、分享阅读感受的温馨时刻;利用学校常规的"家长进课堂"活动,组织家长进学校,在校内的"STEAM"课程(由科学、技术、工程、艺术、数学等学科构成的跨学科课程)基地开展"亲子自然课堂",请擅长种植的家长教

授孩子如何除草、浇水等劳动技能。引导学生拥有"小社会人"的角色体验,引导学生实践、体验、探究和发现,把传授知识的课堂变成学习的乐园,满足学生个性发展需求。

植物的生长过程中,土壤、光照、水分、养料缺一不可。"爱的成长"需要经历"创造爱""表达爱""传递爱""播撒爱"的四部曲,相信在生态教育理念下,班级会成为师生和家长成长的摇篮、精神的家园,使学生的全面、可持续发展形成良性循环。

书香浸润锤炼真本领　实践创新筑梦向未来

——项目引领下的建班育人实践初探

上海市金山区干巷学校　徐倩

以文育人、以文化人是教育工作的重要举措。在建班育人中,笔者以文化为落脚点,坚持习近平总书记"为党育人,为国育人"的教育方针,落实立德树人的根本任务,结合学校的"弘扬银杏精神,培育阳光少年"的培养目标,针对班级情况,尊重学生的发展规律、班级建设的规律,开展了小叮当文化公司创建活动。

一、大项目统整育人全局,育人真实发生

(一) 分析班级情况,整体把握

对班级整体情况的全面把握,是建班育人的一切前提。因此,我在科学分析、整体把握班级情况后,确立了班级建设的目标(见表1)。

表1　班情分析及对应目标

优点	缺点	重点关注	建设目标
乐观善良	缺乏引导	行为习惯养成	阳光
好学向上	缺乏积淀	能力的培养	好学
拼搏奋进	心理波动	身心素质锤炼	坚韧
作业优秀	创新不足	创新实践锻炼	创新

(二）遵循成长规律，分项落实

如何合理规划琐碎繁复的建班育人全过程呢？笔者结合学校育人目标和自身文学特长，将现有的学科学习、校内外活动，家、校、社等资源，通过本项目进行融合、重构、拓展，制定了小叮当文化公司创建项目各阶段的子项目，逐步、逐层达成育人目标（见表2）。

表2　文化公司创建项目各阶段目标梳理

项目名称			小叮当文化公司			
总体育人目标			筑梦少年　乐学乐创			
班级建设目标			好学、坚韧、创新、阳光			
阶段	激趣	班级建设目标	激发兴趣	制度建设	学生培养子项目	儿歌读叮当
	赋能		发展兴趣	培养能力		诗词诵叮当
	锤炼		自立自强	越挫越勇		故事阅叮当
	愉悦		协作互助	创新创造		剧社演叮当
	腾飞		明确方向	展翅高飞		名著研叮当

（三）构建育人模式，科学实施

从国家培育目标出发，笔者认为班级建设是为了培育参与社会建设、参与社会劳动的人才。遵循小学阶段学生的认知规律，根据创建小叮当文化公司项目的架构，笔者构建了"竹蜻蜓"育人模式，科学实施项目，确保在有效条件下，高效完成育人目标（见图1）。

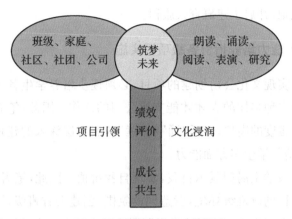

图1 小叮当中队建班育人模式

二、子项目落实阶段建设,能力真实成长

(一) 真实问题引发学生自主实践

大项目的实施不可能一蹴而就,必须一步一个脚印。对于刚入学的孩子来说,一切都是懵懵懂懂。他们渴望认识彼此,了解学校的一切。班级亟需构建基础的管理制度,保证学习生活的正常开展。① 笔者从微项目"儿歌读叮当"入手,以问题"如何了解彼此,齐心协力管好班级"入项,激发学生趣味。

为了培养学生集体意识,树立"小主人"意识,笔者通过构建"人人有岗,按月轮换"的特色岗位体系,建立班级基础规章制度。岗位儿歌帮助每个岗位的负责人,迅速明确了工作内容、职责、评价要求。儿歌像阳光一样,让大家迅速联系彼此,成为一个温暖的整体。儿歌像亲密的伙伴,让学生与同伴、老师、学校互相了解,明确了校园生活

---

① 夏雪梅:《学科项目化学习设计:融通学科素养和跨学科素养》,《人民教育》2018年第1期。

的相关规则,开启了建班育人旅程。

(二)能力培养指引各级项目实施

为了实现文化公司创建的项目,必须逐步培养学生各方面的能力。拥有多种多样的人才才能支撑公司的运作。因此,笔者针对不同种类和难度的岗位,依托"诵"和"读"开展层层深入的建班育人的微项目,培养学生多方面能力。

二年级学生渴望展示自我,实现自我价值。因此,笔者通过"诵叮当"项目,创设班级环境,营造诵读氛围,创建书香班级。开设"古诗诵读班本课程""古诗诵读专栏""诵读时光""定时定量诵读",倡导家庭亲子诵读,拥抱高质量的陪伴。学生习得诵读技巧、诵读能力,同享诵读的快乐,在文化的熏陶中实现多种能力的提升。同时家长学会了正确开展家庭教育。

随着三年级转折期的到来和家庭二胎率的提升,学生情绪波动较大,班干部自主管理能力亟待提升等问题涌现。本阶段通过寓言主题微项目,在深入培养能力的同时锤炼学生的意志。面对学习任务的骤然繁重,坚持一定量的阅读,坚持完成阅读计划,坚持每日阅读和记录,无疑是在锤炼学生的意志。阅读引领的系列劳动活动,更是让学生以劳动融通德、智、体、美,在五育融合中锤炼自我。

(三)多级项目锤炼学生真实本领

文化公司创建项目,对于小学生来说看似是遥不可及的,但正是这样一个把不可能变成可能的过程,对于学生的影响必定会不可磨灭。为了实现这一"遥不可及"的目标,笔者根据学生年龄特点,按年级设置分层项目,逐层落实。

在不同年级,学生能力层次不同,渴望参与不同难度、不同种类、不同模式的活动,来锤炼本领。比如,笔者在四年级时开展小组剧社先行的文化公司雏形实践项目。在自愿原则下,组织学生创立四个剧社,尝试自主创编剧目。创作改编剧本、选定演员、排练剧目、服装设计、舞台设计、后勤保障,学生合理分工,人人有岗,人人有提高。

层层深入的项目作为阵地,促进学生各方面能力的不断成熟。① 子项目中分层多样的活动,由易到难,由点到面,在不同层级和宽度的平台中,学生真实地遇见多种情境。学生逐步离开师长的庇护,运用能力,发散思维,互助合作,碰撞激发,不断进步(见表3)。

表3　全阶段微项目实施方案

项目名称	读叮当	诵叮当	阅叮当	演叮当	研叮当
对应阶段	激趣	赋能	锤炼	愉悦	腾飞
育人目标	读好书本,守好规矩,培养习惯	诵读经典,浸润书香,大胆表达	畅游书海,阅读经典,丰富内心	合作互助,找准定位,发光发热	寻根究底,求实创新,重识自我
关键问题	如何走近彼此,成为一个整体?	如何提升能力,为班级增光添彩?	如何学会坚持和自律?	如何面对分歧和矛盾?	你适合什么?未来你想做什么?
项目实施过程	课程:儿歌里的校园生活	课程:古诗诵读	课程:如何讲好故事	课程:从文本到剧目	课程:你好,四大名著
	跟着儿歌站好岗	古诗专栏	劳动与寓言系列活动	微剧目日常展演	四大名著:这个真有趣
	儿歌里的家乡(家乡儿歌交流会)	亲子诵读分享(家长会)	原创寓言汇编	剧本创作比赛	读后感创作汇编
展示评价	亲子儿歌诵读比赛	古诗文诵读比赛	寓言故事会	杏叶飘香戏剧节	小组课题展示
活动平台	班级亲子活动	班级、校级比赛	校级、区级比赛	社区、社会戏剧展示	承接多种综合活动

---

① 左美云、周彬编著:《实用项目管理与图解》,清华大学出版社2002年版。

三、项目评价驱动自我重构,成长真实可见

(一)多元评价促进全面认识

"绩效工资"结算评价方式,全方面覆盖,多元参与。根据每学期初制定的规则,对学生的学习、纪律、文明习惯等方面进行综合考评,利用软件为学生分发叮当币。只需完成每日基本要求,即可获得"基本工资"。"绩效工资"根据管理人员、演员、幕后人员、专业技术人员等不同工种的不同劳动量,结合自己、同伴、老师、家长、活动主办方等多方评价,按比例支付叮当币。平时也会根据违纪情况扣除相应的叮当币。学生获得的工资,平时可以兑换非实物的小叮当魔法权益使用券、抽奖机会等,项目实施中可以用于获取所需资源,如老师的帮助、排练场地等。学期末根据该学期表现情况召开公司年会,总结表彰"优秀员工"。多元立体的评价有效地起到了激励、约束作用,既让学生全面认识自我,又体验了公司薪资分配模式,形成了文明、和谐、有序的班级风气。

(二)反思总结促进自我重构

学生在一个个项目中不断反思,重新审视,逐渐认识自我,找到了适合自己的位置。五年级时,笔者打破社团框架,创建小叮当文化公司。项目中包含开业庆典、职能部门分配、公司业务项目开展、月度财会结算等。学生通过协作自行完成学校、社区、社会性团体的多种演出任务。学生在不同项目中体验不同部门的主要工作内容,对公司的基本构架和职业基本特征产生一定的了解,初步形成职业意识。学生在实践和调整实践的过程中,从自身的感受和需求出发,产生一定的职业倾向,初步形成了劳动观念和人生理想。

四、成效分析促进高效反思，育人科学有效

在项目引领的建班育人实践中，项目的实施有效地将多种育人途径融合在一起，为不同的学生提供了合适的成长环境。在目标明确的小叮当文化公司的创建过程中，孩子们获得了能力的提升、品行的锤炼、人生观的奠基。[①] 小叮当中队获得了许多荣誉，逐渐成长为一个充满活力、蓬勃向上的班集体。

当然，项目实施的过程中依旧存在一些问题。比如项目需要多方资源的支撑；学生合作完成的一些项目涉及领域较广，老师无法予以专业指导；大项目实施过程中会出现偏离原有目标的情况等。

---

① 杨秀莲：《文化与人格关系研究的若干问题》，《教育研究》2006年第12期。

小学高年级心理健康教育融入班集体建设的实践研究

上海市浦东新区明珠临港小学　钟艳

苏霍姆林斯基说过:教育者应当深入了解正在成长的人的心灵,只有在自我全部教育生涯中不断地研究学生的心理,加深自我的心理学知识,才能够成为教育工作的真正的能手。注重呵护学生心灵的成长,以"积极成长,优雅从行"为理念,通过组织形式丰富、多维立体的活动,建设积极乐观、行为优雅的班集体,将学生培养成拥有积极乐观心态的优雅少年。

一、促进身心发展,确立心理健康教育目标

逐步进入高年级后,学生大多伴有较大的学习压力,在课堂活动中或是校园活动中,对自我缺乏自信和积极乐观心态,难以接受挫折,逐渐形成害怕尝试的心态。为提高班级学生的心理素质,培养他们积极乐观、健康向上的心理品质,充分开发他们的心理潜能,促进身心和谐可持续发展,以《中共中央、国务院关于进一步加强和改进未成年人思想道德建设的若干意见》和教育部《中小学心理健康教育指导纲要(2012年修订)》为指导,确定班级的心理健康教育目标(见表1)。

表1 班级心理健康目标表

教育内容	四年级目标	五年级目标
认识自我	正确认识自己的优缺点,能在各种活动中悦纳自己	认识自己的兴趣爱好、能力等特点,学会接纳自己与他人
学会学习	锻炼意志品质,调整畏难的学习心态,掌握有效的学习方法	掌握学习策略与方法,讲求学习效能,端正学习动机,正确对待成绩,体验学习成功的乐趣
人际交往	建立和维持良好的同伴关系,扩大人际交往范围	了解青春期身心变化的基本常识,学会接纳自己和他人的变化,肯定自己的价值,进行恰当的异性交往
情绪调适	树立积极的学习心态,学习处理压力和调节情绪的方法	正确面对厌学等负面情绪,学会恰当地、正确地体验情绪和表达情绪
生活和社会适应	关注社会,树立乐观向上的生活态度,愿意积极参与社会实践	认识自己与社会、国家,乃至世界的关系,愿意为社会和国家的发展做出贡献
升学择业	了解社会上的各行各业,知道每种职业都需要独特的本领和贡献	了解和认识将要面临的学习和发展任务,做好进入初中的准备;认识自己的职业兴趣、能力倾向

二、多维心理健康活动,共建美好心灵家园

(一) 班本课程,提升心理健康

结合本年段学生的身心特点,帮助学生认识情绪,学习初步控制和调适情绪,同时认识到自己的心理压力,并且会调节、释放自己的压力。加强对学生人际交往技巧的指导,帮助他们更好地参与、融入日常校园生活。在不断研究、查阅资料和调查梳理中,形成了富有班级特色的班本课程(见表2)。

表2 班本课程表

四年级课程	五年级课程
"如何用正确的方式宣泄不良情绪"	"学会积极心理暗示,提亮正面情绪"
"多彩的情绪"	"心理打扮,为健康美容"
"让自己更快乐"	"如何控制自己的情绪"
"学会调控情绪"	"做错了事怎么办"
"智控情绪晴雨,喜释压力旋风"	"我自信,我能行"
"控制情绪的温度"	"向快乐出发"

(二)"心灵树洞",拓宽沟通渠道

学生们可以将自己学习、生活中的困扰,与朋友、同学交往过程中发生的矛盾等向老师倾诉。为学生提供一个化解心理疑惑和解决心理问题的渠道,鼓励学生有问题和困惑的时候要向老师请求帮助,知道说出内心困惑是一件快乐的事情,也是一种难得的享受。老师则可以及时知晓学生内心需求,有针对性地与他们进行心灵沟通。

(三)展示舞台,提升自信能力

每周二利用午会课的时间,学生采取学号轮流制度,每个学生拥有20分钟的演讲时间。学生结合自己的兴趣爱好,采用讲述故事、科普科学知识、欣赏美景、美文朗诵、才艺展示等各种丰富多样的形式进行自我特色演绎。在这个时间中,教室是学生展现自我的舞台,表演是同学之间互相欣赏的契机,每个学生个体充分地在班级里、在同学和老师面前展现自我个性,绽放自信光彩。

(四)校外课堂,促进社交实践

利用优质家庭教育资源,同家长一起积极组织校外的实践课堂,让学生进入社会的大舞台,感受不同的职业体验;走入大自然的怀抱中,享受自然中植物的奇妙变化、动物的可爱灵动;踏上寻访城市的足迹,赞叹祖国、家乡日新月异的新风貌(见表3)。

表3　校外课堂活动表

主题	活动名称	活动内容
职业体验	消防员的一天	参观消防队,听消防讲座,学习灭火器的使用方法
	秋天的收获	了解稻谷生长过程,学习采摘方法,亲自体验收获的喜悦
自然风光	春天的美好	欣赏春天万物生长、鲜花盛开的美丽景色,绘出春日美景
	落叶无限好	观察秋天落叶的形态,利用落叶拼成图画,创编落叶诗歌
寻访足迹	发现临港	寻访临港建设历程,感受城市日新月异的发展风貌
	悦动上海	探访上海点滴故事,憧憬上海未来的无限可能
	热爱祖国	描绘祖国的发展历程和伟大成就,表达对祖国的热爱

(五) 微信公众号,延伸自信传播

班级公众号是展现班级风采、凝聚班级向心力和促进家校沟通的良好平台。公众号用照片或者视频的形式呈现出学生在学校的精彩历程,记录他们成长的足迹。在不同的活动中,每位学生不同的个性和才艺技能有机会得到展现,使学生不单单依托知识的掌握程度来获得自信。学生能够在活动中获得自信心,逐渐养成积极向上的心态。同时,因为公众号平台具有传播功能,平台能够为家长提供发现孩子成长的渠道,让家长认可和发现自己孩子个性化能力的提升,从而促进亲子关系和谐发展,孩子可以在充满爱和正能量的家庭中快乐地成长。

三、实践成效与反思

学生在多年的成长中,形成优雅的行为习惯,使班级成为同学之间互帮互助、团结友爱的温馨家园。在积极心态的影响下,班集体在各类活动中,呈现阳光活力的班风,班级凝聚力也得到进一步提升,学生在班级氛围的感染下,乐于展现自我,敢拼敢闯,在"学习节"中表现学科类能力的提升;在"科技节"中展现科创思维的碰撞;在"艺术节"中绘出充满想象力的作品;在运动会中搏出不畏困难的体育精神,获得运动会和足球赛一等奖。相信学生在以后的学习和生活中,回忆起这个温暖向上的班级时,必会为他们带来人生的慰藉和努力向前、克服困难的勇气。

学生从一年级胆怯的孩子蜕变成从容优雅、积极乐观的少年,在这五年中,他们习得良好的行为习惯,成为优雅少年。在优秀习惯的不断养成中,拥有良好的道德素质,走出成为大人的第一步。积极乐观的心态,则是学生前进的动力和源泉,提供给学生源源不断的成长能量,为其造就一条更宽、更广、更无限的路途让他们去探索和前进。

积极引导和心灵关怀,同时给予家长不断的支持和建议,为孩子和家长提供沟通的桥梁,为亲子关系和谐发展给予搭手,在各种活动和沟通中,得到家长的大力支持。经常和家长共研共学,为学生的全面发展而不懈探索。随着信息化时代的发展,孩子的成长有很多地方是我们始料未及的,因此家校的合作也需要不断更新和升级,实现共通共融的合力,满足孩子的个性化发展和内心需求。

和而相融 融而不同
——"和融"理念下的小学班集体建设实践探索

上海市松江区中山第二小学 陈芳

对于中国人来说,以和为贵、与人为善,信守和睦、和谐,是生活习惯,更是文化认同。"和"是中国人的文化血脉。中国亦是一个"融"的国度,"融"是中华传统文化和现代文化的核心内涵,"融"有融合、融洽之意。"和融"是中国思想文化中被广泛认同和接受的人文精神,它体现着中国文化的精髓。

中国学生发展素养以培养"全面发展的人"为核心。加德纳的多元智能理论告诉我们:每个学生都蕴藏着自我发展的多元潜能。真正的教育,在于发现每一个学生的不同特点和个性差异,唤醒他们身上的潜能,为他们的一生成长奠基。

基于以上,在带班过程中,我以"和而相融,融而不同"为带班理念:尊重学生的个性发展,注重班级的集体建设,实现学生个体与班级群体的和融共生;尊重不同家庭的不同需求,注重家、校、社的协同育人,力求家庭与班级的和谐共进。

一、"和融"理念下的班级发展目标制定

本班44人,其中男生23人,女生21人。班级里独生子女家庭占一半比例,三分之二的学生与祖辈共同生活。家长比较宠爱孩子,对孩子的各方面包办代替比较多,学生动手能力不强,自理能力偏

弱。在和同伴的交往中,大多数学生往往以自我为中心,很少站在对方的角度考虑问题,集体意识比较淡薄,班级凝聚力不强。很多家长注重孩子的多方面发展,但孩子身上缺乏坚持的韧劲,遇到困难有退缩的心理。

基于班情,依据学生身心发展的规律和特点,围绕"和而相融,融而不同"的带班理念,我把班级发展目标分为三个阶段:融入期、融合期、融洽期,并制定了相应的分年段目标。不同年段间的目标紧密关联,层次螺旋上升,以此来建设"和融"班集体(见表1)。

表1 班级发展目标阶段表

年段	班级发展阶段	学生发展目标	目标设定分析
低年级 (一、二年级)	融入期	自理、守规、友善	着重关注学生自理能力、规则意识、友善品质的培养,从而快速融入集体生活
中年级 (三、四年级)	融合期	自立、互助、宽容	着重关注学生自立能力、互助精神、宽容品质的培养,从而使个体更好地融合于群体
高年级 (五年级)	融洽期	自主、合作、奉献	着重关注学生自主能力、合作能力、奉献精神的培养,从而建立融洽的班级生态

二、多维度视角下建"和融"班级的实施策略

(一)文化滋养,创"和融"的班级氛围

1. 标识文化促"和融"

班级文化是一个班级的灵魂,良好的班级文化会对学生产生积极的影响,促进其核心素养的形成。入学一段时间后,我们开展了班名的征集活动。经过交流讨论、投票选择,我们班级最终取名为"小

水滴"。我们希望每个人如小水滴般拥有纯洁、善良、宽容的品性,且能像点点水滴汇聚一起,相融成长。之后,我们根据班名征集班徽,学生和家长积极参与,最终民主选出"小水滴班"班徽。

2. 环境文化促"和融"

著名教育家苏霍姆林斯基曾说过:让学校每一面墙壁都说话。墙壁文化是班级文化建设的重要内容之一,是学校环境育人的有效载体。在进行班级布置时,我发挥学生的自主性和创造性,大家一起共商各版块的内容。我们围绕"小水滴"主题布置了中队角和争章园地,让班级文化作为"润物细无声"的教育,使学生在熏陶中学习、生活、成长。

3. 制度文化促"和融"

班级制度文化能使学生在一定的准则规范下自觉约束自己的言行。到了三年级,学生自我意识增强,动手能力渐佳,于是,学生通过班会课进行商议修订,并完善班规。经过学生的集体商议、民主讨论,我们的班规进行了迭代更新。班规为文明有礼会自理,友爱同学守规则,互帮互助善合作,融慧少年乐向上。

4. 精神文化促"和融"

微信公众号是网络信息时代重要的宣传平台。建设班级微信公众号不仅能加强班级宣传工作和班级建设,也是锻炼学生能力的重要途径。自三年级起,我们班有了公众号,我们发布学生成长足迹,展示班级成长过程,让班级"和融"文化融进生活的点滴。

(二)活动育心,凝"和融"的班级精神

1. "小小水滴"学本领

(1)"小水滴"学自理

低年级是学生行规养成的关键期,为了培养学生的自理能力,我们开展争做"自理小水滴"的活动。在活动中,我们通过"老师示范教、家长放手做、榜样促进学"的方式,让学生逐渐学会"自己的事情自己做"。同时,我们定期开展"小水滴,露一手"的技能秀,让孩子体会自理带来的快乐感,促进自理能力的提升。

(2)"小水滴"善守规

低年级的学生喜欢朗朗上口的儿歌,我们用通俗易懂的语言把各种规则编进儿歌,用学生乐于接受的方式帮助他们规范言行,以此促进他们守规意识的养成。在一首首儿歌的诵读中,学生知晓了一日行为规范,在潜移默化中,成为遵规守纪的"小水滴"。

(3)"小水滴"能友善

游戏是学生喜爱的活动,我们在一起玩"跳房子",学会友善是不争不抢,懂得谦让;我们在一起玩"编花篮",学会友善是接纳每一个同学,不存偏见;我们在一起玩"三人两足",学会友善是互相帮助,一起向前……游戏不仅拉近了师生间、同学间的距离,学生也在一次次的游戏中体会到了团结友善。

2."朵朵浪花"齐奋进

(1)"小浪花""慧"管理

班级管理中,我不仅关注班干部的培养,更关注每一朵"浪花"的参与。在所有班级事务中,让学生有参与感,培养他们的班集体意识。班干部自己选,班级岗位自己选,保证人人有事做,事事有人做……学生参与管理、参与沟通、参与创造等,能够提升学生的班级归属感,他们也才会更努力地成为一个更好的人,我们班也会愈发和谐。

(2)"小浪花"润心田

三年级开始,班级很多学生有了自己的个性发展,自主意识更为明显。为促进班级学生更好地融合在一起,我们开展"小浪花"润心田系列活动:每天至少帮助同学一次;每天至少夸赞同学一句;每天至少送给同学微笑一个……每周推选"进步之星",引导学生发现集体中的真善美,为当选为"本周最佳进步者"的同学举行隆重的颁奖仪式,让他们体验到成就感。学生在活动中懂得了互助,体验了快乐,班级凝聚力得到了增强。

(3)"小浪花"展风采

针对班级很多学生缺乏自信的特点,有意识地为他们搭建展示平台:充分利用课前2分钟时间,组织学生轮流在同学面前讲故事;抓住每一次的公开亮相活动,鼓励学生参加,指导学生重过程体验;疫情期间,借助晓黑板软件,组织"融慧小讲师""故事小达人""我是家务小能手"等多种活动,让每位同学点评并投票;在班级公众号上展示孩子的才艺,让每位同学都有机会露脸……一次次的活动中,给学生展示的舞台,慢慢培养学生的自信,张扬个性发展。

(三)家校携手,塑"和融"的家校生态

苏霍姆林斯基说,没有家庭教育的学校教育和没有学校的家庭教育都不可能完成培养人这一极其细微而复杂的任务。学生的成长离不开家长和教师的共同培育。因此,我努力发挥家班协同育人的功能,共同促进学生的健康成长。

1."家长课堂"增情感

我采用线上、线下相结合的方式开设"家长课堂",丰富家长家庭教育的知识和科学的教育方法。开展"融慧爸妈进课堂"活动,邀请家长分享教育经验,请不同职业的家长普及不同行业知识,开阔学生视野;线上开展"亲子乐翻天"主题活动,孩子和爸爸妈妈一起阅读、运动、做美食等……家长在进课堂的体验中,体会到了老师的艰辛,也更加乐于配合学校的工作,家校间的情感日益增厚。

2."亲子活动"共成长

在家委会的组织下,我们积极开展一系列亲子活动,如在"打着队旗去考察"活动中,孩子们合作开展"走进云间老街坊",行走家乡,了解家乡文化;在"大手牵小手"活动中,家长们带领孩子向居民宣传垃圾分类、防疫等知识,提升服务意识;在"15分钟幸福圈"活动中,孩子们在家长的带领下,一起享受阅读静谧时光,一起走访各大红色

教育基地,一起运动,挥洒汗水……充实自己,为成长赋能。家长和孩子在亲子活动中共同成长,家庭和班级在一次次的配合中和谐共进。

(四)智慧评价,促"和融"的班集体形成

在促使班级走向"和融"班集体,促使学生各种品质养成的过程中,我们成立了"水滴银行"。在班级学生民主参与下,我们制定了规则,比如哪些情况可以奖励或减去积分,积分可以用来做什么,分别需要多少积分,并在不断实施的过程中对规则加以增补和改进。每位学生都有一本积分存折,由同学们民主选出的积分记录员负责每天记录。每周的周五开放"水滴银行"换购。积分换购深受学生欢迎,学生可以换到实物,比如文具套装、和老师换午餐吃等;也可以换到精神奖励,比如升旗手、点歌券等。"水滴银行"积分机制能够激发学生的内在动力,促使学生在养成教育方面由"他律"变"自律",无形中促使班级朝更好的方向发展。

三、实践成效

自"和融小水滴班"建班以来,我们收获了很多,班级的凝聚力增强了,在各项活动中我们取得了优异的成绩。我们每年都被评为"优秀中队",班级收获了一张又一张的集体奖状。我们的集体呈现了"和融共生"的景象,每位学生也都在绽放属于自己的光辉。这不光是我一个人努力的成果,这还是我们班级所有学生和所有家长努力的成果。

学生的自理能力在不断增强。在和同伴的交往中,他们懂得谦让,彼此存有宽容之心。很多学生在学校各项评比中屡创佳绩,越来越自信。

在跟家长相处过程中,我发现家长在教育理念上也有了转变,他

们积极参与班集体建设,对教育孩子有了新的理解,也有了更优的方法,真正成了孩子成长的陪伴者。

在建设"和融小水滴班"的过程中,我赢得了家长的尊重和支持,赢得了学生的努力和真心,"小水滴"这个大家庭所带给我的惊喜让我愈发感觉到作为一名班主任的快乐。在实践中践行"和融"理念,不断完善"和融"理念,提升专业能力,让我内心更坚定,让我成为更好的自己。

一路前行 群"鲤"化龙

——小学低年级特色班集体建设育人方略初探

上海市金山区海棠小学 沈维

"人之立身,惟在德行",育人为本是教育发展的本质要求。在建班过程中,我以《中小学德育工作指南》为指导,以海棠小学"星"教育理念为依托,通过"一轴五芯"①为特色的班级建设,将班级打造成为"明理善学,尚美乐创"的班集体,并将中队命名为"锦鲤"中队,希望学生能学习"小鲤鱼跳龙门"的精神,在今后的学习生活中乐观自信,崇文通理,迎难而上,成为具有文化自信的时代少年。

一、了解班情,制定目标,对症下药

作为班主任,了解班级中学生的各方面情况是尤为重要的,而依据班情制定出来的育人目标,才能帮助学生在各方面得到进一步的发展。

通过观察,我对班级情况作了如下总结:

班级现在有45名学生,其中23名男生,22名女生,学生全部都是本市户籍,部分学生父母一方为外省市户籍。独生子女30人,二胎家庭15人,1名学生父母离异,少部分学生家中有老人同住。学生

---

① "一轴":班级文化轴;"五芯":自主芯、文化芯、管理芯、活动芯、协同芯。

们的兴趣爱好广泛。

大部分同学乐于学习,敢于克服学习上的困难,思维活跃,有较好的学习习惯;但也有部分学生学习目标不明确,学习方法不当,学习习惯较差,致使学习基础薄弱。

男生比较喜欢动脑筋,回答问题比较积极,作业完成情况会优于女生,但较粗心;女生上课纪律较好,但有部分学生对新知识的接受较慢,而且容易把新旧知识混淆,因此分析能力有待提高。

课堂气氛比较活跃,但也有部分学生在上课时不会倾听,管不住自己,小动作、私下讲话比较多,自控能力较差。

大部分家长都能积极配合并支持学校以及班级的工作,容易沟通,能与老师积极配合,协同育人。班级家委会自成立以来,也成为班级的顶梁柱,在老师与家长之间架起桥梁,并开发各种资源,丰富学生的课余生活。但仍有少部分学生的家庭教育是存在问题的,家长不够关注自己孩子的学业,有的家长过度溺爱孩子,不能正视孩子存在的问题,且与老师沟通不畅。

基于以上班情,我制定了适合本班级的发展总目标及分年级目标:

1. 育人总目标

基于班情分析,通过"一轴五芯"的班级建设,让班级成为"明理善学,尚美乐创"的班集体,并让学生成长为懂礼仪、善学习、重合作、能创造、有责任的好少年。

2. 学生具体培养目标

锤炼体魄、勤奋好学、有礼有节、有创造力、有责任心。

3. 分年级段目标

结合每个年级学生的发展特点,分年级制定不同的发展目标,以促进学生各方面协调发展(见表1)。

表 1　分年级发展目标表

年级	班级发展阶段	学生发展目标	目标设定
一年级	基础期	懂礼仪（规范）	加强一年级学生的行规指导与训练，养成良好的生活与学习习惯
二年级	成长期	善学习（求知）	二年级学生能在老师和家长陪伴下逐步养成自主学习的好习惯
三年级	发展期	重合作（团结）	三年级学生的自主管理能力有提升，注重伙伴合作，增进信任意识
四年级	创新期	能创造（发展）	不断注重四年级学生的思维力和想象力培养，促进学习，推动创造
五年级	质变期	有责任（奉献）	提高五年级学生的责任意识，学会有感恩，有理想，有担当

二、依据目标，确立特色，建设策略

1. 锦鲤一日班长制（"自主芯"）

在传统班级中，负责班级事务的只是少部分学生，其他学生只是观众，这种模式很难唤起全体学生对班集体事务的热情和责任感，对班级的认同感也不强烈。而内部矛盾和等级化就成为班级和谐的天然障碍。在我们"锦鲤一日班长制"中，全体学生都能参与集体事务，同时加强学生的自主管理与建设，提升学生的自我认知。注重反思总结，设立"锦鲤说"信箱，可将自己的所思所想写成文字，投入信箱，以利于班主任及时沟通处理。每日、每周定期反馈班级及个人表现，积极正向引导学生彼此建立信任，克服自身困难，不断激励自我做得更好。而且能完善班级各项事务，做到自己的事情自己做，自己的事情自己管，从而为班集体的良好发展打下坚实的基础。

2. 锦鲤班级制度（"文化芯"）

以"锦鲤"为班级品牌，完善班级文化建设，营造浓厚和谐的学习、生活氛围,体现班级追求的目标和理想。在环境创设中凸显育人理念,暗示、引领、督促学生融入氛围,奋发向上。让"每一堵墙"都成为"无声的导师"。

良好的制度是学生学习和生活的保障。班规是班级的文化,是约束学生言行的行为准则。这需要得到班级绝大多数学生的认同和支持,才更有效力。

根据班级实际情况,经集体讨论,我们一起制定班级公约、班级课堂常规、卫生管理制度、班干部岗位职责等,指导学生学习自主管理,让学生积极、阳光、有自信。

3. 锦鲤小干部建设("管理芯")

(1) 岗位赋能式自主管理

以"鱼化龙"班级特色小岗位建设锻炼学生,加强每日管理与反馈,及时总结,并能以岗位轮换方式加强自主管理。

(2) 班级议事制度

① 通过各种形式班会,与小锦鲤共同商议班级事务,增强师生凝聚力。

② 定期召开家委会会议,加强家校合作。

(3) 建立锦鲤成长档案

建立锦鲤成长档案,档案袋中有学生个性化的自我介绍、自我发展目标、教师成长寄语、个人成长足迹等,从而记录学生在班级学习、生活中的情感态度、知识技能、创新意识和实践能力,并采用多元评价手段,从班级生活的各方各面,记录孩子成长的点滴。

4. 锦鲤主题活动("活动芯")

以丰富的主题活动锻炼学生自主能力,提升学生在班级的凝聚力和合作精神。

(1) 班干部选举

班干部代表着一个班级的形象。而合理的班干部选举策略,直接决定着班委良好的精神风貌。建立合理的班干部选举策略在班干部管理中处于主导地位。目前,以民主选举制为主,轮换制为辅,双管齐下,能让更多学生参与到班级管理工作中来,也可以更好地挖掘班级中"鲜为人知"的人才,对班级工作的推进有积极作用。

(2) 校园特色活动

校园活动有"星天地"项目化学习课程、"小海星致敬大中国"系列活动,读书节、英语节、科技节、艺术节、运动会等,鼓励学生多多参与。

(3) 锦鲤特色劳动课程

① 小鲤鱼跃龙门——传统节日我知晓。

以中国传统节日为主线,学习传统节日知识,制作节日传统点心、小手工,与同学、邻里分享。

② 小鲤鱼勤劳动——简单劳动我会做。

与家庭生活衔接:和家里长辈一起探索鱼的各种烹饪方法。学习简单的清蒸、红烧、糖醋等方法,甚至可以挑战一下高难度的烹饪方法。

与学校生活衔接:结合美术课,画鱼(水彩画、农民画等),制作彩泥、板画……

③ 小鲤鱼在渔村——社区活动我参与。

由家委会牵头,寻找、整合各类资源开展活动,让学生参与精彩的社会实践活动。

5. 锦鲤家长智谋团("协同芯")

(1) 建立锦鲤家长智谋团

建立微信、钉钉群,让更多家长主动参与班级管理与活动,提升家长共育能力。

(2) 锦鲤家长进课堂——亲子合作

利用家长资源(特别是爸爸,可以让爸爸更多参与到孩子的教育中来),让班级特色课程变得更有趣。开设航天课程、汽车博物馆课程、医务急救课程,及插花、衍纸、香氛、烘焙等课程,在此过程中,孩子与家长共同备课、共同讲课,为班级课堂注入新鲜活力。

三、特色建班,自主管理,协同育人

1. 班级文化轴的运作,让班级管理自主化,学生民主化,活动系列化

只有教会学生自己管理班级,才会有真正的自主管理;只有班级管理自主化,才有助于培养学生的各种能力,全面提高他们的素质,让班级管理走向自主,让学生真正自主参与班级管理。锦鲤中队以"班级文化轴"为锦鲤的"主心骨",自主芯、文化芯、管理芯、活动芯、协同芯为分支,坚持以学生为本,贯彻了一切为了学生、高度尊重学生、全面依靠学生的理念(见图1)。

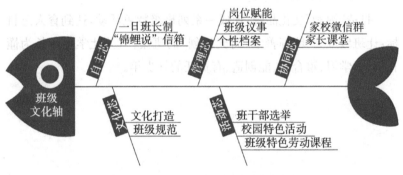

图1 班级文化轴的运作模式图

2. 体现全员育人、全程育人、全方位育人的格局

加强班级建设和家、校、社联系,实现全员育人;贯穿小学五年的目标设定与实施,从校内到校外,从双休日到寒暑假,实现全程育人;在班级建设中,不断完善班级文化及各项制度,实现全方位育人。坚持全员、全程、全方位育人,才能助力学生健康成长。

四、鲤跃龙门,突显成效,达成目标

如果把一个个学生比作一条条锦鲤的话,班队建设的价值如下:

1. 小锦鲤自主能力提升

学生形成主动发展的能力,有目的、有方向,在自觉状态下主动学习和生活,收到事半功倍的效果。学生形成良好的道德品质,求真务实,勇于进取,乐于创新,尊重别人的劳动与贡献,注重效率,充分发挥自己的潜力。

2. 小锦鲤综合素养提升

通过各类活动,五育融合,学生在德、智、体、美、劳各方面都得到发展。

3. 锦鲤班级特色形成

打造"锦鲤"文化品牌,形成一系列班级特色活动,达到育人总目标:让班级成为"明理善学,尚美乐创"的班集体,并让学生成长为懂礼仪、善学习、重合作、能创造、有责任的好少年。

基于地域特色的农村班级育人方略及实践研究

上海市奉贤区柘林学校　汤海凌

《中小学德育工作指南》在小学低年级目标中提出：教育和引导学生热爱中国共产党、热爱祖国、热爱人民，爱亲敬长、爱集体、爱家乡。在小学中高年级目标中进一步提出：了解家乡发展变化和国家历史常识，了解中华优秀传统文化和党的光荣革命传统。利用好乡土资源，基于地域特色进行班级育人，既有利于地域特色文化的传承发展，也有利于学生浸润式的道德成长。

一、农村特色班级建设方略

特色班级如何构建？班级实际学情、学校特色项目、所处地域特色、班主任个人专长、学科特色等都可以作为建设特色班级的方向。其中，地域特色是厚植乡土的农村学校的天然优势。

四季变换中的特色农作物以及地域特色美食、乡土文化中的历史地理资源、阡陌交通中的广袤情怀正是农村学校所拥有的得天独厚的育人资源。结合班级实际学情与地域特色，是农村学校建设特色班级的一大途径。

我校是一所农村学校，地处杭州湾沿岸，拥有较多地理文化资源，学校南面不足100米更有国家级文物——华亭古海塘。而我班学生来自全国14个省市，南至云贵，北至辽宁，东至苏浙，西至巴渝，可谓五湖四海,还有少数民族学生4人。地域特色既体现在学校所处的地理文化环境,又体现于学生自身的不同地域特色。

找准学生兴趣点,综合家长对孩子的培养目标,结合学校特色,明确了以"家乡"为主导的"探索祖国美食香、山河壮、历史长"为主题的特色班级发展方略,以此设计了贯穿小学的成长型活动任务群(见表1)。

表1 小学成长型活动任务表

年级	育人目标	学生发展目标	基础型活动任务	提高型活动任务	拓展型活动任务
一年级	爱自己,会自理	做好个人卫生,学会简单家务	小手洗干净,书包会整理	碗筷自己收,书桌自己理	洗件小衣服,家电正确用
二年级	帮家人,助同伴	学会做基本家务,合作做美食	饭后碗筷我来收,烧水煮饭我能行	家乡美食查一查,伙伴一起做一做	家乡美食我宣传,欢迎到我家乡来
三年级	勤阅读,会探究	每天阅读不能少,小眼睛看祖国好	阅读书籍类型多,祖国名胜在心间	查资料、看地图,小组合作绘家乡	我做小导游,家乡一派好风光
四年级	爱阅读,能自立	独立学习我能行,生活样样难不倒	学习能自觉,家务都会做	挖掘家乡文化特色,多种方式展示	进社区、帮孤寡,家乡特色很温暖
五年级	乐阅读,会创新	热爱生活,享受学习,不怕挫折	学习方式多样化,遇到困难有办法	阅读家乡历史,走进家乡博物馆	家乡文化具象,点亮祖国地图

二、农村特色班级育人实践策略

立足农村,建设特色班级,培养爱国爱党的全面发展的人,是农村学校育人的根本。在新时代教育理念下,在统编教材全面铺开后,班级育人策略也应与时俱进。活动任务群就是班级育人的有效抓手。

（一）依托活动任务群，为学生发展赋能

我班根据班级育人总目标——以"家乡"为主导的"探索祖国美食香、山河壮、历史长"为主题的活动任务群，明确了各年级育人分目标以及学生发展分目标，并形成系列活动。

以活动育人为主导，融合其他育人方式，充分利用班级资源——来自全国14个省市，南至云贵，北至辽宁，东至苏浙，西至巴渝，少数民族学生4人，引领学生在阶梯式学习、探究家乡文化中发展自身能力。

一年级时学会自爱（讲卫生，爱护自己的身体），做到基本自理（学习、生活自理）。

二年级时在基本自理的基础上，结合节日进行家乡美食探究、制作，集"学习、劳动、合作、成果"为一体，让学生爱上探究，爱上劳动。

三年级时学生具备自主阅读能力，鼓励阅读多样化，丰富知识库，同时充分发挥计算机运用、网络使用能力，查阅资料、整合资料，合作绘家乡（手绘地图，制作电子小报、短视频等）。

四年级时鼓励学生独立学习（自觉完成各项学习任务），具备较全面的家务、动手能力，进一步挖掘家乡特色，并进行多种方式的展示（美食制作、模型制作、多媒体等）。鼓励四年级学生进行发扬家乡文化的社区活动（制作家乡美食、介绍家乡特色、表演家乡文化等）。

五年级时学生各方面能力都较强，在此基础上，创新是发展的重点。鼓励学生学习历史，走进博物馆，感受中华民族的勤劳与智慧，将家乡特色凝聚于创意作品中，班级一起点亮祖国地图。

学生在活动任务群驱动下，个体发展与班级融合并行，个体能力与协作能力共进，小我意识与大我意识共育家国情怀。

（二）特色评价，实现全员发展

将传统的班级岗位设置转换为班级特色的六个部门："侦探团理

事会"(前期由班主任及家委会担任,后期学生获得称号后,由学生担任)、"侦探团活动部"、"侦探团形象部"、"侦探团卫生部"、"侦探团纪检部"、"侦探团后勤部",细化部门岗位及评价机制,适用班级日常管理及活动任务开展。

班级日常管理中,海塘少年侦探团六部门与班级岗位设置融合,部门单项任务完成为一星探员,以此类推,设置五个星级探员、五个星级探长、理事、理事长。获星探员及探长进行轮岗,可以获得更多星,以此实现班级人人参与、人人轮岗、人人发展。

班级活动任务中,各部门既是参与者,又是管理者、评价者。在活动中,活动部负责评价学生活动内容,形象部负责评价学生活动服装道具等,卫生部负责评价学生活动卫生情况,纪检部负责评价学生活动中的品德情况,后勤部负责评价学生作品。三级活动任务群同时对应探员(学生)活动星级。活动任务群驱动学生活动,活动评价制度帮助学生形成思维能力、审美能力、创造能力,两者相辅相成。

三、农村特色班级育人实施成效

(一)消除差异,和谐发展

在建班育人中,农村学校常常面临班级情况较为复杂,学生及其原生家庭差异大的问题,导致班级整体发展失衡,学生发展差异较大。整合班级资源,挖掘班级特色,打开班集体建设新思路,以"家乡"为主导,通过三级活动任务群,使不同地域的美食、美景、文化、历史在班级活动中绽放光彩,在合作探究实践中,培养能力,培养家国情怀。同时,实现消除班级学情差异、树立正确价值观、班级和谐共进的班级建设目标。

（二）活动引领，发展赋能

班级定名为"海塘少年侦探团"，以"弘毅强能，和谐共进"为班级建设总目标，以"家乡"为主导的"探索祖国美食香、山河壮、历史长"主题的三级活动任务群，形成班级五年发展方略，实现学生身心健康发展，实现个体和集体全面发展。

第三章　实践活动促进班级文化："乐"在其中

在特色班级文化创设下实施劳动教育融合育人方案设计，肯定了学生的劳动态度与价值，体现了以劳促智、以劳育美、以劳健体、以劳树德的理念，同时也激发了学生的劳动热情，产生对班集体文化及校园生活的热爱之情。

"小鬼"当家

上海市金山区张堰小学　黄佳丽

一、活动背景

习近平总书记在全国教育大会上提出：在学生中弘扬劳动精神，崇尚劳动，尊重劳动，懂得劳动最光荣、劳动最崇高、劳动最伟大、劳动最美丽。《义务教育劳动课程标准（2022年版）》指出3—4年级的学生要懂得"一分耕耘，一分收获"的道理，认识到美好的生活离不开各行各业的劳动者，初步形成热爱劳动的态度。同时指出要养成良好的个人清洁卫生习惯，主动分担家务，协助参与家庭环境卫生清洁，初步学会简单的家务劳动技能，形成生活自理能力。

四年级的学生已经有了一定的劳动意识，在学校基本能做到自己的事情自己做，但在家庭中，却缺乏劳动意识，过于依赖家长，体会不到父母的辛苦，不能积极主动地帮助家人做一些力所能及的事。因为疫情原因，学生居家学习，家长居家工作，值此机会依托家班共育建设，我班结合班级特色，开展绿植养护活动，积极寻找家庭小岗位，争当家务小能手，引导学生由认知到行动，从不愿意做到坚持、积极地去做。这需要班主任对家长和学生进行有效引导，进一步培养学生劳动观念，使学生体会父母的辛苦，培养学生热爱劳动、尊敬长辈、自立自强的品质。

二、活动对象

四年级学生。

三、教育目标

通过系列活动，学生对家务劳动有正确的认识，由劳动产生兴趣，形成主动做好家务的意识。

体会父母的劳苦，唤醒学生对劳动的情感，养成热爱劳动、尊敬长辈、自强自立的品质。

通过"最美我的家"活动，锻炼一定的劳动技能，懂得劳动创造美，培育积极的劳动精神。

四、活动准备

家务活动调查表、"小鬼当家"反馈表、课前活动调查表等。
制作多媒体教学视频，家长录制视频等。

五、实施过程

环节一：家务劳动中学会自立

1. 活动：妈妈的一天

夸夸家中最美的人。学生介绍家务劳动中的妈妈，关注细节，体会家务劳动的艰辛，感受浓浓亲情，懂得劳动创造美好生活，劳动给家人带来幸福与欢乐。

2. 活动:家务劳动我能行

完成"家务劳动"调查表(见附件1),统计学生的家务劳动情况,学生在课上交流家里有哪些家务活,说说自己会做哪些家务活,并讲讲做家务的感想。

【设计意图】通过观察妈妈的一天家务劳动,知道妈妈的辛苦,懂得劳动创造美。同时,随着年龄的增长,学生动手能力越来越强,通过家务劳动调查表,明确有些家务劳动是学生自己能力范围内的,应该自己动手完成,这样也可以减轻父母的负担。学会做简单的家务劳动,为后续活动做铺垫。

环节二:家务劳动中得到快乐

1. 活动:"小鬼"当家

用微视频拍摄"小鬼当家"家庭活动:

为家中植物浇水,去尘。

为家中植物修剪枝叶,除黄叶。

和妈妈一起上街买菜。

午休后,准备晚餐:择菜、洗菜。

……

2. 活动:"收集"快乐

请爸爸妈妈把"小鬼"当家的视频发布到朋友圈、班级圈等,收集点赞和评价,并完成"小鬼"当家反馈表(见附件2)。然后在课堂里评选班级"小鬼"当家之星。

【设计意图】在劳动中学会思考,认识更多的植物,懂得劳动的重要性。小小家务看似简单,但是如果不去学习,不去锻炼,再简单的劳动也不会做;一旦会做了,就会收获特别的快乐与成功感。活动中邀请家长共同参与,体验亲子劳动的乐趣,同时提升学生劳动的积极性。

环节三:家务劳动中勤于思考

1. 活动:小小"议事厅"

学生交流照顾家中植物时遇到了什么问题,怎么做的,结果怎样。制作植物生长思维图,并在班级中进行交流和展示。学生在家务劳动的过程中通过自己探究、学习,习得新的知识。

2. 活动:完美"展示台"

班会中,开展一次"最美我的家"活动。

出示前期学生问卷中最想种植的植物花卉等。

和爸爸妈妈一起用花卉植物制作工艺品,装饰点缀家,拍成照片或者视频。

向同学们做介绍。

【设计意图】活动过程中,学生懂得自主互动交流,不断掌握劳动的新技能,感知劳动可以创造美好的生活,并在学习的过程中不断整合、提炼,体会劳动带来的意义。照顾家中植物,动手又动脑。结合二十四节气,了解中国传统文化。在植物的花开花谢中,感知生命的价值。

学生在照顾家中植物的劳动实践中,懂得家务劳动是辛苦的,也是光荣的。但是劳动可以创造美好的生活,学生可以想象再过几个月,那片荒芜的土地会变成美丽的小花园,同时帮助长辈做家务也是表达爱和感恩的一种方式。真正学做生活小主人,爱劳动、爱生活,并能将勤俭节约的美德落实到行动中。

六、预期效果

劳动教育活动在我们班级已经开展了一段时间,学生基本都能参与到简单的家务劳动中,学生的劳动技能普遍有了很大的提高。通过系列活动,家长拍摄孩子的劳动视频,让孩子们更乐意参与到家务劳动中,特别是亲子劳动颇受学生欢迎。劳动中,学生懂得了遇到问题主动思考,懂得怎样做才是最快的、最好的,或者是能顺利完成的,体验到了劳动带来的乐趣与成就感,同时懂得劳动的崇高与光荣。

不同植物的生长规律是不同的。学生在参与植物种植和养护的互动中对中国传统文化有了深入的了解,让所学技能为生活所用。在种植养护过程中,学生感受花开花谢、植物一枯一荣,懂得生命的宝贵,从而能珍惜生命,提升成就感和自信心,植物花卉也能让学生的家庭增添美,懂得劳动让生活更美好。

附件1:

家务劳动调查表

请在符合你自己的情况的表格里打"√"。(可以多项选择)

项目	扫地	拖地	收拾房间	收衣服	叠衣服	收拾碗筷	洗碗筷	洗衣服	浇花	做饭	其他
你会做的家务											
你喜欢做的家务											
你最想学做的家务											

附件2:

"小鬼"当家反馈表(父母评价)

时间	浇水	除尘	去黄叶	修剪枝叶	除草	换水(水培)	择菜	洗菜	切菜	其他
月 日										
月 日										
月 日										
……										

评价标准:主动并认真完成得5星。
　　　　　主动并较好完成得4星。
　　　　　提醒后认真完成得3星。
　　　　　提醒后较好完成得2星。

学习劳模精神　争当儒雅少年

上海市松江区新闵学校　程仁慧

一、活动背景

2020年,中共中央、国务院颁布了《关于全面加强新时代大中小学劳动教育的意见》,其中提到,劳动教育是国民教育体系的重要内容,是学生成长的必要途径,具有树德、增智、强体、育美的综合育人价值。"爱岗敬业、争创一流、艰苦奋斗、勇于创新、淡泊名利、甘于奉献"的劳模精神,是激励全国各族人民团结奋斗、勇往直前的强大精神力量。让劳模精神走进校园,与劳动教育相融合,有利于培养学生的劳动价值观、劳动情感态度、劳动品德、劳动知识与技能及劳动习惯。

五年级的学生,已经初步掌握一定的劳动技能,但劳动意识较为浅薄。不明白劳动的意义与价值,缺乏一定的主观能动性,在家不承担家务责任,在校勉强值日,吃苦耐劳、乐于奉献精神较为缺乏。为贯彻国家劳动教育相关政策,笔者在工作室课题"以班级特色项目建设推进家校劳动融合育人"引领之下,以建设"凝心聚力"的蚂蚁班为载体,开展了"学习劳模精神,争当儒雅少年"的系列劳动活动,以期帮助学生树立正确的劳动观念、具备基本的劳动能力、培育积极的劳动精神、养成良好的劳动品质,从而成长为和美、儒雅、敏学、博艺的蚂蚁班小少年。

二、活动对象

五年级学生。

三、教育目标

通过系列活动,让学生对劳模精神有正确的认识,感受劳动创造美好生活。

从身边劳动者出发,感受劳模的伟大,唤醒学生热爱劳动的情感,养成爱岗敬业、艰苦奋斗、乐于奉献的劳动品质。

通过"争当新闵小劳模"的小组活动,锻炼一定的劳动技能,养成主动劳动的意识。

四、活动准备

开展小组活动"后勤一日跟岗",采访学校后勤工作人员,了解其工作内容,拍摄相关短视频与介绍材料。

全国劳动模范颁奖典礼相关视频、劳模小故事资料袋、小组活动设计作业单。

五、实施过程

环节一:讲劳模故事,品劳模精神

视频导入,认识劳模:观看2020年全国劳动模范颁奖典礼。通过聚焦2020年全国劳动模范、上海巴士第三公共交通有限公司驾驶员方进的故事,增加学生对于劳动模范的了解,激发学生的探究兴趣,拉近学生与劳模之间的距离。

合作探究,了解劳模精神:开展小组合作,阅读资料袋中劳模的故事,了解劳模们身上共同的品质:爱岗敬业、争创一流、艰苦奋斗、勇于创新、淡泊名利、甘于奉献。

观劳模影片,感受劳模的伟大:观看电影《桂香街》,分享交流观后感,共同感知劳模精神,进行自我情感体验和价值浸染,初步形成正确的劳动观。

【设计意图】利用主题班会课,通过观劳模影片、讲劳模故事等方式,组织学生了解什么是劳模、什么是劳模精神,感受劳动的意义,初步形成劳动创造美好生活的意识。

环节二:寻劳模身影,感劳模伟大

小组分工合作,寻找身边最美劳动者:通过跟岗、采访、拍摄视频等形式,了解学校基层后勤部门的叔叔阿姨们的工作内容。通过亲身体验,了解不同岗位劳动者的辛苦付出。具体分组情况如下:

组1:后勤跟岗——保安叔叔

组2:后勤跟岗——食堂配餐员

组3:后勤跟岗——维修工叔叔

组4:后勤跟岗——保洁阿姨

评一评:谁是你心目中的最美劳动者。小组汇报,通过视频拍摄的形式,展现你心目中最美劳动者的样子。

【设计意图】"除了被评选为全国劳动模范的代表之外,你觉得你身边还有哪些具有这些劳模精神的人们?"围绕这个问题,开展"走近身边最美劳动者——后勤跟岗活动"。不同小组选择了不同的跟岗对象,如"打扫卫生的清洁阿姨""负责午餐的食堂叔叔""保护安全的保安叔叔""维修日常设备的维修工叔叔"。通过采访,学生了解到每位后勤劳动者的工作内容,并采取跟岗一小时的方式,深入感受每位劳动者的辛勤付出,体会新闵劳模们"爱岗敬业、艰苦奋斗、乐于奉献"的精神,体会到正因为有他们的付出,才有我们美好的校园生活。

环节三:学劳模品质,展劳模风采

小组活动,争做新闵小劳模(见表1)。

表1 小组活动表

小组	活动地点	活动内容	活动形式
组1	家庭	今日我当家	学生与家长互换角色一天,学生承担一天的家务劳动,买菜做饭,洗衣服,打扫卫生,照顾家人等,感受家人平日的辛苦劳累,懂得感恩家人
组2	班级	班级岗位我践行	执行班级小岗位——午餐管理员的职责,通过帮助同学分发午餐、收餐盘、整理餐具等活动,感受岗位责任。劳动是美好生活的基础,正因为有了小岗位的热心付出,才有了班级的美好和谐
组3	校园	大手拉小手	与一年级小朋友结对,向一年级弟弟妹妹教授整理书包、打扫教室等劳动技能,感受劳动带来的快乐,学习乐于奉献的劳模精神
组4	社区	社区环境我宣传	积极响应上海市生活垃圾分类处理的号召,走进社区开展"垃圾分类,从我做起"宣传实践活动。通过捡拾垃圾、宣传垃圾分类知识等行动,感受劳动的价值

评一评:谁是组内小劳模。活动中,小组合作完成组内成员评价单,评选出组内小劳模。

新闵劳模摄影展:通过摄影展的形式,展现同学们学劳模的全过程。

【设计意图】在这一环节中,通过班级特色小组合作制的方式,开展学习劳模的活动,引导学生从家庭、班级、学校、社区等不同的角度进行劳动实践,提升学生的劳动技能。最后通过摄影展的方式,总结学习过程,提升学生的劳动荣誉感与成就感,深化劳动意识。

六、活动成效

通过劳模精神系列活动的开展,学生对劳模精神有了深刻的认识,劳动意识明显提高,如:午餐结束后能帮打扫的阿姨清理餐盘,在家也能主动承担一定的家务劳动,部分学生还在继续积极参与校级红领巾志愿者活动。此外,学生的劳动技能也有很大进步,除了基本的自我服务的劳动,也开始服务于他人。如给家人做一道拿手菜,积极主动完成班级值日工作教室布置、板报设计等。最后,"爱岗敬业、艰苦奋斗、乐于奉献"的劳模精神也扎根于心。如今,班级整体精神风貌积极向上,每位同学将继续用行动践行劳模精神,争做和美、儒雅、敏学、博艺的蚂蚁班小少年。

看我 72 变

——亲子手工制作创意象棋活动

上海市金山区石化第一小学　王斌

一、活动背景

新时代的劳动教育要发挥培根铸魂、启智增慧的作用,并能在主题式的活动中,体现中华民族风格,体现国家和民族的基本价值观,体现学生的文化知识积累和创新的成果。在《义务教育劳动课程标准(2022 年版)》中,要求小学中段的学生参与日常生活劳动、生产劳动和服务性劳动等。其中在传统工艺制作上,要能在劳动中感受收获的快乐,并能形成传承和发扬传统工艺的意识。

经过两年的象棋文化积淀,三年级的学生已经对象棋的整体组成和各个棋子的具体含义有了一定的认知,具备一定的在传统象棋的架构上进行创新构思、有机整合自己喜欢的主题素材进行手工制作的能力。以亲子活动的形式开展,有助于在活动中增进亲子情感交流,开拓学生的生活领域;也能在教师、家长和学生三者的彼此互动中增强家校共育的透明度、信任度,更好地发展学生的综合素养。

二、活动对象

三年级学生。

三、教育目标

通过阶段式活动的开展,学会用象棋的"排兵布阵"梳理、架构其他各领域的主题知识,进一步理解象棋的文化内涵。

在亲子合作中,养成尊敬长辈、孝老爱亲的优良品质,由此促进家庭亲子关系的和谐融洽,推进良好家风的形成。

开展手工制作创意象棋活动,并进行展示、交流,体验工艺制作的过程,在活动中体会在传统工艺上创新的魅力,理解劳动创造美好生活的道理。

四、活动准备

确定手工制作象棋的创意主题,梳理相关内容。

准备制作材料。

进行亲子合作的具体分工等。

五、实施过程

环节一:在象棋手工制作中内化知识

根据中国象棋车、马、炮、兵、帅、仕、相等不同兵种的能力特点(见表1)和子力价值(见表2),将文学名著、趣味动画、生活情境中的主题人物赋值在各个象棋棋子中,并和家长共同进行绘制创作,手工制作一副富有情境趣味和人文内涵的主题式象棋。

表1 中国象棋各兵种能力特点与功能性一览表

兵种	能力特点与功能性体现
帅(将)	三军统帅,全局争夺的焦点,一般不轻动,关键时刻御驾亲征
车	勇猛迅速,攻、守、进、退,无往不利,摧城拔寨的第一选择
马	回环跳跃,盘旋曲折,斜线面的控制范围广泛而灵动
炮	行动迅速而易于成势,遥制对方,联系诸子,蓄势待发
相(象)	保卫将帅,防御主力,双相相连,牢不可破,可作炮架助战进攻
仕(士)	大体同于相,唯活动范围较狭,是保卫将帅的贴身卫士
兵(卒)	数量最多,看似无足轻重,实则过河后威力倍增,残局中尤为关键

表2 象棋子力价值分值表

兵种	开局	中局						残局
帅(将)	不定值	不定值						不定值
车	10	10						10
马	4	4.5						5
炮	5	5						4.5
仕(士)	2	2.5						2.5
相(象)	2	2.5						2.5
兵(卒)	0.5	河头兵	对头兵	待过河兵	已过河兵	高兵	低兵	底兵
		1	1	1.5	2	3	2.5	1

学生能够根据所学象棋知识的兵种特点,套用自己喜欢的主题,在家长的协助下共同进行创意制作。学生的制作成果呈现百花齐放的姿态,充分体现不同学生的性格特点、人文爱好与发散思维。举例而言,有的同学喜欢国产经典动画片《葫芦娃》,将葫芦兄弟与蛇蝎妖怪分成红黑两方,捉对厮杀;有的同学从"植物大战僵尸"小游戏中找到灵感,组建了"植物队"和"僵尸队"。并根据两队兵种的分值排列,

分派到各个象棋的兵种岗位上,打响攻防战;对经典名著《三国演义》有所涉猎的同学更是让人刮目相看,绘制了刘备和曹操作为两方的将帅,关羽、张飞等武将作为车、马、炮等兵种冲锋陷阵,诸葛亮、庞统等智囊军师作为士、象运筹帷幄,保卫主营,真是惟妙惟肖地重现了"赤壁之战"的盛景。还有些"小机灵鬼"动起了自己身边同学的脑筋,将全班同学分成了男生、女生两方,根据每个同学的不同个性以及在班中扮演的主要角色在楚河汉界上起兵列阵……

【设计意图】在充分发挥学生自主创造性的象棋手工制作活动中,深化班级"以棋育人"特色文化的内涵。让学生在体验中充分感悟:象棋不仅仅是一项以角逐胜负为最终目标的竞技运动,也同样是中华传承千年的文化瑰宝,还可以是承担其他文化内容的有效载体。可以让象棋发挥如"思维导图"般的妙用,借助象棋梳理各个领域的文化知识。另外,创造性工艺劳动制作以劳育为基点,带动学生智育、美育等多育的融合共生,助力学生全方位成长。

环节二:在象棋手工制作中收获感悟

开展亲子大讲坛活动,以亲子共同介绍分享的方式开展"小小演说家"活动。

一是由学生主要介绍创意象棋的设计主题、设计缘由、设计内容等,家长根据学生的分享内容进行适时的补充。

二是由家长主要分享亲子双方在整个活动中所扮演的角色,如具体分工内容,如何协作完成等。

学生向同伴介绍自己的得意之作。他们主要围绕"如何选择、为何选择自己的手工制作主题""如何进行科学合理地排兵布阵"等问题进行分享。许多学生能够自信地侃侃而谈,有的还如打开了话匣子一般滔滔不绝。也有一些学生还比较拘束紧张,略显胆怯,在伙伴们和家长的鼓励下逐渐放松,在分享过程中收获了自信。家长们则分享了很多在创作过程中记忆犹新的温馨时刻,如遇到的困难和应对举措,以及很多有趣的幕后小故事,让各组家庭不断产生共鸣,意犹未尽。

【设计意图】小小讲坛成为学生交流学习、展示自我的平台。在对工艺制作劳动技巧进行分享的同时,学生在交流中感悟到,除了劳动技术外,理论知识的支撑、合作能力、沟通能力等综合能力也是做好一项劳动工作不可或缺的关键要素。另外,讲坛本身也能够为三年级的小学中段学生提供锻炼沟通能力、表达能力的平台,让每一个孩子都能在交流分享中获得关键能力的提升。而家长们在整个活动中能够扮演辅助者、润滑剂的作用,同样地,在彼此分享中,也能够了解到其他家庭中的育儿生态和有效举措,能够在互相借鉴中优化自我的家庭教育,从而形成良好的家班共育的形态。

环节三:在象棋手工制作中巧用评价

在亲子讲坛活动开展的同时,以"人人都是小评委,公正评价为人人"为准则开展对各组家庭创意制作和亲子分享内容的班内评比活动。评价主要遵循如下原则。

第一,评价主体多元化。老师、学生、家长都可以作为活动评价的主体,从不同的视角解读活动内容的呈现,给予客观的评价。这种多元主体评价不仅可以确保评价的客观、公正,提高评价的实效性,更重要的是真正确立学生在学习、成长过程中的评价主体地位,为他们的持续发展提供可靠的保证。

第二,评价内容具体化。根据各小组的分享内容,从创意性、科学性、美观性、实用性等多维度进行综合评价,在即时生成的反馈中进行信息处理和适时评估,这是过程性评价的一个重要组成部分。及时、准确、积极、有效的即时评价不仅在活动中起着重要的导向和激励作用,同时也对学生认识自我、建立自信起着良好的促进作用,能更高效地促进学生的发展。此外,活动中良好的即时评价因增添了许多情感和人文因素,推动"亲子大讲坛"更加活泼起来,灵动起来。

【设计意图】即时性的多元化评价旨在进一步激发活动参与者的积极性与体验感，强化活动中规范意识的形成，培养学生客观进行自评、他评的能力，促使学生形成自我规划的意识，优化一定的社会交往技能，更有利于促进彼此的全面发展。在活动结束后，根据综合评价的反馈和呈现内容，评选出"最佳创意奖""最佳人气奖""最佳合作奖"等荣誉，在班内开展表彰活动以体现评价的激励作用，推进本项活动递进式、可持续地开展。

六、活动反思

本次亲子手工制作创意象棋活动是"立象塑魂"象棋特色班级文化创建的重要体现之一。活动以"看我72变"命名，意在发挥学生的创新能力与应用能力，让传统象棋通过创新赋能，富有新的内涵，焕发新的生机。另外，老师也可以根据学生的年龄阶段发展特点和认知能力，在活动机制上加以后续思考，巧作"72变"。例如，三年级的学生在开展本项活动时适合以"亲子活动"的形式开展，在带班到四、五年级的时候再次组织开展此活动，则适合以学生独立创作或小组合作的形式开展。教师还可以在选取主题上加以引导。中、低年级时学生可选取"葫芦娃""植物大战僵尸"等卡通元素的主题，而高年级的学生则可建议多结合文学阅读活动，围绕《三国演义》《西游记》《封神演义》等经典名著进行构思，深化活动主题，从而体现学生横向提升、纵向突破的阶梯式成长，也让"象棋文化"成为提升学生文化内涵、建立文化自信的有效载体。

"小芦芽"会劳动

上海市浦东新区明珠临港小学　钟艳

一、活动背景

中运量是临港区域内一道靓丽的交通风景线,连接着临港地区最为标志性的地点。"小芦芽们"一起搭乘"中运量劳动专列",传承临港人民的劳动智慧,作为"小小劳动实践者",前往临港"隐藏款"劳动站点,展现当代临港少年的劳动意识、劳动技能、劳动创意、劳动风尚。

本次"中运量劳动专列"设有自理劳动站、家务小达人站、临港芦苇滩站。在这些站点中,"小芦芽们"学会自理劳动后,萌发成长的骄傲和家居劳动中的责任心,感受芦苇生命的力量,体会劳动中付出的辛劳与收获的幸福!

二、活动对象

三年级学生。

三、教育目标

通过采访和小调查,锻炼自理劳动能力,并通过儿歌的形式记录下劳动的步骤,以视频的形式展示自己掌握的劳动技能。

提高动手能力的同时激发家庭责任感,争做金牌"家务能手",把自己最擅长的家务劳动用思维导图绘制出劳动步骤,通过视频展示家务劳动技能要点。

参观临港芦苇滩,尝试种植一种植物,体会劳动耕种和收获的幸福。

四、活动准备

学生的采访和小调查,参观临港芦苇滩。

五、实施过程

环节一:自理劳动站点

1. 劳动小剧场

"中运量劳动专列"的第一站——自理劳动站到啦!在这个站点,将考验芦芽们基础的自理劳动能力。

清晨,"小临"背着书包和小伙伴们走在上学路上,有说有笑地向学校走去。走着走着,突然下起了雨,"小临"马上从书包里掏出妈妈准备的雨伞,和小伙伴一起撑着前行。到校门口了,该收雨伞了。可是,手中的折伞该怎么收起来呢?收起来后又该放哪儿呢?"小临"心里犯了难,还好门口的执勤老师过来帮了忙。

小朋友们最喜欢的体育课到了,大家兴奋地在操场上丢飞盘,正在比谁丢得远呢!"咦,'小临',你怎么没参加活动呢?"小伙伴奇怪地问道。只见"小临"羞答答地低下了头,原来是他的鞋带散了,却不会系,正发愁呢!同桌的女生立马上前帮了忙,"小临"这才跟大伙儿一起玩飞盘了。

一天下来,"小临"深深感受到了劳动的重要性,看似简单的劳动技能,其实对我们的生活大有益处。"小临"想:是时候掌握一些必要的劳动技能了,只有生活自理了,才能让自己更加便利。

那么,我们应该掌握哪些最基本的自理劳动能力呢?你有哪些自理劳动技能的经验和方法可以分享给大家呢?

2. 劳动小调查

"小临"通过采访身边的小伙伴,询问了家长和老师,罗列了自己生活中应该要掌握的自理劳动技能,开展了一个小调查。请"小芦芽们"一起去完成这个调查表(见表1)。

表1 自理能力调查表

序号	自理劳动能力	你的能力(在适合的格子内打"√")		
		我正在学	我学会了	我做得好
1	自己会穿好衣服,扣齐扣子			
2	自己会穿好鞋子,系紧鞋带			
3	自己会剥好虾壳,剔鱼骨头			
4	自己会剥水果皮,收拾果皮			
5	自己会整理书包,整理抽屉			
6	自己会文明如厕,整理裙裤			
7	自己会穿好雨衣,收好雨具			
8	自己会梳理头发,保持整洁			
9	自己会早晚刷牙,及时漱口			
10	自己会洗好袜子,进行晾晒			
11	……			
12	……			

(在11和12的格子里,你也可以填写其他的自理劳动技能哦!)

3. 任务解读

小朋友,在这么多自理劳动中,你最擅长的是哪一项劳动呢?赶快动手学一学、练一练,并把它做好吧!同时,为了帮助更多小朋友掌握劳动技能,请你试着把你最擅长的劳动项目的步骤向大家介绍清楚,并把你的劳动小窍门跟大家分享吧!

4. 成果展示

(1) 以儿歌形式介绍你最擅长的自理劳动的步骤或者窍门。

(2) 把你完成这项自理劳动的过程拍成视频,一边劳动一边介绍,过程要完整。

环节二:家务小达人站

1. 劳动小剧场

"中运量劳动专列"的第二站即将抵达,欢迎同学们来到家务小达人站!在本站点,同学们将学习家务劳动,提高动手能力,同时激发家庭责任感,让我们一起争做金牌"家务能手"吧!

"小临"这几天乘坐列车来到了两位好朋友家做客,看到"笑笑"和"淘气"的两个不同的房间,你喜欢整齐的"笑笑"的房间还是凌乱的"淘气"的房间呢?

干净整洁的房间,会让我们居住更舒服、心情更愉悦。我们也可以在爸爸妈妈的指导下,整理自己的生活用品和学习用品,整理自己家里的书桌,收纳好自己的学习用品、学习资料、生活中的玩具、衣袜等东西。

"小临"明白了,原来动手劳动可以创造美好的生活,为我们带来舒适的居住环境和温馨的家庭氛围。我们手儿虽小,肩膀虽小,年龄虽小,但也可以做美好家园创建的小主人!

你能不能把自己的房间整理得像"笑笑"的房间那样干净整洁呢?你还会做哪些家务劳动,来为自己的小家增添幸福感呢?

2. 延伸指导

我们可以是美食小能手,制作饼干、沙拉、包饺子……和家人一起品尝新鲜出炉的美味食物,吃完饭,帮助家人洗碗,摆放餐具,擦净餐桌,扫地、拖地,把每个角落清洁干净。在自己的房间中,我们可以把自己的书桌收拾干净,看过的书籍放回书架,整齐折叠好衣物和被子,做好收纳和整理。在家里,做我们力所能及的事情,帮助长辈承担家务,在劳动中创造美好,在劳动中收获欢笑。

3. 任务解读

(1) 收纳衣服时,折叠衣服、袜子、裤子有不同的方法。可以询问父母或者在网上搜索一些技巧。

(2) 制作美食的过程中,每个步骤都可以和父母一起完成,一定要注意安全使用火和电器。

(3) 整理生活用品要懂得分类、保存,在整理中可以进行家居美化布置。

(4) 在清洁劳动中,学会正确使用抹布、拖把、扫帚等劳动工具,将污垢区域彻底清理干净。

4. 成果展示

(1) 请你选择一项最擅长的家务劳动,把这一项家务劳动的劳动步骤、每个步骤的劳动要点记录下来,并绘制成独特的思维导图。

(2) 把你擅长的这一项家务劳动拍成视频,一边劳动一边介绍,把劳动要点和过程都呈现出来,做成小视频。

环节三:临港芦苇滩站

1. 劳动小剧场

"中运量劳动专列"第三站——临港芦苇滩站到啦!在本站,我们要一起领略芦苇生长的魅力,了解身边农作物的成长过程。

"小芦芽们"看到了滩涂上满是一片片的芦苇,成片成片的芦苇聚集在一起,成了一片芦苇地,为临港的鸟类提供了栖息地,成就了一片独特的临港景色。

"小芦芽们"惊奇地看向芦苇地,感叹道:"原来芦苇的生长力那么强啊,我也想尝试种植一下!"

"小芦芽们"跃跃欲试,兴奋地讨论起"快乐种植"的计划。起个响亮的队名,制作一面颇有特色的队旗,设计一份详细的项目计划,成功种植一种植物……一次充满期待的"快乐种植"行动即将拉开帷幕!

你想和小伙伴一起种植什么植物呢?或者,在家里,我们可以盆栽什么植物呢?

2. 延伸指导

"民以食为天",农业是人类的衣食之源、生存之本。我们在倡议"爱惜粮食"的基础上,更需要凭借自己的大脑和双手,成功种植出食物,让食物源源不断。不仅仅是种植蔬菜,还可以是种植水果。和你的小伙伴一起,开展一项充满期待的"快乐种植"劳动项目,积极投身农业劳动中,去感受"快乐种植"带来的满足感,搭建起劳动与幸福的桥梁吧!如果没有前往农业基地种植的条件,也可以和小伙伴们一起,尝试用盆栽的形式,去种植一种蔬菜或瓜果,祝你们成功哦!

3. 成果展示

(1)将种植的过程用照片和视频记录下来,做成一个完整的视频作品,呈现你们的农业劳动过程。

(2)农业种植是一项充满挑战的任务,无论是成功还是失败,都会给我们带来很多思考和成长,请简单说说在这个过程中你最大的收获是什么。

六、预期效果

同学们在整个活动中能够感受劳动的风尚,体验劳动创造美好生活的魅力。但是在劳动的过程中,自主性、独立性尚需锻炼,需要家长共同参与到劳动教育中来,并以劳动教育为契机,促进家庭氛围和谐发展,提升班级学生积极心态的养成。

"锦鲤"游渔村

——知历史 乐劳动

上海市金山区海棠小学 沈维

一、活动背景

"让孩子有幸福生活的能力",这是我们目前进行劳动教育的目的。在中小学中开展劳动教育,首先还是要让青少年懂得,幸福生活是基于辛勤劳动之上的。结合本班"锦鲤"文化特色,无论是班级文化布置还是特色岗位设置,都和海有关。因金山靠海,又有金山嘴渔村,故把劳动教育融合育人的主题活动与锦鲤、与金山嘴渔村融合起来。金山嘴渔村是上海市沿海陆地最早的渔村,也是上海最后一个渔村,对于生长在金山这块土地上的小朋友来说,确实是一个极为向往的地方。通过一系列的亲子活动,不仅可以让孩子们了解渔村的历史、金山的历史、上海的历史,同时能够通过动脑又动手的一系列劳动亲子活动,在增进亲子、同伴感情的基础上,提高孩子们的劳动能力,从而树立"劳动最光荣"的意识。

二、活动对象

三年级学生。

三、教育目标

通过参观渔村,了解渔村的历史变迁,了解家乡的历史,从而更加热爱自己的家乡。

通过品尝金山美食,了解农家美食,懂得餐桌礼仪,体会劳动辛苦,学会感恩。

通过一系列亲子劳动体验活动,增进亲子、同伴的感情,同时通过自己的劳动,感受幸福来之不易,逐步增强创建幸福生活的能力。

四、活动准备

事先联系渔村方面负责人,做好沟通对接。
准备活动所需物品。

五、实施过程:

环节一:渔村历史我知道

1. 活动:静观日出日落,沉醉最美渔村

和爸爸妈妈一起来到渔村,看一看渔村的日出或者日落,在丁字坝码头静静欣赏的过程中,再看看大海,看看金山三岛,感受自己家乡的美丽,从而更加喜爱自己的家乡。

2. 活动:漫步金山老街,感受海渔文化

金山嘴老街,有海渔文化馆、渔民老宅、渔具馆、妈祖文化馆等博物馆,处处体现了浓浓的海渔文化。孩子和家长一起,漫步金山老街,可以用"渔味无穷"来形容。

【设计意图】虽然这些孩子生长在金山,但是金山嘴渔村反而不是一个经常去的地方,孩子们对于海渔文化并不太了解。通过和爸爸妈妈一起到渔村走一走、看一看,沉浸式感受金山嘴渔村的海渔文化历史,孩子们对于渔村的喜爱,甚至对于金山的喜爱就会油然而生。

环节二:渔村美食我喜欢

1. 活动:吃吃海鲜美食,品味渔村之鲜

来到渔村,一定要吃一吃渔村的美食,和爸爸妈妈一起走进金山嘴渔村海鲜一条街,尝一尝美味的海鲜。

2. 活动:学习餐桌礼仪,做文明小主人

吃是一件很愉快的事情,但是在外就餐要注意餐桌礼仪,通过先前班级活动,学习如何用筷,养成文明用筷的好习惯,注重餐桌礼仪,将中华传统文化融入自己的生活中。

3. 活动:平衡膳食搭配,吃得健健康康

虽然美食当前,但是处在生长发育时期的孩子们要注重平衡膳食,保障自己的身体健康,通过先前班级活动"平衡膳食,科学点餐",完成课后拓展任务:学会合理搭配食物,在餐厅能根据实际情况科学点餐,掌握生活小技能。

【设计意图】吃对于孩子们来说是无法拒绝的,但是我们"小锦鲤"的吃不能只停留在表面,通过吃也能够接受到良好的教育,懂得如何吃得文明,如何吃得健康。在班级班会活动以及课后的一系列亲子活动中,孩子们的能力得到提升。

环节三:渔村劳动我能行

1. 活动:化身小小渔民,劳动守护渔村

参与渔村"拯救渔村定向活动"——孩子们化身小小渔民,组成"拯救渔村小分队",寻访海民,领略劳动号子,体会编织渔网、妈祖崇拜等,看看每个家庭组成的"守护小队"最后能不能成功完成下面几项任务：

★参观渔民老宅——向渔嫂学习认识渔具

★访金山嘴大屋——跟着渔嫂学会编织渔网

★赏渔民茶室——向老渔民学喊劳动号子

★游妈祖文化馆——体验海神信仰的奥妙

2. 活动：学做家乡美食，小小星厨驾到

在家中和爸爸妈妈一起探讨"鱼"的各种烹饪方法，清蒸、红烧、糖醋……以及一些创新的烹调方法，学做家庭小厨师。在爸爸妈妈的帮助下，可以完成一道属于自己的鱼料理。

【设计意图】劳动可以促进学生良好道德品质的形成。从家庭到社会，劳动教育已经不仅仅存在于学校中，如何家、校、社协同劳动育人，是值得我们去思考的。通过探究鱼的烹饪方法，参与拯救渔村体验劳动，让学生体验劳动的艰辛，从而明白不能浪费食物的道理，养成节俭的品质。通过劳动，激发学生勤劳、乐观性格的形成。

六、预期效果

以上这一系列的活动，从铺垫感受到实施劳动，是一个层层递进、步步深化的完整过程。对于我们的学生来说，以前是很少尝试这样的系列活动的，这次我们通过家、校、社三方联动，并结合班级"鱼化龙"特色文化，与渔村人民一起对孩子进行文化浸润和劳动体验教育。希望通过这一系列的活动，能够很好地唤醒孩子内心的劳动意识和情感，养成热爱劳动、自强自立的品质。

小岗位"转"起来

上海市金山区前京小学　范宁

一、活动背景

班级的劳动岗位如同一个个"小齿轮",整个班集体如同一个"大齿轮",大齿轮与小齿轮齿齿相扣,通过"小齿轮"的转动可以带动"大齿轮"运转。低年级时,小齿轮的转动往往借助班主任的力量;中高年级后,如何让小齿轮通过自主转动来带动班级实现"自运转"是一个非常值得研究的话题。

班级小岗位建设已有一年左右的时间,但各项制度不够完善,新学期值日小组进行调整后也出现了很多不理想的情况,如值日班长组织管理能力弱,值日生不及时完成值日任务,日常管理比较混乱,放学值日效率低。通过活动,引导学生探究这些问题背后的原因,及时完成劳动岗位的制度建设,跟进劳动评价,让小岗位建设带动"自运转"班级建设。

二、活动对象

四年级学生。

三、活动目标

通过劳动岗位系列活动,学生对班级制度建设和优秀班集体建设有正确的认识,提升主动参与班级劳动的热情。

尊重学生的想法,引导学生全程参与劳动岗位和评价的设置,发扬民主建班的精神。

劳动岗位由校内延伸至校外,家校合作育人,培养德、智、体、美、劳全面发展的人才。

四、活动准备

- 准备各类表格等。
- 准备多媒体教学视频和课件等。

五、实施过程

环节一:删繁就简,明确目标

1. 认识班级"自运转"设计

班级现有两种劳动岗位:管理岗和清洁岗。管理岗负责学生在校期间的各项管理,下设13个小岗位,分别是空气清新员、节能环保员、体温监控员、晨读管理员、预备带领员、安全保障员、课前提醒员、黑板维护员、卫生监督员、午餐服务员、纪律监督员、橱柜整理员、矛盾调解员;清洁岗负责放学后教室的清扫工作,包括拖地、排桌椅、消毒、擦黑板、理讲台、擦窗户、倒垃圾。班级40人共分为5个值日小组,值日班长和副班长带领6名组员每周固定一天完成管理岗和清洁岗的各项任务。

值日班长集体汇报"自运转"情况：比如，某一天管理岗中"有效岗位"是体温监控员、晨读管理员、纪律监督员、午餐服务员，"临时顶替"是橱柜整理员、黑板维护员、空气清新员、节能环保员、预备带领员，"无效岗位"是安全保障员、课前提醒员、卫生监督员、矛盾调解员。清洁岗中部分组员没有安排固定劳动任务，致使组员有脱岗现象；劳动成果没有验收环节，出现完成一半就离开的情况。

2. 更新班级"自运转"模式

完成"劳动岗位"调查表（见附件1），统计学生对劳动岗位设计的认可情况。利用班会课反馈调查情况，组织学生交流岗位撤销、合并和更换的意见，汇总意见后精简劳动岗位的数量。撤销后的岗位变为"自主岗"，由班级成员自主完成，并汇报给当日的值日班长，以评优形式记录下来，以奖励其积极性。

【设计意图】小学生的能力有限，复杂的组织管理令他们无力招架。根据三年级劳动小岗位的实施情况，征询学生意见，共同商议撤销华而不实的"假岗位"，让8人的值日小组保留更多精力，踏踏实实做好"真岗位"，为班级"自运转"切切实实出把力气。增加"自主岗"，鼓励所有同学自主地为班级做好事、做实事。

环节二：深耕细作，笃行致远

1. 明细职责是"自运转"的前提

确定下来的劳动岗位，可分为管理岗、服务岗和自主岗。带领学生一起制定岗位细则，明确该岗位的职能和评价手段，确保组员在履行岗位职责时有效、有质。

2. 有效组织是"自运转"的保障

5名值日班长竞聘上岗，8人值日小组由值日班长和组员双向选择组成。精简后的劳动岗位共5个：体温监控员、晨读管理员、纪律监督员、午餐服务员和卫生管理员，每个岗位聘任组员2名，组员自愿选择上岗。每个岗位从班集体中聘任一名"岗长"，负责岗位前培训、劳动技能的教授和劳动任务落实的监督。值日班长负责每周一天的班级管理,劳动岗长负责每天该岗位的劳动实施,两个职位纵横合力,共同致力于"自运转"班集体的实现。

【设计意图】只有细化岗位职责,才能让学生明明白白履职,并得到相应的肯定评价。增设劳动岗位"岗长"一职,为能力弱的学生提供了帮助,增强了其完成劳动任务的信心。劳动岗长与值日班长的双向评价,保障了劳动效果呈现度,为"自运转"班级集体建设保驾护航。

环节三:举一反三,全面发展

1. 岗位轮换是"自运转"的助力

岗位轮换是提升学生适应力的关键。可在一月内根据组员摘星的颗数来决定轮换的安排,摘得10颗以上星数的优秀组员获得组内轮换的资格,挑选自己希望轮换的岗位。值日班长和劳动岗长根据组内学生的情况,可以安排轮岗或继续该岗位的培训巩固。摘得12颗星的组员还可以申请聘任劳动岗长一职,指导其他学生完成劳动任务。每月摘星数量不累计到下个月使用,鼓励学生每天以高标准要求自己完成劳动任务,获得较高的劳动评价。同时以通关打卡的形式来激励优秀的组员自主更换劳动岗位,5个管理岗位和4个服务岗位在一年内全部通关者,颁发"劳动小达人"等称号。

2. 家庭岗位是"自运转"的提升

居家生活中,家长主动教授孩子家务劳动的技能,为孩子的独立自强打下基础,也为孩子更好地完成学校劳动任务助力。模仿班级劳动小岗位的设置,学生和家长在家可以一起设置家庭劳动岗位,督促学生巩固家务劳动能力,培养他们参与家务劳动的意识。建议家长制定正向引导评价策略(见附件2),提高孩子参与家务劳动的热情。

【设计意图】劳动技能贵在学以致用,校内班级劳动岗位非常有限,鼓励学生在家习得家务劳动技巧和回家巩固劳动方法,并在家、校,甚至社区等劳动场域不断实践。在劳动中充分发挥以劳树德、以劳增智、以劳强体、以劳育美功能,为祖国培养优秀人才。

六、活动反思

劳动岗位系列活动的实施,为班级的管理增添了动力。随着劳动小岗位的缩减、岗长的设立、岗位制度的明晰,值日生在值日班长的带领下有条不紊地完成当天劳动任务。班主任管理和培训岗长、值日班长,岗长和值日班长管理和组织值日生,值日生管理和评价其他学生,其他学生监督班主任、岗长、值日班长和值日生的管理,闭环的管理体系充分体现了班级管理的科学性和公正性。班级优化大师评价系统的使用,使岗长的评价得以量化呈现,各小组评比客观公正,良性竞争的氛围为班级管理赋能,团结友善的班风更加浓厚。以争优为目标的评价标准为特殊学生导行,班风、学风也有了很大的改观,得到任课教师的夸奖。家校沟通也在学校和家庭的双向互评中得到增强,家长对班级管理与学生劳动养成的认可,为优秀班集体的建设提供了强大的动力。劳动小岗位有效"转"起来,班级"自运转"逐渐形成,学生的班级管理和自我管理能力得到增强,一切都在往好的方向发展。班级小岗位建设不可能一蹴而就,其中班级轮岗制度需要在值日生胜任小岗位的基础上慢慢提上日程,具体细则要在岗位运转过程中再逐步落实。班主任则要牢记,以生为本的班级管理永远处于进行状态,务实创新是永恒的追求。

附件1：

"劳动岗位"调查表

请在符合情况的表格里打"√"。（可以多项选择）

选项	空气清新员	节能环保员	体温监控员	晨读带领员	预备带领员	安全保障员	课前提醒员	黑板维护员	卫生监督员	午餐服务员	纪律观察员	橱柜整理员	矛盾调解员
保留													
撤销													
合并													

附件2：

学生劳动习惯养成表

评价细则		评价主体（优秀,良好,合格,需努力）			
		自评	互评	师评	其他评价
学生劳动态度	主动参与家中各项劳动				
学生劳动过程	认真完成各项劳动任务				
学生劳动创新力	劳动过程中能提出自己的问题,并想办法解决				
合作与交流能力	在劳动过程中能积极参与各项合作活动,并与家长积极交流				

领航成长,劳动榜样在身边

上海师范大学附属金山龙航小学　金辉召

一、活动背景

劳动教育承担着提高国民素质的神圣使命,对国民幸福指数的提高有着重要影响,对每一个人的发展具有深刻意义。劳动教育作为"五育"之一,其发展现状是影响我国教育发展水平的重要因素。

《义务教育劳动课程标准(2022年版)》指出,在小学5—6年级段,要认识劳动者是国家的主人,"三百六十行,行行出状元",体会普通劳动者的光荣与伟大。初步树立劳动最光荣、劳动最崇高、劳动最伟大、劳动最美丽的观念。

基于此,我融合了我们班"情感有序,序中生情"的育人理念,结合将班集体建设成温暖的"家"的带班初心,以家长、社区资源为基础,设计了"领航成长,劳动榜样在身边"的系列劳动教育活动。

二、活动对象

五年级学生。

三、教育目标

发现身边的优秀劳动者,知道劳动者是国家的主人,明白"三百六十行,行行出状元",辛勤劳动能建设更好的祖国。

感受身边劳动者的辛勤付出,体会普通劳动者的光荣与伟大,初步树立劳动最崇高、劳动最美丽的观念,为今后的成长埋下劳动的种子。

积极参加社区环保、公共卫生维护等力所能及的公益劳动,进一步体验新技术支持下的现代服务业劳动,提高关爱他人、积极参与社区建设的能力。

四、活动准备

教师与家长:准备主题班会课的相关工作,安排社区公益劳动体验场所、职业劳动体验场所。

学生:拍摄照片、视频,收集相关观察情况并记录,完成任务单。

五、实施过程

活动一:讲一讲,劳动榜样在班级

1. 布置观察任务,下发观察任务单

学生寻找班级中的劳动榜样,并记录劳动榜样的突出成果。

2. 开展主题班会课,讲一讲班级中的劳动榜样

在主题班会课中,交流观察成果,分享班级中劳动榜样的故事,总结班级劳动榜样所拥有的品质。

【设计意图】通过课前的任务单,引导学生去寻找班级中的劳动

榜样,讲一讲他们的故事,感受身边的劳动榜样所蕴含的劳动品质。

活动二:寻一寻,劳动榜样在身边

1. 找寻身边劳动榜样

(1) 找寻家庭中的劳动榜样。

(2) 找寻社会中的劳动榜样。

学生在家庭和社会环境中寻找劳动的榜样,记录他们的劳动日常,可以通过摄影、绘画、文字等方式记录。

2. 赞美身边的劳动榜样

以学生自主班会形式,开展身边劳动榜样的赞美活动。可以通过演一演感人劳动故事、评一评最美劳动瞬间、家长分享劳动感悟等形式设计实施。

【设计意图】拍摄学校之外的劳动榜样,可以是社区中的,也可以是自己的亲人。去记录他们的劳动瞬间,收集素材,自主组织劳动榜样赞美活动。在自主活动中,感受他们身上的劳动精神。

活动三:跟一跟,家长榜样在劳动

1. 爸爸妈妈的职业劳动

(1) 交流分享爸爸妈妈的职业。

(2) 归纳爸爸妈妈的职业,发现他们为社会发展所做的贡献。

2. 跟着爸爸妈妈一起劳动

(1) 实践场所一:派出所。

感受为人民服务的劳动过程和服务精神。

(2) 实践场所二:消防站。

在消防站中,观摩消防员的劳动过程,体验消防员的劳动工作,感受消防员的光荣与伟大。

(3) 实践场所三:园林所。

在园林所中,体验园林工作者的辛劳,体会普通劳动者的艰辛。

【设计意图】通过几位家长的协助,依托社会资源,组织学生开展现实劳动场所中的劳动观摩、劳动体验,体会普通劳动者的光荣与伟大,树立劳动最崇高、劳动最美丽的观念。

活动四:做一做,我们劳动在社区

1. 社区岗位招聘计划

社区工作人员入班级,开展学生社区岗位招聘。

2. 我们劳动在社区(暑假期间)

学生分小组在社区中进行公益劳动实践活动(在假期中,劳动实践为期两个星期到一个月)。

【设计意图】我们班级的学生基本集中在学校附近的社区,可以依托社区资源,通过力所能及的公益劳动实践活动,使学生养成关爱他人的意识,提高积极参与社区建设的能力。

活动五:谈一谈,劳动领航我成长

整合劳动系列活动记录与感悟,设计主题班会,准备班会实施。

开展"劳动领航我成长"的主题班会课,总结系列活动,升华活动感悟。

【设计意图】班级以主题班会的形式,总结系列活动中对职业劳动的感悟和对社区公益劳动的感受,进一步浸润、升华劳动教育系列活动的成果。

六、预期效果

本次劳动系列活动基于小学高年级的劳动教育目标设计,意图让学生从班级中的榜样出发,去总结身边劳动榜样的品质,再把寻找劳动榜样的目光辐射到家庭与社会,感受劳动精神与劳动价值。依托家长资源进行社会代表职业的劳动过程观摩与体验,感受劳动的艰辛，树立劳动最光荣、劳动最伟大、劳动最崇高、劳动最美丽的价值观。通过假期中的社区公益劳动实践，学生在重复劳动中，进一步体验劳动的辛苦，培养对普通劳动者的敬佩之情。最后以主题班会的形式进行活动总结，初步形成爱岗敬业、乐于奉献的精神，为将来的劳动领航成长打下基础。

知"竹"常乐 "竹"以致用

上海市奉贤区星火学校 路青眯

一、活动背景

　　劳动教育的重要目的是让孩子有幸福生活的能力。小学低段的学生劳动实践机会较少,劳动技能知识缺乏,尤其很多学生是独生子女,劳动教育被软化。为了改变这一现状,我们教师应该起到桥梁作用,与家长携手,引导学生从小认识劳动的意义,逐步培养劳动观念,养成良好劳动习惯。因此,根据本班班级文化特色,特开展"知'竹'常乐,'竹'以致用"系列活动,旨在通过家校合作,让学生在活动中了解班级文化内涵,学习简单的劳动技能,懂得自己的幸福生活要靠劳动创造。

二、活动对象

　　一年级学生。

三、活动目标

　　通过寻竹、绘竹、制竹,深入了解竹子,尝试学会用竹作品美化环境,将班级特色文化注入心田。

在老师们的指导下和家长们的扶持下,学习清洗竹制品,培养护竹意识,增强劳动意识。

通过与家长共同烹饪、装饰,增进亲子关系的融洽,促进家庭和谐,感受幸福美好的生活需要通过自己的劳动来创造。

四、活动准备

与家长和相关科任老师提前沟通,准备好相应的竹材。
收集活动过程中的照片、视频等材料。

五、实施过程

环节一:"竹"影随行

1. 活动:微笑觅"竹"

通过参观校园竹林,初步认识竹子,在竹林前留下班级"全家福"。在父母的协助下,通过查阅资料了解不同种类竹子的外形特征及生存环境,走进社区、公园等实践场所,和父母一起寻找自己身边的竹子,辨别种类,并与之合影,留下最美笑容,开展家庭竹子对对碰活动。最后根据寻找到的竹子种类数量,评选出5个"觅竹小达人"。

2. 活动:妙手绘"竹"

在前期觅"竹"的基础上,在美术老师的指导下,绘制各自眼中的竹子,同时发挥想象,制作完成创意"竹"图,在绘制与评价中,提升学生的审美能力。通过学生及科任老师的民主投票,评选出10幅优秀作品,用于布置教室墙面。

【设计意图】学生们知道竹子,但是仅停留于最基础、最表面的了解,对于竹子的特性、种类、生存条件等不是很清楚。通过亲子寻竹活动,加深学生对竹子的了解;动手画竹子,让竹子进驻学生心田,同时懂得班级文化环境布置需要我们自己创造。

环节二:知"竹"常乐

1. 活动:"竹"音缭绕

从古到今,由于竹的结构加之生长的普遍,与我国的文化艺术结下了不解之缘,用竹制成的乐器非常多。携手音乐老师,带领学生认识竹笛、葫芦丝、竹笙等与竹相关的乐器,并欣赏这些乐器演奏出的乐曲,感受竹子带来的音乐之美。同时以"竹笛"为例,学习清洗和保养方法。

2. 活动:"竹"器纷呈

在活动一的基础上,寻找家中其他用竹子制作的物品器具,体会竹子的贡献之大。向父母长辈学习所寻竹器的清洁保养方式,向大家进行讲解,增加爱竹意识。录制清洁、保养竹器的操作视频,评选"清洁小贤竹"。

【设计意图】通过向老师和家人学习清洁和保养竹器的技能和本领,在互动体验中,深切感受劳动的不易。通过生活化的学习与锻炼,不仅可以提升学生的语言表达能力和综合学习能力,而且能让学生感受劳动创造快乐,激发出劳动自主性,争做生活小主人。

环节三:"竹"以致用

1. 活动:"笋"指美味

竹子在不同时期的用途不同,每年的4、5月份是发笋季节,在竹园里,遍地都是破土而出的竹笋,这些竹笋肉质细腻,适合和其他食材一起烹饪出美味的竹笋菜肴。在父母的帮助与引导下,学生参与购笋,学习剥笋,尝试洗笋,从小培养热爱劳动的优良品格。仔细观察父母烹饪竹笋菜肴的过程,在品尝美味的竹笋美食之余,感受竹子的用途之大。

2. 活动:"竹"思妙想

在活动一的基础上,了解竹子不同部位的用途。发挥想象,和父母一起利用竹子的不同部位进行插花设计,美化自己的家庭环境。

【设计意图】竹子的用途很广泛,由于一年级学生年龄小,所以主要通过亲子合作完成竹笋美食,让学生体验美食的来之不易,感受日常家务劳动的艰辛。通过竹插花设计制作,懂得温馨的家庭氛围需要自己付出劳动,从而增强学生的劳动意识及为人民服务的意识。

六、预期效果

通过这一系列的活动,竹子已经深入学生的内心。在家长和教师的共同合作指引下,学生们尝试自己动手,感受劳动不易之余,更感受到劳动所带来的快乐与美好,产生了劳动兴趣,增强了劳动意识。后续可以根据学生年龄的变化及年段劳动教育目标,结合班级文化特色,开展更丰富的活动,让学生用劳动创造美好生活,从小爱劳动,会劳动。

我是洗衣小能手

上海市松江区中山第二小学　陈芳

一、活动背景

  劳动教育是中国特色社会主义教育制度的重要内容,是全面发展教育体系的重要组成部分,对全面贯彻党的教育方针,落实立德树人的根本任务,培养德、智、体、美、劳全面发展的社会主义建设者和接班人具有重要的意义。我们倡导学生从小知道劳动的意义,形成正确的劳动价值观,具备一定的劳动技能,养成良好的劳动习惯。

  四年级学生已经逐步养成一定的劳动习惯,但是在劳动技能方面还是比较欠缺。学生在学校能够参与劳动,每人都有劳动小岗位,但还有很大一部分同学在家很少干家务,有的不会干,有的家长不让干。《义务教育劳动课程标准(2022年版)》对第二学段(3—4年级)有这样一些要求,即"初步形成热爱劳动的态度""认识常用家用器具,掌握家用小器具的使用方法""主动分担家务""初步学会简单的家务劳动技能,形成生活自理能力"等。

  结合班级"水文化"的特色,我决定开展一些与学校生活融合、与家庭生活衔接的劳动教育活动。基于以上情况,我设计"我是洗衣小能手"活动,通过启发和帮助学生掌握洗衣的劳动技能,旨在增强学生的劳动意识,提高学生的家庭责任感,养成良好的劳动习惯。

二、活动目标

借助视频,了解把衣服清洗干净的步骤及标准,初步学会洗衣服的劳动技能。

掌握洗衣机的操作方法以及一些清除衣服上的污渍的方法,培养解决问题的良好劳动心态,感受家务劳动带来的快乐。

能为自己和家人服务,初步养成良好的劳动习惯,人人争做洗衣小能手。

三、活动准备

设计活动调查表,统计学生是否在家洗衣服、是否会运用洗衣机等情况。

准备洗衣机使用方法的视频、手洗衣服的视频。

四、活动过程

环节一:我的衣服我来洗

1. 活动:我的衣服谁在洗

连续观察一周并完成一份调查表,统计每天家里的衣服一般是谁在洗(见附件1)。

2. 活动:我的衣服我来洗

了解家长洗衣所用的时间,谈谈观察后的感受,感受洗衣的劳累,体会家长的辛苦。引导学生知晓我们平时可以自己的衣服自己洗,帮助家长分担家务。

【设计意图】通过观察家里每天是谁在洗衣服并完成调查表,学生体会家长的辛苦,懂得自己可以帮家长分担家务,为下阶段活动的开展作铺垫。

环节二:洗衣步骤我知晓

1. 活动:洗衣机我会用

观看洗衣机的使用方法视频或在家长的指导下学习洗衣机的使用,知道用洗衣机洗衣服的要领,并独自实践操作至少三次。

洗衣机洗衣服的要领:衣服按颜色分类,倒适量洗衣液,选择合适的洗衣时长和洗衣方式,待洗衣机完全停止运行再打开洗衣机,晾衣服时要把衣服拉平整等。

2. 活动:手洗衣服我能行

观看手洗衣服的讲解视频或在家长的指导下手洗衣服,知道手洗衣服的要领,并独自实践操作至少三次。

手洗衣服的要领:衣服按颜色分类泡在不同的盆里;倒适量洗衣液后浸泡一段时间;搓洗衣服,在污渍处重点揉搓;洗好衣服后捞出,换清水反复清洗;拧干水,晾衣服时要把衣服拉平整等。

【设计意图】随着科技的发展,现在很多家庭都是用洗衣机洗衣服,让学生熟练掌握操作洗衣机的方法很有必要。当然,手洗衣服的本领依然是必须掌握的劳动技能之一。通过让学生观看视频学习要领,再自己实践操作,巩固劳动方法,从而获得劳动技能。

环节三:洗衣窍门我分享

1. 活动:交流遇到的问题

交流在运用洗衣机洗衣服和手洗衣服时遇到的问题,汇总学生的共性问题:污渍洗不干净,手洗衣服不容易清洗干净,衣服洗皱了等。

2. 活动:洗衣窍门我分享

针对共性问题,请有好办法的学生或家长分享窍门,请家长分享洗衣的注意事项。

3. 活动:掌握窍门再洗衣

运用同学和家长分享的窍门,针对自己洗衣时出现的问题进行实践操作,验证窍门是否对自己有帮助。

【设计意图】洗衣的过程中会遇到一些问题,通过互相学习,学生知道在学习劳动技能的过程中碰到困难要积极想办法,努力去解决,从而培养学生良好的劳动心态。

环节四:坚持洗衣我能行

1. 活动:洗衣过程我来秀

播放学生洗衣服的过程视频,选出"洗衣小能手"。通过榜样力量,促进学生的后续改进。

2. 活动:洗衣心得我分享

分享洗衣服的心得,体会劳动的辛苦和劳动带来的快乐。

3. 活动:坚持洗衣我能行

出示评价表(见附件2),养成坚持帮家长分担洗衣任务的好习惯。

【设计意图】秀一秀学生洗衣服的过程,分享洗衣服的心得,学生体会通过自己的劳动让衣服变干净,既能学到洗衣服的劳动本领,也帮家长分担家务,还能带来快乐。通过评价表把活动一直延伸下去,人人争做"洗衣小能手"。

五、活动反思

"我是洗衣小能手"一系列的活动收到了很不错的效果。许多家长表示,之前孩子不关注洗衣机怎么使用、手洗衣服要花多长时间,不能很好地体会父母的辛劳,但通过亲身参与后,孩子愿意主动参与洗衣晾衣,也初步掌握了一些洗衣的小技能。从家长拍来的视频和照片看得出,学生都乐意参与这项活动,从初次的笨拙到后来的渐渐熟练,学生能够独立操作洗衣机,也能洗干净自己的衣袜。有学生感叹道:"现在我玩的时候都特别注意,尽量不把衣服弄太脏,因为手洗衣服真的很不容易。"

  此次活动,帮助学生获得了洗衣的劳动技能,提高了他们主动参与家务劳动的意识,使他们懂得了替大人分担家务,并在日常生活中养成洗衣的良好习惯。在劳动的过程中,学生能体会家长劳动的辛苦,也能感受劳动带给自己的成就感,提高了他们的家庭责任感。

附件1:

衣服清洗小调查

1. 你的衣服一般是谁洗?＿＿＿＿＿＿＿＿＿＿＿
2. 你们家每天大约花多长时间洗衣服?＿＿＿＿＿＿＿＿＿＿＿
3. 你们家一般选择什么方式洗每天的衣服?＿＿＿＿＿
 A. 洗衣机
 B. 手洗
 C. 有的用洗衣机洗,有的手洗
 D. 送出去干洗
4. 你会独立使用洗衣机洗衣服吗?＿＿＿＿＿
 A. 会
 B. 不会
5. 你尝试洗过衣服吗?你有什么感受?
＿＿＿＿＿＿＿＿＿＿＿＿＿＿＿＿＿＿＿＿＿＿＿＿＿＿＿

附件2：

"我是洗衣小能手"评价表

内容	评价要求	老师评价 ★★★★★	自我评价 ★★★★★	同伴评价 ★★★★★	家长评价 ★★★★★
劳动态度	1. 能主动跟着老师、伙伴一起参加活动 2. 在活动实践过程中，兴趣浓厚，主动表现				
劳动意识	1. 在活动过程中认真倾听家长、老师的要求，并能主动合作 2. 能主动交流，在活动中有收获				
劳动技能	1. 在劳动过程中，自觉完成任务，学会洗衣服 2. 能在活动中提升学生的动手、动脑能力				
劳动品质	1. 在活动过程中进一步激发学生热爱劳动的情感 2. 感受劳动最光荣、劳动最快乐				

第四章　主题班会搭建展示平台：特色彰显

主题班会要围绕学生共同关心的问题，契合学生发展需求，使班级学生共同参与，融教育性、知识性、趣味性于一体，成为学生提高劳动技能和意识的成长平台，彰显劳动特色。

慧收纳,悦生活

上海市浦东新区明珠临港小学　钟艳

一、背景分析

1. 学情分析

基于对三年级学生的调查和访谈,发现这个年级的学生已能初步掌握整理书包和桌柜的能力,但是对于自己房间衣物的收纳不甚了解。习惯了来自长辈的包办,三年级的学生长期缺少锻炼的机会,更不知收纳从何入手。而学生房间内的物品数量多、品类多,而且部分物品需要定期清理,这些众多因素造成整理难度较大的境况。所以学生需要在这堂课中学习收纳方法,总结收纳经验,以此提高收纳能力,提升劳动能力。

2. 主题解析

在班级特色岗位的建设中,我们班级特设"芦根岗",这个部门又称服务部,部门职能就是要求自己的事情自己做,积极为班级服务。因此小芦芽们需先提高自身的自主性和独立性,这是一个先决条件。整理是一种思维,收纳是呈现方式。收纳整理能力其实是一个人思考能力、逻辑能力和统筹能力的综合体现。收纳能够培养学生的劳动实践能力,训练学生做事的条理性,提高生活学习效率。掌握收纳技能是孩子成长中非常重要的内容。结合班规的设计理念:芦根——锲而不舍、脚踏实地,希望学生从自我收纳整理开始,学习收纳的劳动技巧,锻炼动手能力,增强劳动观念,提高劳动能力,从而为班级服务,为班级的建设提前做好自身能力的准备。

二、班会目标

1. 认知目标

知道收纳的含义和收纳师职业,体会收纳的意义,促进劳动意识养成。

2. 情感目标

通过学习收纳的劳动技能,看到整洁的房间,明白劳动创造美好生活。

3. 行为目标

学会收纳房间物品的四步法,智慧劳动,总结收纳经验,培养劳动技能。

三、班会准备

1. 教师准备

(1) 教师课前调查,了解情况。

(2) 教师收集视频资料。

2. 学生准备

学生完成房间设计。

四、班会过程

环节一:对比房间我知晓

1. 对比小朋友的房间

(1) 出示 PPT:两张房间图片(一张凌乱、一张整洁)。

师:小朋友们,这是两位小伙伴的房间,你更喜欢哪一个房间呢?
生1:第一幅,干净整洁的房间。
师:我们都更喜欢干净整洁的房间。你们有自己动手整理过自己的房间吗?

2. 我的烦恼

师:在整理房间的过程中,你会怎么整理呢?
生1:我会对物品进行分类。
生2:我会把脏的地方清理干净。
师:你们很会整理收纳,那今天我们一起学习更多收纳技巧,让房间更加美丽,让这片天地更加趣味无穷!

【设计意图】通过两个房间的对比,引起学生对干净整洁房间的喜爱之情,进而激发学生对整理收纳的兴趣,感受劳动带来的美好生活,揭示本次班会主题课的题目。

环节二:智慧收纳我了解

1. 了解收纳,走近收纳师

引出收纳师这个职业。

师:收纳是通过整理并合理放置的一种劳动方式,让生活中的物品进行有序地排列以便于拿取,因此它能让生活变得更加便利。在社会中,有一些人非常擅长对物品进行归类和摆放,有自己的一套收纳方法,这些人便是收纳师。

2. 观看视频,小组讨论

(1) 观看收纳师的工作视频,找出收纳方法。

师:收纳师是怎么完成收纳的呢?他们的收纳方法到底是什么呢?请同学们带着问题一边思考,一边观看视频,找出方法。

(2) 小组讨论收纳方法。

师:请同学们小组讨论,把你们找到的方法互相分享一下。
生1:收纳师使用收纳盒、收纳袋来放置。

生2：收纳师会把物品进行归类。

（3）总结四步法。

师：同学们的观察非常细致，其实收纳也有方法，那就是四步法：清、分、收、归。

【设计意图】通过观看收纳师的工作视频，学生对收纳师的工作内容有进一步的了解。在小组讨论中，引导学生找出收纳的技巧。

环节三：四步技巧我来学

师：我们已经看完了视频，那你们能说一说这四步法具体是怎么做的吗？请同学们四人一组讨论讨论。

生1：我们小组把房间里的东西分成了三大类：衣物、日用品和玩具。

生2：我们小组把房间里的东西分成了四大类：衣物、常用的文具、日用品和玩具。

生3：我们小组把房间里的东西分成了三大类：常用的物品、不常用的物品和生活必需品。

师：你们有不同的归类原则，大家按照合理的归类，都是没有问题的。在归类之前的第一步是清，那清是具体做什么呢？

生1：我知道是清理需要用的物品和舍弃一些不用的物品。

生2：清也可以是对物品进行洗漱和清理干净，比如物品脏，我就用抹布擦干净，如果玩具坏了，我就修一修。

生3：还有一些穿不下的衣服和鞋子，洗干净后可以给需要的小朋友。

师：你们说得都很棒，清就是对物品进行清理和舍弃，对物品进行初步筛选，把需要的物品留下，进行后面的分类。

师：第三步是：归，有同学知道怎么进行归类吗？

生1：衣物比较多，所以我选择大型收纳箱。

生2：文具比较常用，我选择长条形的收纳盒放进抽屉里。

生3：玩具多且杂，我选择把它们放进不同的透明收纳柜里，方便向小伙伴展示！

师：选择合适的放置收纳盒也是非常重要的，它能让空间更加井然有序。最后大家不要忘记了，为了可以更快找到物品，我们可以使用贴标签的方法，让物品的呈现更加清晰。

师：最后一步是什么呢？

生1：最后一步就是，当我们整理好了之后，在以后的生活中要把物品放回原处，不要破坏或者乱放物品。

师：是呀！今天辛辛苦苦整理好的劳动成果，需要你们自己在日后的生活中去维持，可不要为了一时的懒惰造成收纳成果的失败。

【设计意图】学习四个技巧：清、分、收、归，一步步引导学生明白四个步骤的具体内容和实施方法，知道挑选并合理使用收纳工具，养成整理收纳的好习惯，培养劳动意识，提高劳动能力。

环节四：收纳美化我设计

师：通过收纳可以让物品有序地摆放，让房间看起来十分整洁。在学校里，我们通过芦苇剪贴画装扮教室，让教室愈加美丽。我们也可以让房间变得更加美丽和有趣呢！

1. 美化自己房间

师：如果你是房间的设计师，你会怎样装扮自己的房间呢？

生1：我会把毛绒玩具放在床上，这样我的床看上去就会更加温馨。

生2：我想把我的小玩具放在飘窗的窗台上，当作装饰品布置我的房间。

师：你们的想法真是太有创意了！在房间中通过放置物品对房间进行装饰和美化，让它成为你的专属空间，这样的房间简直太棒了，老师也想去参观呢！

2. 学生完成房间美化设计

师：小设计师们，请你们把房间的设计尝试画下来，快点打造自己的天地吧!

【设计意图】在最后一个环节中,创立设计房间的情景,让学生在设计中使用收纳技巧并美化自己的房间,同时提升学生在劳动中的审美能力。

结束语

师:通过今天的学习,你有什么收获?

生1:我认识到了收纳也要讲究方法,要分步骤实施。

生2:原来,我们还可以自己设计房间。

生3:自己动手,很有成就感。

师:是呀,通过智慧劳动,我们不仅掌握了收纳技能,还能让我们的生活变得更加有趣。通过学习收纳的劳动技能,为自己创造更舒适、便利的生活环境,为生活带来更多的幸福感!这真是劳动创造美好生活呀!

五、板书设计

慧收纳,悦生活
四步法:清、分、收、归
劳动创造美好生活

六、班会后延伸教育活动设计

收纳整理房间的劳动实践需要家长一同参与进来,在活动评价中加入家长评价。让家长成为孩子的生活指导者,并在家庭中不断巩固劳动技能,这才能让收纳整理真正成为孩子生活技能的一部分,在日常生活中不停锻炼收纳能力,不断提高劳动能力。

书包整理我能行

上海市松江区新闵学校　程仁慧

一、背景分析

1. 主题分析

自理能力是学生成长中较为重要的教育内容。现在的学生,大多是父母的"掌上明珠",父母包办使得学生劳动机会较少,劳动能力较弱。《关于全面加强新时代大中小学劳动教育的意见》指出:小学低年级要注重围绕劳动意识的启蒙,让学生学习日常生活自理,感知劳动乐趣,知道人人都要劳动。《义务教育劳动课程标准(2022年版)》指出:第一学段(1—2年级)学生要懂得人人都要劳动的道理,具有主动劳动积极参加劳动的愿望。能完成比较简单的个人物品整理,形成自己的事情自己做的意识。

2. 学情分析

笔者通过对所在一(5)班的学生的观察,发现班级大部分学生书包内部混乱无序,书包整理能力较弱。通过观察交流,我归纳了以下原因:学生的主动劳动意识较为薄弱。家人经常代为整理,学生自理能力无法得到锻炼和提升。学生尚未掌握整理书包的方法,整理效率不高。学生对于学习用品不够珍惜,不能主动、及时地整理自己的书包。针对以上情况,我设计了一节关于整理书包的主题班会课,以期通过方法指导与实践操作,来帮助学生养成自己整理书包的意识,提升整理书包的能力。

二、班会目标

1. 认知目标

通过观察与交流,发现书包整理方面存在的问题,了解自己整理书包的重要性,探讨整理书包的好方法。

2. 情感目标

通过交流书包的作用,激发主动爱护、整理书包的热情,主动养成自己的书包自己整理的意识与习惯。

3. 行为目标

通过榜样示范与实践操作,学会将书包里物品进行分类,掌握整理书包的好方法,争做小小收纳师。

三、班会准备

1. 教师准备

整理书包的相关视频、照片,课件,课前活动单。

2. 学生准备

观察、画一画自己的小书包。

四、班会过程

环节一:认识我的小书包

1. 创设情境,激趣导入

师:今天,我们的课堂上来了一位好朋友,他是谁呢?

播放动画音频:大家好,我是你们的好伙伴——小书包,日常学习中,你们可少不了我的帮助。你们瞧,我可以帮你们装书本、装作业、餐具、文具统统都收纳在我的肚子里。你们喜欢我吗?

2. 说一说:介绍我的小书包

师:课前老师让大家观察自己的小书包,并画一画,现在你能介绍一下你画的小书包吗?你喜欢你的小书包吗?你是怎样遇到它的呢?快向大家介绍一下你的书包朋友吧!

3. 晒一晒:我的书包里有什么

(1)学生交流,介绍书包里的小宝贝。

(2)小结:书包是我们的好朋友,它能帮助我们收纳文具、餐具、书本作业,每天陪伴我们上学放学,我们要好好对待它。

(3)唱读儿歌,和书包朋友问个好。

儿歌:我的小书包,宝贝真不少。

　　　　课本作业本,铅笔转笔刀。

　　　　上课静悄悄,下课不乱跑。

　　　　天天起得早,陪我去学校。

【设计意图】一年级的学生认知水平有限,通过创设情境的方式,让学生画一画,说一说,交流自己书包的来历和书包里的物品,从而明确书包在自己学习生活中的作用,加深学生对书包的情感,从而引出爱护小书包的意识。

环节二:小小书包有烦恼

1. 听一听:书包烦恼真不少

(1)播放书包哭泣的音频:呜呜,我是小书包,我的小主人总是不爱惜我。他们不是往我的肚子里乱塞东西,就是不给我的拉链嘴巴拉上。小朋友们,你们有什么好办法帮帮我吗?

(2)交流小书包的烦恼:物品杂乱,不整理不收纳;小主人不爱惜,总是不拉拉链;书包表面乱涂乱画,脏脏的。

2. 小组讨论,解决烦恼有办法

师:同学们,面对小书包的烦恼,你们有什么好办法帮帮他呢?怎么才能让小书包开心起来?

3. 交流好办法

给书包的物品分类存放;书包拉链随时拉上;定期清洁书包外表内部,保持书包的干净整洁。

【设计意图】通过"小书包"的哭泣,激发学生探究的兴趣。通过展示书包日常杂乱的状态,引导学生懂得书包需要被悉心对待,让它变得整齐、整洁,从而为后续分享和梳理整理书包的方法做铺垫。

环节三:书包整理有方法

师:同学们,那我们日常有哪些收拾书包的好妙招呢?快点分享给小书包的主人吧!

1. 播放学生整理书包的小视频。
2. 交流收拾书包的步骤(见表1)。

步骤一:分分类。

师提问:物品那么多,该怎么分类呢?

交流明示:可以分为书本类、作业类、文具类、生活用品类。

师提问:老师给大家准备了一个材料包,里面都是我们书包里常见的小宝贝,你们小组合作,快速将材料包里的物品分分类吧!

师提问:为什么要将这些物品分类?还有哪些好方法?

师小结:先给物品分分组,查找使用更方便。

步骤二:借帮手。

师提问:为什么把物品分类后,要放进文件袋?

师提问:文件袋成了我们的好帮手,你还可以找谁做帮手呢?

交流明示:文具放进文具盒,餐具纸巾放进餐包。

师提问:文件袋怎样放进书包呢?

师小结:所有物品按一定顺序摆放到书包的各个位置,既有秩序又美观。

步骤三:查查看,勿丢失。

师提问:书包整理得怎么样呀?可以采取怎么样的方法检查一下呀?

师小结:整理好后查查看,确保物品带齐全,拉好拉链更美观。

表1 书包整理具体步骤和做法

整理步骤	具体做法	评价
分分类	能将书本、文具、生活用品分好类别	
借帮手	能借助文件袋、文具盒将物品收纳整齐	
摆整齐	能将物品按一定方向、顺序摆放在书包的各个位置	
查查看	能及时检查是否有物品遗漏	

【设计意图】这一环节,通过展示小榜样整理书包的视频,让学生探究并分享自己整理书包的小妙招,激发整理书包的兴趣。再通过小组合作说一说、分分类等方式,让学生开动脑筋,在实践中学会物品分类与整理的技能。

环节四:书包整理我能行

说一说:小朋友们看清楚整理步骤了吗?

做一做:整理自己的小书包。

评一评:以小组为单位,推荐出最佳书包整理小明星。

通过课件展示优秀整理成果。

交流感受:对比整理前和整理后的书包,你有什么感受?

师:学会整理,通过自己的劳动,让我们的书包更整齐、整洁了,心情也更加愉悦!

【设计意图】有了前期方法的指导,这一环节主要通过动手操作让学生真正掌握整理书包的秘诀。通过小组比拼的方式,争得班级特色评价——勤劳蚁勋章,激发学生兴趣,让学生明确整理书包的方法与步骤。

环节五:争做书包收纳师

1. 辨情境

出示情境:小明很会收拾书包,但他有个勤劳的妈妈,每天帮他收拾好书包,所以小明从不操心? 小朋友,这种做法对吗?

说一说:书包整理靠自己。

2. 发起打卡

师:接下来,我们就开始为期一周的打卡活动,一周后根据打卡情况,评选出"小小整理师"。坚持打卡的同学,还可以获得"乐劳蚁代币券"哦!

出示一周打卡活动单(见表2)。

表2 一周打卡活动单

我能做到		周一	周二	周三	周四	周五
整理有方法	分分类					
	借帮手					
	摆整齐					
	查查看					
整理能坚持	独立完成					
	主动完成					
备注:如果能做到,就圈出对应的"乐劳蚁"吧! 数一数,一周结束啦,我一共获得了_____颗乐劳章。						

3. 总结

师：生活中，我们的物品都需要整理收纳，大家可以运用今天整理书包的方法，做到及时收放、分类清楚、摆放整齐。在家庭生活中，小朋友可以帮助自己和家人整理各类物品，做家庭小主人，做生活小达人。

【设计意图】生活是课堂的延伸，通过打卡的方式，组织学生将课堂上学到的方法运用到实践中，借助家长监督之力，帮助学生养成整理书包的好习惯。

五、板书设计

书包整理我能行

分分类

借帮手

摆整齐

查查看

自己的书包自己理

六、班会后延伸教育活动设计

1. 晒一晒，我的整理成果

以视频或图片的方式分享自己的整理成果。

2. 比一比，谁的速度快

借助午会课，以小组为单位，先在组内展开比赛，每组选出一名整理速度最快的组员，参加班级比赛。

清洁我在行　争当"小贤竹"

上海市奉贤区星火学校　路青睐

一、背景分析

1. 学情分析

我们班级的这一批学生独生子女较多,劳动实践机会较少,劳动技能和知识缺乏,劳动教育被软化。多数孩子意识不到幸福生活需要靠劳动去创造,这为班级管理和家庭生活带来诸多不利影响,甚至会成为孩子自立成长路上的绊脚石。

2. 主题解析

劳动教育的重要目的是让孩子有幸福生活的能力。我们教师应该起到桥梁作用,与家长携手,引导学生从小认识劳动的意义,逐步培养劳动观念,养成良好劳动习惯。《义务教育劳动课程标准(2022年版)》提出了各学段的目标,其中第一学段(1—2年级)的学生要能够完成比较简单的个人物品整理与清洗。因此,根据本班的班级文化特色,特开展"清洁我在行,争当'小贤竹'"主题班会,旨在通过家校合作,让学生在活动中学习清洁技能,养成用完东西及时清洁的习惯,学做生活的小主人,懂得自己的幸福生活靠劳动创造。

二、班会目标

1. 认知目标

通过活动，使学生掌握更多竹制品的清洁方法，了解美好的东西来自辛勤的劳动。

2. 情感目标

通过与同学们分享自己的劳动成果，竞争"小贤竹"，激发学生学习劳动技能的兴趣。

3. 行为目标

通过活动，养成用完东西后及时清洁的习惯，学做生活小主人，爱劳动、爱生活。

三、班会准备

1. 教师准备

活动调查表设计。

资料、视频收集，制作课件。

2. 学生准备

统计每周家庭成员清洁物品情况。

寻找家中竹制品，向家长请教清洗小妙招。

录制清洁竹制品视频。

四、班会过程

环节一：对比感悟，引出主题

1. 图片对比

师：老师这里有一些居家常用物品清洁前后的对比图，说说你喜欢哪一张,为什么?

学生交流。

2. 调查反馈

师:看来,大家都喜欢物品干干净净的,所以我们用完物品要及时清洁。上周,老师布置给大家一个小任务,要求大家记录一周家庭成员清洁物品的数量,现在,谁能来交流一下,在你的家庭中,谁最贤惠呢?举实例说说他们清洁了什么?怎么做的(见附件1)?

学生交流调查情况。

3. 引出主题

师:你们的家人都非常勤劳,回想自己是否在家中清洗过物品,遇到过什么问题?有何感受呢?今天我们就来交流各自清洁竹制品的小妙招,争当"小贤竹"。

【设计意图】通过图片对比及调查反馈,激发学生参与清洁劳动的想法,体会劳动所带来的美好。通过寻找家中最勤劳的人,为下阶段自己争当"清洁小'贤'竹"作铺垫。

环节二:展示竹制品,介绍小妙招

1. 晒一晒

师:前期音乐课上,大家认识了很多竹子做的乐器,在老师的引导下,学习了竹笛的清洁与保养。课后,很多同学们回去也迫不及待去寻找自己家中的竹制品,了解了其用处,谁能向大家展示一下,说一说呢?

学生上台交流展示。

2. 议一议

师:没想到,大家找到了这么多竹制品,老师有个疑问,这些竹制品用完如果不及时清洁,会有何变化呢?

学生交流。(预设:变脏、积灰、发霉、虫蛀、裂开……)

3. 说一说

师:老师发现你们带来的竹制品都保养得非常好,相信你们和家人肯定对其进行了悉心的清洁保养,谁能分享下其中的小妙招呢?

学生分享妙招。

4. 谈一谈

师:听了这些同学的交流,老师学到了很多,你觉得谁的方法说得最清楚?你们有什么收获呢?

学生交流想法。

【设计意图】通过交流各自的清洗小妙招,体会了日常劳动的艰辛,懂得用完东西后及时清洁的好处,激发学生的劳动自主性,感受劳动创造的快乐。

环节三:清洁我在行,争当"小贤竹"

1. 秀一秀

师:大家说得都不错,不过光说不实践可不行。课前,同学们都在家人的帮助下,尝试清洁了各自的竹制品,并且录制了小视频,在各小组里进行了交流介绍。

展示各组推选出来的优秀作品。

2. 评一评

师:看了这些同学的清洁示范过程,你们觉得如何呢?你最喜欢谁的分享呢?请将大家手中的熊猫徽章贴在其对应组的下面。

学生上台贴熊猫徽章。

熊猫徽章最多的前三位将获得"小贤竹"称号,颁发奖状。

3. 唱一唱

师:通过今天的学习与交流,同学们对于竹制品的清洁一定有了更深的了解。但其实,我们生活中需要清洁的物品和地方有很多,让我们一起唱响《我是清洁员》。

学生齐唱歌曲。

4. 小结

师：同学们，劳动是这个世界上最光荣的事情，我们都应该以热爱劳动为荣，不管是在家里还是在学校里，我们都应该做一些力所能及的事，从小养成爱劳动的习惯，争做一名"小贤竹"。今天的课就上到这里。

【设计意图】学生通过交流展示、现场评价等过程，不断整合、提炼，体会劳动带来的意义。同时以小组方式开展榜样式学习，呈现掌握清洁技能的不同程度。而"小贤竹"的评选，更加激发学生学习劳动技能的兴趣，真正学做生活小主人，爱劳动、爱生活（见附件2）。

五、班会后延伸教育活动设计

师：同学们，从今天开始，请大家互相鼓励，互相监督，大家都要争做"小贤竹"，在学校里维持好我们共同的家的清洁卫生；在家里，还可以成为爸爸妈妈的劳动小帮手。

1. 绘制劳动手册

结合个人喜好，自制一本劳动手册，记录每学会一项技能的精彩瞬间、个人感悟、家长评语等。

2. 制作清洁神器

结合自己学习的不同物品的清洁技能，和家长一起自制相应的清洁小神器。比一比，谁的更实用，谁的更有创意。

附件1：

家庭成员一周清洁物品情况

爸爸														
日期	月	日	月	日	月	日	月	日	月	日	月	日	月	日
数量														
妈妈														
日期	月	日	月	日	月	日	月	日	月	日	月	日	月	日
数量														
自己														
日期	月	日	月	日	月	日	月	日	月	日	月	日	月	日
数量														
其他人														
日期	月	日	月	日	月	日	月	日	月	日	月	日	月	日
数量														

评价：
谁是家里清洁物品最多的？（括号内打"√"）
爸爸（　　） 妈妈（　　） 我（　　） 其他人（　　）

思考：
你在清洗过程中，遇到什么问题？有何感受？

附件2：

寻找家中竹制品

1. 你家的竹制品有哪些？

2. 选择其中一样简单介绍其作用。

3. 向家人学习如何清洁竹制品，并录制视频。

高效劳动！你、我、他

上海师范大学附属金山龙航小学　金辉召

一、背景分析

1. 学情分析

我们班级的学生大都成绩优秀，这得益于家长们在学业上的充分重视。但是学生们在班级劳动中并没有呈现出在学习上的积极劲头，甚至一些学生还会刻意逃避班级劳动，很大一部分原因是家长在家庭中缺乏对孩子的劳动教育，认为学习成绩大于劳动培养。还有一部分学生在劳动过程中习惯一个人做，不喜欢和同学合作，认为同学总是帮倒忙。这一方面体现了学生的自我中心化现象，另一方面也体现了学生之间缺乏合作劳动的意识与能力。

2. 主题解析

《义务教育劳动课程标准（2022年版）》指出，在小学高段的劳动教育中，要培养学生在集体劳动中团结协作，提升与他人合作劳动的能力。在劳动过程中自觉遵守劳动纪律，形成诚实劳动、合法劳动的意识。同时，在以"情感有序，序中生情"为理念的班级文化建设中，培养拥有班级共建能力和集体意识的班级小主人也是重要的目标之一。因此，我设计了这节"高效劳动！你、我、他"为主题的班会课，以期学生能通过情境辨析、情景演绎等形式，认知劳动的重要性，感受团队配合劳作的必要性;同时通过讨论如何与同学配合劳动,形成全体班级学生热爱劳动、积极劳动、善于合作劳动的班级风气。

二、班会目标

1. 认知目标

通过活动知道劳动的重要性,明白合作劳动的必要性。

2. 情感目标

通过情境辨析、情景演绎等活动激发劳动的意愿,培养爱劳动、爱合作劳动的情感。

3. 行为目标

通过小组讨论、分工模拟等活动促进班级中的合作劳动,并能在今后的班级劳动实践中积极合作劳动。

三、班会准备

1. 教师准备

教师拍摄劳动情况照片。

教师设计课堂延伸任务单。

2. 学生准备

学生完成课前分组。

学生完成课前调查任务单。

四、班会过程

环节一:出动!——班级劳动调查团

师:同学们,这几天我一直听到几个同学关于我们班级的劳动情况反馈,他们还组建了一支班级劳动情况调查团,我们一起来看看他们的调查结果。

1. 交流课前任务单:班级劳动情况调查

首先,出示劳动情况照片。

师:同学们,这些是他们拍摄的一些劳动情况照片,你们观察一下,这些同学是在认真地劳动吗?

学生交流:说一说照片中的同学都在做些什么?

其次,出示班级劳动调查问卷结果。

师:其实这些情况大家在班级值日生劳动的过程中或多或少都有碰到,还记得我们课前一起做的劳动调查吗?老师统计了一下大家反馈的数据,我们一起来看一看。

数据一:劳动值日时有遇到同学玩劳动工具的情况。

数据二:劳动值日时有帮助同学完成岗位职责的情况。

数据三:劳动值日时看到不劳动的同学,自己也有不想劳动的情况。

最后,团长汇报劳动调查团调查结果。

团长上台汇报,学生交流发言。

2. 交流学校每日放学后班级卫生问题反馈情况

出示学校的班级反馈情况,学生交流感想。

出示PPT——班级劳动岗位图。

师小结:我们班级是一个温馨的大家庭,但是现在这个"家"的劳动情况不容乐观,我们其实都有自己的劳动岗位,但是这些岗位运行得并不是很好!今天就让我们一起来聊一聊如何高效劳动。

【设计意图】通过劳动调查团的形式让学生自主探究班级值日生劳动情况,从调查数据中明确现在班级劳动中存在的问题,引起学生共鸣。从学校层面的反馈了解现在的班级卫生情况,引出主题,引导学生改变现状。

环节二：执法！——班级劳动检察官

师：我们班级的值日劳动的确出现了问题，在这些问题中，有一个问题可能大家都遇到过，我们一起来看一看。

1. 情境辨析：小明眼中的劳动/小莉眼中的劳动

出示情境一：在小明的眼中，劳动其实没有学习来得重要。爸爸妈妈也是这么认为的，所以他在家里基本上不怎么做家务，就是专心学习。因此，面对学校的劳动，他也不怎么上心，在班级值日时，他看到一些同学不认真劳动，有的玩拖把，有的玩扫把，于是他也开始消极怠工，参与其中……

出示情境二：在小莉的眼中，所谓的值日劳动就是她一个人的事情，那几个同组的男生根本就是捣乱的，还不如她一个人做，虽然时间花得多一点，但是效果肯定比一群人好。所以，根本就不需要多余的人……

问题一：你觉得他/她的想法对不对？

问题二：你觉得他/她的做法会造成什么结果？

问题三：你是否也这样想过？这样做过？你能给他/她一点建议吗？

师小结：我们的班级是我们一起打造的第二个"家"，班级值日劳动是我们需要合力完成的事情，缺一不可。学习固然重要，但是劳动也非常重要；一个人的力量可能很强大，但是高效劳动更需要你、我、他！

2. 情境判断，这样做对不对？

师：班级中的劳动问题还有很多，我们一起来看一看这些情况，你是否似曾相识？让我们一起来做一做劳动检察官，一起来看看他们的行为对还是不对，如果不对，你还有什么办法呢？

出示判断：

值日时，小王作为值日组长，发现同组值日生都不认真，又怕被老师批评，只能一个人扫地、擦黑板、排桌子。

小力值日的时候总是不等大家一起走，自己认为自己的活做完了，就回家了。

小美对打扫卫生兴趣不大，所以就用作业和两个同学达成了交易，自己把作业给他们看，他们帮她做值日。

小吴和小王，本来一个是擦黑板，一个是负责第一组卫生的，但是私下说好，换着做，没有和值日组长说。值日组长让他们换回来，他们不愿意，就消极怠工。

学生交流，说出自己的观点和改正方法。

师小结：在班级值日劳动中，我们要合作劳动，不能一个人逞强，也不能想一些偷懒的办法，更不能自说自话，私自变更岗位，我们要有合作劳动的意识，通过合作让我们的"家"越来越好！

【设计意图】通过情境辨析，学生先从两种视角发现问题，提出自己的见解，再从情境判断中让学生进一步明确这些问题的本质，为下面的环节——如何用行为改变这个现象作铺垫。

环节三：改变！——班级劳动小顾问

师：同学们，我相信你们现在脑子里也一定有了很多方法，现在就让我们一起来看这样一个故事，你们能不能帮他出谋划策？他该如何组织他的组员一起合作劳动呢？

1. 情节演绎：他们不行，我一个人来！

课前准备小组上台表演劳动情节：

小陆是星期三的值日组长，但是他觉得自己的组员根本不会劳动，做出来效果很差，还不如他自己来做，所以他干脆让组员们到旁边休息，自己来做，有时候组员想帮忙，他也不乐意。

2. 情节续演：我也不行，我该怎么办？

播放音乐，小组续演：这一天，放学前上了一节书法课，桌子上、地上各个地方都有墨汁的痕迹……小陆看到了，眼前一黑，今天的卫生他一个人要做到什么时候啊!

小组上台演绎,学生交流,教师总结。

师小结:有时候一个人的力量比不上一个团队的力量,我们要有合作劳动的意识,齐心协力,才能共克难关。

【设计意图】通过课前安排的故事演绎和小组续演的方式,激发学生解决问题的意向,在活动中一起总结合作劳动的原则。

环节四:合作!——班级劳动你、我、他

师:劳动合作,不仅在班级劳动中需要,在社会中更需要。我们一起来看一看社会中的劳动合作。

出示视频:社会中的劳动分工。

制定规则:如何更好地在班级中合作劳动?

师:今天,我们通过调查发现了班级劳动中的问题,我们也一起总结了很多合作劳动的要点,让我们把它做成值日劳动的公约,成为班级文化的一部分。

张贴班规:让合作意识牢记心头。

【设计意图】通过社会中的劳动分工视频延展课堂的广度,让学生感受到合作劳动之于社会发展的重要性,将课堂成果变成班级的显性文化,让学生在日常行为中不断受到熏陶。

结束语

师:同学们,我们今天一起发现了我们班级这个大"家"中劳动方面存在的问题,也一起探讨了解决问题的方法。劳动是创造财富的过程,无论是物质财富还是精神财富,都离不开劳动。我们是班级这个"家"的主人,合作劳动更是我们需要养成的习惯,我们要在班级劳动中团结协作,提升与他人合作劳动的能力。在劳动过程中,我们更要自觉遵守劳动纪律,诚实劳动。

五、板书设计

高效劳动！你、我、他

学习劳动皆重要

诚信劳动是准则

岗位意识要遵守

个人再强也有限

分工协力很重要

高效劳动你我他

合作意识记心头

六、班会后延伸教育活动设计

重新规划班级值日生表，从教师层面做到合理安排人员。

每周组织评选优秀劳动值日小组，分别由劳动委员带领值日组长们进行观察和考核。考核指标如下：

值日小组能合理分工。

每一位岗位上人员都能劳动、会劳动。

值日小组在劳动过程中没有消极怠工、捣乱玩闹现象。

值日劳动成果按照学校检查项目标准进行评判。

晒桌行动

——从"大使"到"大师"

上海市金山区石化第一小学　王斌

一、背景分析

1. 学情分析

小学劳动教育是素质教育不可缺少的组成部分,实施素质教育必须抓好劳动教育,换言之,没有劳动的教育是不全面的教育。不全面的教育就谈不上素质教育,两者是有机的结合体。《义务教育劳动课程标准(2022年版)》指出:劳动教育要从现实生活的真实需求出发,突显学生直接体验和亲身参与,注重动手实践、手脑并用,知行合一、学创融通,激发学生参与劳动的主动性、积极性和创造性。

二年级学生尚不具有非常完备的劳动技能,但该年龄段的孩子天性活泼好动,对动手操作的活动非常乐于参与体验。网课期间,不少家长反映孩子在长时间的居家生活中表现出懒散、邋遢、自己的生活小空间凌乱等现象。因此,从问题解决的角度出发,给予孩子劳动技能的传授和劳动观念的引领具有长远的现实意义。

2. 主题解析

本次班会课的主题是晒桌行动——从"大使"到"大师"。旨在以适合二年级学生身心发展实情的"书桌的收纳与整理"活动为切口,让学生通过比较简单的个人物品整理与清洗,居室等卫生保洁、整理与收纳,以及垃圾分类等劳动任务,形成"自己的事情自己做"的意识,具有初步的个人生活自理能力,促进低年级学生在长时间的疫情居家生活中进行家庭劳动的贯彻实施与技能养成。

"晒桌大使",希望学生能通过晒一晒自己的书桌,用"片刻的瞬间停留"晒出自己居家生活中的学习环境与生活状态,也能让老师和同学感受和了解照片背后的故事。"晒桌大师",希望学生在"晒桌行动"开展的阶段性过程中,能够长期坚持每天自主地进行桌面的整理与维护劳动,习得劳动技能,形成劳动意识上的自主性,从"要我劳动"走向"我要劳动",真正成长为具有主观能动性的桌面管理大师。能将这种好的习惯养成转化为在学习、生活等各方面自我提升的驱动力,积极地去面对生活,争做乐观、向上、进取的新时代的小学生。

二、班会目标

1. 认知目标

通过对居家生活中一些现象的比较分析,认识到进行简单家庭劳动的重要性,体会践行劳动的意义。

2. 情感目标

在观察、思考、讨论中体验劳动的乐趣,同时感受父母日常承担家务劳动的不易,提升感恩情怀。

3. 行为目标

通过"书桌收纳""房间收纳"等活动体验,在树立榜样、交流窍门、实践感知中提高劳动技能,树立积极的劳动观念。

三、班会准备

1. 教师准备

(1) 设计家长问卷并对统计结果进行数据分析。

(2) 课前收集学生的书桌、房间等照片素材。
(3) 制作主题班会课件。

2. 学生准备

(1) 搜索整理"书桌整理小妙招"(心得分享或视频展示)。
(2) 观察家长的日常家务内容。

四、班会过程

环节一:来帮小胖找找茬

视频引入:疫情期间丰富多彩、井然有序的居家学习生活。

出示PPT:小胖的家(重点展示小胖的书桌)。

情境模拟:与小胖辩一辩,演一演。

互动后学生交流讨论感想:说说你觉得小胖的书桌怎么样?你觉得小胖的书桌为什么会这样呢?

教师抛出家长问卷里体现出的问题:

(1) 一部分孩子的书桌和小胖的一样。
(2) 一部分孩子的"样板书桌"几乎是家长每日打理的成果。

小结:要学做空间整理的"形象大使"。

【设计意图】通过居家生活中一些对比鲜明的现象呈现,学生能够直观地认识到开展家务劳动的重要性。在让学生反思不足的同时,也从问题解决的角度出发,为后续的主题活动开展奠定基础。

环节二:来为他们点个赞

向伟人点个赞:介绍伟大先贤在苛刻的条件中不畏艰难,每天坚持用双手劳动创造的故事:

(1) 毛主席学打草鞋。
(2) 象棋"总司令"胡荣华的第一副象棋。

为父母点个赞:通过视频采访,请家长代表说说自己日常一天的时间安排表,罗列父母们每周承包的各种大大小小的家务活。

(观看后组织学生交流讨论,分享感言,进行思考)

给伙伴点个赞:通过照片、视频等素材展示班级中部分能够长期坚持帮助父母做家务的学生的劳动成果,并结合红领巾争章活动,为班中这些真正的"劳动之星"颁章点赞。

【设计意图】以寻找"劳动先锋榜样"为他们点赞活动为线索,师生共同寻找不同时期、不同背景、不同身份的劳动楷模。从伟人的励志劳动情结到身边的劳动榜样,让学生在寻、享、听、悟等活动中感受劳动者的光荣与伟大,从而在班中营造"崇尚劳动、热爱劳动、学习劳动"的良好氛围,逐步让优良的劳动观念在幼小的孩子们心中生根萌芽。

环节三:来给自己加加油

经验分享:学生代表分享交流自己整理的书桌整理小妙招。可以是自己实践的心得,也可以是自己在网络搜索到的或者向父母请教来的想法。教师汇总整理后形成"班级桌面优化攻略"在班中分享。

"晒桌行动"倡议:由学生代表倡议在班中进行一次"晒桌行动",记录自己阶段性的"书桌形象"。

集体细化制定"晒桌行动"的具体行动方案。

(1) 评价维度(晒桌频率、进步幅度、家长参与度、好经验分享次数等)。

(2) 督促机制(家长监督、相互打卡、班级劳动岗位家庭化的迁移等)。

(3) 奖励机制(红领巾争章活动、弈石特色活动体验等)。

小结:要争做空间整理的"行动大师"。

【设计意图】纸上得来终觉浅,绝知此事要躬行。在课上让班干部倡议开展"晒桌行动",号召同学们在为小胖支招的同时,也让自己坚持每天有行动。并组织全班一起讨论此次行动的活动细则,旨在充分调动每一个孩子的参与热情,充分利用班级内的资源,以"桌面整理"为切口,将家务劳动活动延续至课外。

五、班会后延伸教育活动设计

此次班会课结束后可以聚焦"晒桌行动"的开展与落实,追踪本次主题班会课中体现的教育成效。教师可以通过与家长的互动沟通,与导师的合作指导,力争让每一个孩子都能在本次"晒桌行动"中不仅收获劳动技能,而且从小养成热爱劳动、能主动劳动的优良作风,在班级中形成向上、向善的良好班风。

另外,"晒桌行动"中学生参与打卡记录的照片也可以进行收集汇总,作为每一个孩子自我纵向比较、孩子与孩子间横向立体比较的依据。可以此为契机,以系列化主题班会的形式开展阶段性的活动小结与分析,让本次主题班会课的实施开展更具意义。活动中的照片素材,教师可组织汇编成电子相册,作为孩子们成长的宝贵足迹和记忆。

一粒种子的成长

上海市金山区张堰小学　黄佳丽

一、背景分析

1. 学情分析

四年级的学生已经有了一定的劳动意识,在学校和家庭中基本能做到自己的事情自己做,但劳动意识不强,缺乏劳动的主动性。结合班级特色,开展绿植养护活动,积极寻找家庭小岗位,争当班务小能手,引导学生由认知到行动,从不愿意做到坚持、积极地去做,进一步培养学生劳动观念,使学生体会父母的劳苦,培养学生热爱劳动、尊敬长辈、自立自强的品质。

2. 主题分析

习近平总书记在全国教育大会上提出:在学生中弘扬劳动精神,崇尚劳动,尊重劳动,懂得劳动最光荣、劳动最崇高、劳动最伟大、劳动最美丽。《义务教育劳动课程标准(2022年版)》指出3—4年级的学生要懂得"一分耕耘,一分收获"的道理,体会劳动光荣、劳动无高低贵贱的道理,认识到美好的生活离不开各行各业的劳动者。尊重劳动,尊重普通劳动者,初步形成热爱劳动的态度。学生要养成良好的个人清洁卫生习惯,主动分担家务,协助参与家庭环境卫生清洁,初步学会简单的家务劳动技能,形成生活自理能力。

二、班会目标

1. 认知目标

通过活动,学生对劳动有正确的认识,培养对劳动的兴趣,养成主动劳动的习惯,强化责任意识。

2. 情感目标

通过活动,学生体会劳动果实来之不易,唤醒劳动的情感,养成热爱劳动、尊敬长辈的品质。

3. 行为目标

在活动中,培养查找信息、处理信息的能力。

三、班会准备

1. 教师准备

(1) 准备 ppt 文件、视频等。

(2) 准备多肉植物"落地生根"嫩芽、花泥等。

(3) 为学生准备一人一台平板电脑。

2. 学生准备

准备自制小花盆。

四、班会过程

环节一:图片导入,揭示课题

出示稻谷丰收的图片。

师:金秋十月,稻谷飘香,田野里一片丰收的景象,今天就让我们跟随这一颗饱满的谷粒回忆一下它的成长历程吧。

出示课题:一粒种子的成长。

【设计意图】秋分时节,正是收获的季节,以一幅秋收图引入,感受农民在丰收时的喜悦之情,体会劳动带来的幸福。

环节二:一粒种子的成长,珍惜劳动成果

播放视频:小谷粒的自述:

慢慢地我们长成了一棵棵小禾苗,可是,有一天,我的很多伙伴焉了,你们知道他们怎么了吗?

学生交流:

有虫害,需要打农药。

天气干旱,需要浇水。

水浇多了,淹死了。

农夫揠苗助长。

……

继续播放视频。

师小结:同学们,要想让一棵植物茁壮成长,我们需要学习的内容可真不少,植物的生活习性、它的天敌、它的生活规律都是我们要掌握的知识,它们需要我们细心的呵护。劳动真伟大。小小的一粒种子的成长可真不容易呀,让我们一起珍惜每一粒粮食。

【设计意图】以一粒稻谷的自述,让学生发现植物的生长规律,懂得劳动最光荣,同时懂得一粥一饭,当思来之不易;半丝半缕,恒念物力维艰。珍惜劳动成果,"光盘行动"从我做起。

环节三:争做护绿小卫士,懂得责任

情境辨析:

(1)出示班级中植物角的图片:部分死亡被换下的植物,几棵奄奄一息的植物。播放护绿小卫士的视频:这几天作业真多,我还是先完成我的作业,照顾植物的事情先放一放吧。

(2)家中视频：刚开始做家务劳动时，小明觉得很新鲜，很乐意去做，过了一周，他觉得重复做简单的家务没有一点意思。双休日他有看电视的机会了，妈妈请他帮忙，他就说"太烦了，不要打扰我"。

这两个同学的行为有何不妥？我们一起帮助他们。

小组讨论交流。

出示植物角。

师：每一株植物都有自己的生活习性。大家看，这些是我们班级植物角中的植物，为了他们能更好地成长，让我们一起做护绿小卫士。小组选择其中的一株植物，上网查找资料，制作植物名片。

学生上网查找资料，制作植物名片。

【设计意图】通过情境讨论，同学们懂得无论做什么事情都要有责任意识，懂得坚持，要有责任心。制作植物名片，让学生对更多植物的生活习性有所了解，并能运用到生活中，帮助家人一起照顾家中的各种植物，懂得劳动创造美。

环节四：种下一粒种子，学会坚持

出示习爷爷的话：

习爷爷在对广大少年儿童寄语中写道：生活靠劳动创造，人生也靠劳动创造，你们从小要树立劳动光荣的观念，自己的事情自己做，他人的事情帮着做，公益的事情争着做，通过劳动播种希望、收获果实，通过劳动磨炼意志、锻炼自己。

教师拿出植物角"落地生根"的种子，师生一起播种。

师：同学们，劳动的种子犹如这一粒小小的种子已经在你的心田生根，然后慢慢地发芽、开花、结果，这是一个漫长的过程，我们一定要学会坚持，一个星期、半个月、一个月，长期坚持下去才能养成习惯，学会真正的本领。期待着你的"落地生根"能长出更多的果实，更期待你们能学会更多的本领。

【设计意图】"落地生根"是我们班级植物角的一株植物，正好在长果实的阶段,让孩子们亲手种下这个种子,犹如爱劳动的意识也在孩子们的心中种下,寓意着成长与结果。孩子们爱上劳动,乐于劳动,学习更多劳动的本领。

五、板书设计

一粒种子的成长

珍惜劳动成果

懂得责任

学会坚持

六、班会后延伸教育活动设计

让学生在花盆里种下几粒种子,观察种子发芽的过程。秋天到了,有的树叶开始变色了,让学生记录树叶颜色的变化。

平衡膳食　科学点餐

上海市金山区海棠小学　沈维

一、背景分析

1. 学情分析

随着小朋友们年龄的增长,对食物的需求也越来越大,同时对食物也越来越挑剔,饮食习惯开始逐步不健康化,对口感好的不健康食物青睐有加,而对一些健康绿色食品却不感兴趣。结合学校"光盘行动益起来"的活动,对学生进行平衡膳食的主题教育。学习科学饮食与健康生活的相关知识,了解食物成分、用科学的知识和方法知道一日三餐合理膳食、愿意去改变挑食、厌食等不良习惯,一点一滴养成按时、按量、按需均衡膳食的好习惯。

2. 主题解析

小学生是祖国的未来,他们的健康成长关系到千家万户的幸福生活。现在,随着人民生活水平的不断提高和改善,各种各样、形形色色的食物进入我们的生活中来,不科学的饮食习惯、不健康的生活方式普遍存在。这次主题班会活动旨在让学生学习并掌握食物与营养健康方面的知识,从小培养科学合理的饮食习惯,能够树立勤俭节约的意识,养成健康文明的生活方式。同时发挥辐射带动作用,引导家庭和社会共同形成"科学饮食,健康生活"的良好氛围。

二、班会目标

1. 认知目标

通过活动,了解膳食宝塔的结构及每一层食物的组成。知道合理搭配饮食对身体健康的重要性。

2. 情感目标

通过活动,培养学生科学健康的饮食习惯。

3. 行为目标

在生活中能学会健康饮食,并知道外出点餐时如何做到科学、合理。

三、班会准备

1. 教师准备

(1) 学生家庭"一日三餐"饮食习惯调查问卷并汇总情况。

(2) 制作"膳食宝塔,营养均衡"视频。

(3) 排练小品。

(4) 准备课件。

2. 学生准备

(1) 通过问卷星对每位学生家庭的一日饮食习惯进行调查。

(2) 对自己家庭的一日三餐进行调查,制作 ppt。

四、班会过程

环节一:平衡膳食,健康生活

1. 视频导入

(1) 播放视频《膳食宝塔,营养均衡》。

(2) 交流：从视频中你了解到什么？

师：今天我们就来聊一聊"平衡膳食，科学点餐"出示课题。

2. 了解膳食宝塔

(1) 出示"膳食宝塔"（板贴：膳食宝塔）。

(2) 小组讨论。

各小组分别认领一层宝塔，讨论并交流：这层宝塔里食物有什么？吃这些有什么好处或坏处？

3. 总结（同时出示学校一周营养午餐菜谱）

推荐一：食物多样，谷类为主。

推荐二：多吃蔬菜、水果、奶类。

推荐三：适量吃鱼、禽、蛋、瘦肉。

推荐四：少盐、少油、控糖。

【设计意图】小学生们都处在长身体的时候，对自己爱吃的食物可能无法节制，而学生们可能对膳食宝塔不是很了解，通过对五层膳食宝塔的学习，孩子知道哪些食物对身体有益，哪些食物对身体有害。同时结合学校菜谱，让学生们了解学校的营养午餐每日是如何搭配的。

环节二：一日三餐，健康至上

过渡：同学们，我们知道了"膳食宝塔"，知道了什么宜多吃，什么要少吃，但是俗话说得好"民以食为天"，现在老师想来看看大家的"一日三餐"吃得合理吗？

1. 我们的"一日三餐"

(1) 每个小组推选代表来分享自己家里的"一日三餐"都吃些什么，其他同学开展评价。

(2) 出示课前调查问卷星结果（如：您对一日三餐饮食的追求是什么？每日家庭膳食搭配如何？对每天所摄入的营养了解吗？一日三餐中比较注重哪一餐？是否喜欢吃鸡蛋、牛奶、水果？……）

小组讨论并交流:我们"一日三餐"饮食习惯中合理的地方和不合理的地方有哪些?

2. 饮食不合理,身体大问题

(1) 同学观看小品,讨论这样饮食的危害。

(2) 总结不合理饮食对身体的危害:肥胖、超重、糖尿病、高血脂等疾病。

【设计意图】由学校转向家庭,从学生身边入手,让学生通过对自己家庭一日三餐吃些什么、饮食习惯如何进行调查,并在课堂上进行分享和讨论,认识到合理膳食对自身健康的重要性,以及不合理的饮食对身体的危害。

环节三:合理搭配,科学点餐

过渡:我们学习了膳食宝塔,知道了如何合理搭配食物。通过调查,了解了自己家里一日三餐的现状。现在沈老师带你们去餐厅走一走。

1. 情景设置

有四家餐厅(两家中餐厅、两家西餐厅),分别推出了一份套餐(出示:套餐内容)。

2. 小组讨论

(1) 每个小组负责其中一份套餐内容,对这份套餐合理以及不合理的地方进行讨论。

(2) 小组派代表交流。

(3) 教师随机小结。

总结:通过今天的学习可以看出,小朋友们对如何平衡、合理地搭配食物有了一定的了解。相信小朋友们不管是在学校、家里还是社会上,都能做一个平衡膳食的小达人,今天的活动就到这里。

【设计意图】由家庭延伸到社会,通过课上学习的平衡膳食的基本搭配原则,学生能在生活中到餐厅吃饭时关注到如何让自己和家人、朋友吃得合理,吃得健康。让孩子们学会一些生活小技能。

五、板书设计

平衡膳食　健康点餐

平衡膳食,健康生活。

一日三餐,健康至上。

合理搭配,科学点餐。

六、班会后延伸教育活动设计

和爸爸妈妈一起去饭店吃饭,小朋友为在座的人点一次餐。注意合理搭配,并将所点的菜肴记录下来。下次我们继续来讨论:你是如何合理搭配、科学点餐的?

有"法"可依,让劳动杠杠的

上海市金山区前京小学　范宁

一、背景分析

1. 学情分析

学校的劳动小岗位为班级管理提供了很多便利,增强了学生对班级的认同感,提升了学生自主管理的能力。但是因为当前岗位设置未公示,岗位职责未细化,导致劳动岗位实施效果一直不是特别理想。能力强的学生很自觉地完成自己的值日任务,能力弱的学生经常会忘记,或因为能力有限致使班级时常出现有岗无人的窘况。

2. 主题解析

实施劳动教育重点是在系统的文化知识学习之外,有目的、有计划地组织学生参加日常生活劳动、生产劳动和服务性劳动,让学生动手实践、出力流汗,接受锻炼、磨炼意志,培养学生正确的劳动价值观和良好的劳动品质。

"五色光"班级特色项目依托班级建设中日常的劳动教育,在班级小岗位实践中培养学生追求卓越、团结协作、民主公正、勇于挑战等优秀品质,使班级在学生自主管理中实现"自运转"。班级小岗位是班集体得以正常运转的基本保障,劳动小岗位对班级建设起到重要的推动作用。如何改进才能让劳动小岗位有效带动班级"自运转"

的实现呢？根据班级管理中暴露出来的问题，充分发挥民主原则，在集中所有学生的意见的基础上共同研讨应对策略。初步设想为：一是，劳动岗位经过研讨后细化，并粘贴公示，务必使每位学生清楚自己的岗位职责；二是，选举优秀的学生任"岗长"，负责指导和监督该岗位的其他学生认真完成岗位职责；三是，制定奖惩制度，激励每位学生认真履行岗位职责，并努力做到最好。班级管理随着各类制度的完善，充分发挥"法治"的效能，保证在劳动教育中提升学生综合能力。

二、班会目标

1. 认知目标

问卷反馈，知晓劳动岗位存在的问题，认识到劳动小岗位建设的重要性。

2. 情感目标

小组合作，细化劳动岗位职责和完善劳动岗位制度，激发对班集体的热爱。

3. 行为目标

自我反思，针对自己在履行岗位中的不当行为设想有效的改进方法，用行动助力班级劳动岗位建设。

三、班会准备

1. 教师准备

（1）设计调查问题，引导学生观察和记录劳动岗位的落实情况。

（2）设计班会课组织环节，把握教育的大方向。

2. 学生准备

观察和记录班级劳动岗位落实中所在小组、其他小组和个人表现优异及尚存不足的地方，思考自己如何更好地履行岗位职责。

四、班会过程

环节一：小眼睛，大发现

师：最近同学们反映放学值日困难越来越多了，到底遇到了哪些困难呢？我们一起聊一聊吧。

学生交流。

（1）优异表现：

大部分值日生能按时到岗，劳动热情高涨，不怕辛苦，组内或小组间团结合作，互帮互助等。

（2）尚存不足之处：

一些同学们动作慢，长时间不离开教室，占用了值日时间，如记作业速度慢，理书包磨磨蹭蹭，在座位上补作业等。

一些同学们卫生习惯不好，如随手扔垃圾，桌椅摆放不整齐等，增加了值日任务量。

个别值日生的劳动能力弱，如记不住自己的值日时间和劳动岗位，地扫不干净，拖不干净，垃圾忘记倒，垃圾袋忘记套，劳动工具不会收拾等。

个别值日班长组织能力不够，不会合理安排组员劳动，如没有让组员自由选择劳动岗位，未细致考虑值日的所有流程，未认真检查和监督组员的劳动完成情况等。

班主任未对值日班长和值日生进行系统的岗前培训，仅口头交代，学生理解起来比较困难。

……

师总结：值日出现问题，是因为我们有这么多管理环节都出现了漏洞。看来，我们今天需要好好修补一下了。

【设计意图】课前让学生认真观察和总结值日出现的问题，调动他们的积极性,培养他们主人翁意识。通过学生的交流反馈,呈现班级管理中出现的问题,更具说服力,为下一步想办法解决问题做好铺垫。

环节二:小脑袋,大智慧

师:班级是我们的家,我们是班级的小主人,请同学们发挥聪明才智解决这些问题哦。现在我们五个值日小组在值日班长的带领下选择以下其中一项问题,想出好的解决办法吧。

各小组围绕出现的问题,商讨应对策略。

各小组派代表交流,其他小组商讨和记录优秀建议。

问题一:同学们动作慢。

(1)对于记作业慢的改进建议:提醒任课教师提前布置作业,提醒同学们快快记录,约定好擦黑板上作业的时间。

(2)对于理书包慢的改进建议:提醒同学利用第7、8节课的课间休息时间提前整理书包。

问题二:同学们卫生习惯不好。

(1)对于随手扔垃圾的改进建议:提醒同学们离开座位前,清空自己的抽屉,捡起地上的垃圾。

(2)对于桌椅摆放不整齐的改进建议:提醒同学们根据口诀"1、4排对前线,2、5排在中间,3、6排对后线"排好自己的桌椅,再离开座位。

问题三:值日生能力弱。

(1)对于忘记值日的改进建议:值日生把自己的值日任务和值日时间记录在本子上,值日班长提前提醒值日生。

(2)对于不会值日的改进建议:聘请"劳动小标兵"传授经验,并监督"小徒弟"学到真本领,考核过关。

问题四:值日班长组长能力不强。

(1)值日班长竞聘上岗。

(2)组员自由选择值日岗位,组内通过后确定下来。

问题五：班主任统筹不当。

（1）明确"值日班长负责制"的各项细则，并解释后公示。

（2）对值日小组、值日生和值日班长，考核评优，张榜公示。

（3）为班级劳动岗位增设"岗长"一职，负责岗位技能的培训和考核评优。

（4）值日班长和劳动岗长协调任课教师，每日预留15分钟的值日时间。

（5）定时组织所有值日班长和岗长根据各小组完成时长和质量，考核评优。

班主任汇总各项建议，组织同学们再细化后确定成文。集体表决通过后，打印并张贴于教室。

家委会订购值日岗位公示板，值日班长每日公示当天值日生。

【设计意图】给予学生自主研讨的时间和空间，充分发挥班级民主管理的功能。肯定学生为班级劳动岗位建设贡献的锦囊妙计，帮助他们梳理成文，以张贴公示的形式激发他们当家做主的积极性。

环节三：小行动，大助力

师：多亏了同学们的金点子，相信我们以后的值日任务能一天比一天完成得更好。如果出现了其他值日"麻烦"，我们还可以再增设补充条款，进一步规范我们的劳动岗位。那同学们回忆一下，你以前哪些不当的行为或许给值日带来过"小麻烦"；说一说你计划以后怎么做来为值日贡献自己的力量，让班集体更优秀。

指名交流。

写一写自己的助力行动，表一表为值日助力的决心，以"能量卡"的形式张贴出来。

师小结：一张张能量卡如涓涓细流，让我们的值日生信心满满。相信在大家的共同努力下，我们的劳动小岗位会更有效地发挥其作用,让我们"自运转"的班集体拥有源源不断的运转能量,也让我们在锻炼和磨砺中成长为德、智、体、美、劳全面发展的好少年。

【设计意图】再好的设计和规划只有得到有效的落实和执行,才能产生效果。鼓励学生勇敢地自曝不足,并改正自己的缺点。在"红红脸、出出汗"环节中提升对自己的要求,为今后的行动做好情感铺垫。

五、班会后延伸教育活动设计

一堂班会课并不能完成确定好"劳动岗位制度"的任务。在同学们商议的雏形中,班主任要再组织大家细化具体方案,如奖惩制度、岗长的聘任制度、岗位的轮换制度等。正所谓经验是攒出来的,在岗位制度的执行中要组织学生根据出现的各种问题再微调细节,保障值日岗位有效助力"自运转"班级建设。

对班级中特殊学生的劳动岗位适当降低要求,以教授完成和协助完成为主,鼓励特殊学生参与到班级的各项事务中,营造友善的班级氛围。

建议在班级劳动岗位制度的基础上,值日班长组织组员细化本组岗位安排和组内评优规则。

以纸传情，妙手生花

上海市金山区朱行小学　董国凤

一、背景分析

1. 学情分析

四(5)班"诗心"中队，以古诗特色文化为引领，通过挖掘古诗中蕴含的丰富文化内涵，滋养学生的心灵，培育"诗心"少年。本学年，为了锻炼学生的劳动技能，培养学生的劳动习惯，我设计了"传统佳节，劳动生美"主题系列教育课，内容包括在春节写春联、剪窗花、做贺卡；在元宵节做汤圆、做花灯；在清明节植树、做青团；在端午节包粽子、做香囊；在中秋节做月饼等，从而让劳动教育成为激发学生学习中华优秀传统文化、树立民族自豪感的重要渠道。

2. 主题解析

《义务教育劳动课程标准(2022年版)》中，设有"传统工艺制作"劳动任务群，对第二学段的活动建议包括"结合春节、元宵节等节日，开展主题活动"。"以纸传情，妙手生花"主题教育课，选择的是中国传统工艺——剪窗花。窗花是贴在窗户上的剪纸，是一种镂空的民间艺术，蕴含着吉祥美好的文化寓意。本节课引导学生了解窗花所蕴含的文化内涵，感悟手艺人勤于用劳动创造美的精神。学习剪窗花，在亲身体验和劳动实践中，理解劳动创造美好生活的道理，初步形成传承并发扬传统工艺的意识。

二、班会目标

1. 认知目标

简单了解窗花的历史和分类,了解窗花蕴含的美好寓意,丰富劳动知识。

2. 行为目标

(1) 在劳动实践中,正确地折纸,熟练地剪纸,锻炼劳动能力。

(2) 安全使用剪刀,主动清理桌面,养成良好的劳动习惯。

3. 情感目标

感悟手艺人对剪纸工艺的热爱,对劳动生活和美的追求,激发学生对传统工艺的喜爱。

三、班会准备

教师:视频、图片、课件等资料,剪窗花所需要的纸样和红纸。

学生:小剪刀。

四、班会过程

环节一:古诗导入,揭主题

1. 古诗导入

"千门万户曈曈日,总把新桃换旧符。"——王安石《元日》

师:《元日》写的是过年时人们以"新桃"换"旧符"、辞旧迎新的欢乐景象。又到年底,老师有一个愿望,就是布置一间"国风"教室,请同学们一起出谋划策。

2. 揭示主题

提问：过年时，你家会怎样布置房间？

揭题：为了增添喜气洋洋的节日氛围，人们会剪窗花贴在窗户或门上。这种蕴含着吉祥美好的文化寓意的镂空民间艺术，就是中国劳动人民所热爱的——窗花。

【设计意图】以描写传统佳节的诗句导入，唤起学生对新年的期待。创设"迎新布置教室"的情境，揭示"剪窗花"的劳动教育主题。

环节二：追寻历史，识窗花

1. 历史寻踪

(1) 传说：周成王桐叶送弟。

(2) 文物：太阳神鸟金箔。

(3) 蔡伦造纸促进了剪纸发展。

现代，人们借助激光技术，将窗花雕刻得更加精美。

2. 剪纸分类

剪纸有不同的分类方法，简单了解两种。

(1) 按颜色分：单色剪纸、复色剪纸。

单色剪纸，就是用一种色纸来剪，如红纸比较常用。

复色剪纸，又称彩色剪纸。

(2) 按技法分：剪纸、刻纸。

人们认为刀剪并用的作品可统称为剪纸，而纯刀刻的作品可称为刻纸。

3. 观看视频——非物质文化遗产

师：剪纸艺术历史悠久，自古至今深受劳动人民的喜爱。2006年，剪纸艺术经国务院批准，列入第一批国家级非物质文化遗产名录。

【设计意图】简单了解剪纸的历史和分类，引导学生初步认识"窗花"这一民间艺术，丰富劳动知识。并通过观看视频，了解剪纸被列为国家级非物质文化遗产名录。

环节三：以纸传情，悟窗花

1. 窗花的文化内涵

窗花蕴含着吉祥美好的文化寓意。这里有四幅窗花(见图1)，请你试着给它命名。

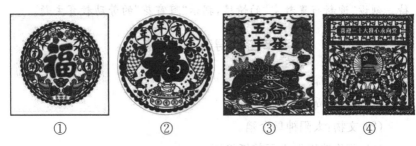

图1 窗花图

预设：年年有余、富贵吉祥、五谷丰登、我心向党。

师小结：窗花的题材源于生活，有对美好生活的向往，如五谷丰登；有节日祝福，如富贵吉祥；有对党和祖国的热爱，如我心向党等。一代代剪纸手工艺人，通过一把剪刀，以纸传情，剪裁美好生活，寄托美好祝愿。

2. 手艺人对剪纸的热爱

(1) 观看视频，感受手艺人对美的追求。

(2) 交流感受。

提问：观看了这段视频，你有什么感受？

师小结：精美的剪纸作品，是手艺人用剪刀赋予纸张生命。他们怀着对美的追求和对劳动生活的热爱，将生活百态，通过小小的一方纸，淋漓尽致地剪裁出来。

【设计意图】小小的一张纸，传承着优秀的中华传统文化。引领学生感受窗花的美好寓意，挖掘其蕴含的文化内涵。观看视频，引领学生感受手艺人对剪纸的热爱和追求,勤于用手创造生活美。让学生学习手艺人热爱劳动的生活态度,激发对剪纸工艺的喜爱。

环节四:妙手生花,剪窗花

1. 剪窗花布置教室

现场剪窗花,每个小队选择一个板块。

2. 沉浸式剪窗花

播放音乐,沉浸式剪窗花。鼓励学生在图样的基础上,有所创新。

出示要求:

(1) 根据图样剪窗花,可以加入自己的设计和创新。

(2) 正确使用剪刀,注意安全,不要伤到自己或同学。

(3) 主动清理桌面,将废纸丢进垃圾桶,养成良好的劳动习惯。

【设计意图】劳动贵在实践,创设情境,分组剪窗花。通过看图样,学习剪窗花的技能。在劳动实践中,感受劳动的快乐,锻炼劳动技能,养成良好的劳动习惯和品质。

环节五:化纸为蝶,评窗花

师:这节课,我们认识了窗花,了解了一张张剪纸所蕴含的美好寓意。还通过动手实践,化纸为蝶,赋予了每一张纸新的生命。希望同学们能够热爱这项传统手艺,利用课余时间,妙手生花,剪出更多作品,送给伟大的祖国、亲爱的爸爸妈妈、尊敬的老师、友好的同学。拿起手中的小剪刀,去剪裁心中理想的生活吧!

【设计意图】通过亲身体验,引导学生体会劳动成果来之不易。及时梳理一节课的收获,明确自己的成长之处;也正确认识到不足,向身边表现优异的榜样学习。

五、板书设计

以纸传情,妙手生花
——剪窗花劳动主题教育课

| 镂空的民间艺术 | 追寻历史,识窗花
以纸传情,悟窗花
妙手生花,剪窗花
化纸为蝶,评窗花 | 吉祥美好文化内涵 |

六、班会后延伸教育活动

窗花深受人们的喜爱,是因为一把小小的剪刀,可以剪出栩栩如生的图画,寄托劳动人民对美好生活的向往。利用课余时间,尝试剪不同主题的窗花,各主题如下:

主题1:剪颗星星送祖国,寓意:一颗红星心向党。
主题2:剪颗爱心送妈妈,寓意:感恩伟大的母爱。
主题3:剪朵花儿送老师,寓意:沐浴师恩懂回报。
主题4:剪把扇子送朋友,寓意:团结友善共进步。
同时完成劳动任务单。

家务劳动那些事儿

上海市松江区中山第二小学　陈芳

一、背景分析

1. 学情分析

班级学生在学校能够参与劳动,每人都有劳动小岗位,但还有很大一部分同学在家很少干家务,有的不会干,有的家长不让干。

2. 主题解析

教育部制定的《大中小学劳动教育指导纲要(试行)》提出小学中高年级要注重围绕卫生、劳动习惯养成,让学生做好个人清洁卫生,主动分担家务,适当参加校内外公益劳动,学会与他人合作劳动,体会到劳动光荣。

在师生民主讨论决策下,我们班级的名称是"小水滴中队"。在探索"以班级特色项目推进小学家校劳动教育融合育人"的过程中,我以家、校、社协同育人为途径,帮助学生以"水"的品质助力学生劳动品质的形成,树立正确的劳动观念,形成必备的劳动能力,养成良好的劳动习惯。

基于此,我设计"家务劳动那些事儿"班会课,启发和帮助学生掌握一些家务劳动技能,旨在增强学生的劳动意识,提高学生的家庭责任感。

二、班会目标

1. 认知目标

通过情景辨析,懂得应该做一些力所能及的家务活。

2. 情感目标

在活动中增强劳动意识,体验劳动带来的乐趣。

3. 行为目标

通过亲身体验,掌握叠衣服的劳动技能。在行动中,学做家庭小主人,积极分担家务。

三、班会准备

教师:搜集素材,制作 ppt 文件等。

学生:带一件长袖衣服。

四、班会过程

环节一:家务劳动"夸一夸"

交流感受:出示学生做家务的视频,交流做家务的感受。

师小结:美好生活是靠劳动创造的,只有劳动才能让我们的家、学校、祖国变得更加美丽。

揭示主题:家务劳动那些事儿。

【设计意图】通过出示之前班级开展的"劳动月"的活动,引发学生回忆当时的场景,顺势揭示主题。

环节二:家务困难"说一说"

出示视频:展示日常生活中的小场景,辨析如何做?

(1) 小红不肯去倒垃圾,理由是一周倒过2次了,让爸爸去倒。

(2) 奶奶在包饺子,小明很想帮忙,奶奶却说:"不用你做,你只要好好学习就可以。"

(3) 小吴叠的衣服总是皱巴巴的,衣柜也是乱乱的,他很苦恼,怎样才能把衣服收纳好呢?

小组交流:找一找解决办法。

师小结:会做的事情经常做;能做的事情争着做;不会做的事情学着做。

【设计意图】通过出示日常生活中的几个场景,让学生自己辨析,从而明白:会做的事情经常做;能做的事情争着做;不会做的事情学着做,并在以后的生活中能够做到这三点。

环节三:家务技能"学一学"

老师教学:平铺式叠衣服法。

平铺式叠法,适合我们带衣领的校服,不易褶皱。第一步反着放,第二步当你要折叠的时候,注意抓住它肩部的位置往里折叠,第三步捏住衣角往上翻,第四步反一反就成功了。

小口诀:先把衣服背朝上,两只袖子往里折,捏住衣角向上翻,衣物叠好面朝上。

学生演示:口袋式叠衣服法。

口袋式叠法的好处是不易散开。

步骤:①对折,袖口往里翻;②底部往上翻一大步;③衣领往下翻,塞进底部口袋。

小口诀:衣服先对折,袖口折放衣服上。底部往上翻,衣领向下塞底部。

家长视频：卷筒式叠衣服法。

卷筒式叠法的优点是体积小，节省空间。

步骤：①对折，袖口往里翻；②底部往上翻一大步；③衣领一步步卷。

小口诀：衣服先对折，袖口折放衣服上。底部往上翻，衣领向下卷底部。

动手实践：学着叠衣服（教师巡视指导）。

技能比拼：小组比赛，比一比谁叠得最快。

师小结：一项劳动技能的掌握不止多一个本领，更让我们感到自豪和快乐，让我们能够在生活中用劳动技能去帮助更多的小伙伴。

【设计意图】针对班级大多数学生存在的共性问题——衣服叠不好，设计此环节，不仅想让学生学会叠衣服，也想让学生明白：遇到不会做的事情，我们要学习并掌握劳动的方法。

环节四：家务劳动"找一找"

学生交流：你觉得还有哪些自己可以做的家务劳动？说一说。

图片辨析：判断哪些家务劳动可以做？

（换灯泡、灌开水、洗衣服、切西瓜、在阳台上晒被子……）

师小结：我们要学会自我保护，在家做一些力所能及的家务劳动，学会帮助爸爸妈妈分担家务，学做一个感恩的好孩子。

【设计意图】通过判断哪些家务劳动可以做，学生懂得不仅要爱劳动，还要在劳动的过程中学会自我保护，做力所能及的事。

环节五：家务劳动"做一做"

实践延伸：结合学校开展的"劳动月"活动，开展打卡争章——争做家务小能手。

师总结：让我们每天做一些力所能及的家务劳动，做一个热爱劳动的好孩子！

【设计意图】结合学校本月"劳动月"的主题,给学生布置劳动打卡任务,希望学生养成爱劳动的好习惯。

五、板书设计

家务劳动那些事儿
会做的事情经常做
能做的事情争着做
不会做的事情学着做

六、班会后延伸教育活动设计

开展家务劳动打卡活动,并进行评价。

温馨教室,温暖你我

上海市奉贤区柘林学校　汤海凌

一、背景分析

1. 学情分析

我班学生在一、二年级时已形成较好的校园劳动习惯。在校期间,每天中午和放学后,学生都能认真并快速地打扫好教室,多次获得"行为规范示范班"称号。学生的劳动能力和自理能力得到充分培养和发展,干净整洁的教室环境也为学生创造了良好的学习和生活空间。

本学期,班级被安排成为课后服务的场所,其他班级的学生放学后进入我班参与课后服务。课后服务中一些短课程的手工活动给教室制造了不少垃圾;各班部分学生乱丢垃圾甚至偷吃零食,让班级的地面出现斑斑点点。这些情况既给值日工作增加了难度,又破坏了一贯以来整洁的班级环境。我班学生对此产生了诸多不满情绪,并由班干部提出了意见。由此,召开本次主题班会。

2. 主题解析

本次主题班会基于学生生活中产生的实际问题,尝试通过特色班级文化——侦探少年来挖掘问题的核心,提出解决问题的方案,重现教室的整洁温馨。本次主题班会旨在充分激活学生主体性,发挥班级主人翁精神,通过劳动、探究、策划、实践充分发展学生能力,发扬劳动精神。根据班级目前情况,侦探团的少年们即刻启动"温馨教室,温暖你我"计划。

二、班会目标

1. 认知目标

通过调查活动,知道教室整洁的环境需要每一个人的爱护和维护。

2. 情感目标

通过讨论和总结,培养学生热爱劳动的情感和乐于奉献的精神,树立班级主人翁的意识。

3. 行为目标

通过本班调整及对外交涉,培养学生保持教室整洁、为他人着想的能力。

三、班会准备

1. 学生准备

(1) 侦探团卫生部:课后服务后教室地面垃圾调查(类别、来源、所属区域)。

(2) 侦探团纪检部:"偷嘴"调查。

(3) 侦探团活动部:汇总调查资料。

(4) 侦探团形象部:根据汇总准备对外交涉。

(5) 侦探团理事部:参与各项并督促进程。

2. 教师准备

(1) 指导制作调查表。

(2) 结果汇总,制作课件。

(3) 指导对外交涉。

四、班会过程

环节一：调查汇报，集思广益

侦探团卫生部汇报调查报告。

师：针对课后服务产生的垃圾，我们正式启动——"温馨教室，温暖你我"计划。

交流：面对这些课后服务产生的垃圾，我们怎么办？

(1) 侦探团纪检部汇报"偷嘴"调查。

(2) 学生交流解决办法：从参与课后服务班级、参与课后服务学生、课后服务老师的角度展开讨论。

(3) 侦探团理事会将讨论结果汇总。

【设计意图】学生已初步具备调查报告和汇报能力。在垃圾调查中进行观察、分类、溯源，并进行记录汇报，是对学生思辨能力的培养，也是对劳动意义的再次观照。

环节二：温馨教室，温暖大家

师：只是打扫卫生和稽查"偷嘴"行为是不够的。要想解决我们的教室卫生问题的根，还有一个高级的办法——让每一个来参与课后服务的同学喜欢我们的教室，并因此而打心底里爱护我们的教室。我们的教室被选择成为课后服务的场所，给三年级全体参与课后服务的老师和同学带来了便利。那么，怎么让我们的教室更好地服务大家呢？

1. 教室卫生靠大家

(1) 侦探团卫生部与同学商议课后服务前的打扫安排。

(2) 侦探团纪检部与同学共同制定教室使用要求并安排课后服

务纪检员。

(3) 侦探团理事部汇总。

2. 温馨教室连心灵

(1) 侦探团活动部与同学共同商议教室课后服务功能方案。

(2) 侦探团后勤部商议为课后服务设立教室"饱饱角"、垃圾分类积分计划。

【设计意图】转变学生观念,遇到问题不要一味地指责他人,而是用自己的实际行动去解决问题。进一步,将教室打造成温馨的课后服务场所,这是考虑参与课后服务的学生的真实需求,对教室环境进行改良设计,真正给参与课后服务的师生便利。用心感染他人,让他们也爱上我们的教室,爱护我们的教室。

环节三:对外交涉,有"礼"有据

师:为更好地服务课后服务同学,我们已经对卫生提出了新要求,对教室进行了新规划。怎么去和课后服务的老师以及其他班级同学交涉呢?

1. 情景演练

侦探团形象部与同学演练交涉内容。

要求:有礼貌、声音响、说清楚。

2. 学生点评

3. 教师总结

师:通过今天的班会,我们找到了课后服务后的教室脏乱差的根源,并共同商议出了解决办法,展现了每一位小侦探爱劳动、爱思考、爱助人、爱集体的优秀品质。在对外交涉演练中,同学们有礼貌、讲道理,展现了红领巾的风采,我为每一位小侦探骄傲!请大家将我们今天讨论的结果落实到课后服务中去,让我们的教室更温馨,让我们的同学更温暖。

【设计意图】对外交涉,对学生来说是有难度的。通过课堂演练,学生学会了在交涉中做到有礼貌、有依据,如此更有说服力。

五、板书设计

温馨教室,温暖你我

课后服务为同学,我是班级小主人。

温馨教室连心灵,欢迎做客我们班。

六、班会后延伸教育活动设计

侦探团形象部与课后服务段课程老师、各班班主任及参与课后服务的同学进行交涉。

侦探团卫生部检阅课后服务教室情况。

侦探团理事会设计"三(1)班课后服务同学满意度调查表",并请参与本班课后服务的同学进行调查表填写。

第五章　育人理念引领学生成长：以劳润德

　　每位教师的专业成长路上，都凝聚着教育的艰辛与智慧。而可贵的劳动精神体现于学习与创新中，融合于每个精彩故事中。无论是个体的成长还是团队的发展，都离不开实践——以劳育人的价值回归。在特色建班理念指引下，师生的真心真情融入每个精彩瞬间，真正体现以劳育心、以劳润德。

班有"杠精" 管理要"精"

上海市金山区前京小学　范宁

"杠精"真讨厌

俗话说:"七岁八岁狗都嫌",可见孩子的叛逆期其实来得还挺早。从一年级起,我就发现班级有个"杠精"小泰。他是个黑黑瘦瘦的男孩,经常摆出一副一本正经的大人样,觉得其他同学都很幼稚。这使得他经常和同学们在言语或肢体上发生冲突,而且事后也从不觉得是自己的错,永远认为是别人先惹到了他。

最可怕的是,这位小朋友特别喜欢较真。只要小组评比时他们小组落败了,他肯定得生气,还会找让小组失分的同学"算账"。当然这个"较真劲儿"跟老师们也从不含糊。这不,音乐老师都怕了他,正拿着巧克力奖励他呢,因为这节课他终于没有发脾气扰乱课堂。好几位任课教师都反映过他的问题,大家感觉他有点无理取闹,只要老师提出的问题没请到他,那这节课谁也别想上成了。由于多次在学校闯祸,甚至是咬伤老师、打伤同学,我们建议家长带孩子去做检查。检查报告为"违抗性障碍",即以持久、敌意、对立、挑衅和破坏行为为基本特征的儿童行为障碍。自此,对待他这位"病人",我们多了一些谅解和同情。

"杠精"要伸冤

一转眼,我们与这个小"杠精"相爱相杀近三年了。大家熟悉了他的脾气,遇到事情不再跟他争辩,他倒不显得那么"无理取闹"了。一天午饭时,同学们冲进我的办公室,说小泰和小楠打起来了,小泰还被打哭了。不得了了,"杠精"小泰什么时候吃过亏了,都是他欺负大家啊。我连忙进教室询问,原来小楠替生活委员把关光盘,一向从不完成光盘任务的小泰被驳回再吃。想着以往生活委员从不拦他,今天有人拿着鸡毛当令箭,小泰哪能受得了这种"欺负"。一个硬要往桶里倒,一个干脆拿塑料凳扣住了桶,你推一下,我还一把,你踢一脚,我赏一拳。一来二去就推搡恼了,直接开打,你揪着我头发,我趴在你身上。小楠学过跆拳道,平时嚣张惯了的小泰几招下来竟吃了亏,哭起来了,一直喊身体不舒服。

双方家长到学校来调解此事,小楠说小泰用语言激怒了他,他才下手有点重了。那到底说了什么呢?"学校提供午餐没有强制我们一定要光盘,光盘只是大家提倡的。你胖,你的胃口大,你能光盘;我瘦,我的胃口小,我不能光盘。这么多饭,你吃得下,又不代表我们吃得下。你凭什么要求我们要跟你一样一定要光盘呢?况且不能光盘的又不止我一个人,你凭什么不允许我们倒掉?难道希望所有人都吃得跟你一样肥头大耳才好吗?那么多胖子还要减肥呢,我们瘦的人……"听听这语言表达能力,听听这逻辑思维能力,怪不得笨嘴拙舌的小楠被逼得只能靠拳头回击。实话说,以往小泰如此理论,早被我们怼回去了,或者以教师的身份强行压制了他的"无理取闹"。今天家长们在场,我以旁观者的身份仔细听着两个小朋友还原事情的经过,听下来基本没有什么大出入,都符合他们平时的人设。但是令我深深反思的是,我有多少次是这样静静地心平气和地听完他的自我陈述,好像每一次他还没开口,先要被我噼里啪啦教训一顿,最后以他无法再张口而告终。

"杠精"照人心

经此事以后,小泰变得沉默些了。这天我们班生病的孩子终于恢复了健康,我们班也解除了隔离。可是阳光大课间我想做一张小练习,就私下和卫生老师约定隔离解除明天再公布。其他班级都出去做操了,我们班留下来做练习,同学们没有一个人敢说什么。只有小泰懊恼地趴在桌子上望着窗外,一个字也不肯写。我象征性地喊他出来,询问他哪里不舒服,他却实话实说地反问:"小涵都病好了,我们班为什么还没有解除隔离,不能下去做操?"我也心虚得不行,只好掏出手机给他看,我们班还在隔离名单中,大概需要再观察一天。他才勉强接受这个理由,回去开始做练习。试问,难道班级中有此疑问的只有小泰一人吗?不,大有人在!只是大家怕遭到老师的批评,压制了自己的反抗。不过班有"杠精",也让我们老师学会自律,自此之后我再也不敢做"见不得光"的事了。

不久之后的一个周二,学校迎来督导检查,可巧选中了小泰和几个小朋友去做访谈。小泰向专家告状,说我们班体育课被占用了。我顿时火了,质问他我什么时候占用了体育课。他回答说,没有说语文老师占用了,是别的学科。不管哪个学科都不能占用音、体、美的课,这是原则性问题啊。小泰这是在坑我们啊。实际上是,周一体育老师请假了,和英语课对调,英语老师突然接到开会通知,又让我来看班级,是三位老师没有跟学生解释清楚,这不能怪小泰。直到周四英语课时,体育老师进了班级,同学们才恍然大悟,真的是调课,不是占课。不过班有"杠精",也让我们明白了,很多事情孩子们是需要一个解释的。

自从值日班长带领值日小组上岗后,他们开始观察和记录班级学生的表现。一张小纸条突然塞到了我的手里,我一看小泰的名字也在上面。午会课上,我让值日班长反馈当日班级情况,特别加一条,一定要说明白为什么记录这些小朋友的学号。值日班长反馈了原因,同学们非常信服,觉得记录得公平公正,小泰也欣然接受。谢谢小"杠精"的直言善辩,让我们学会了以理服人。要不这张小纸条往家长群里一发,晚上家长还不得一个个来询问孩子到底犯了什么错误。

  不仅如此,值日班长轮岗制我也让同学们公开辩论,要不要轮岗,多久轮一次,哪些人轮,都让他们讨论得清清楚楚。不辩不知道,一辩吓一跳,原来班级中有这么多小"杠精",没想到孩子们的自主意识已经觉醒到这种程度了。班级高度"集权"制的时代已经过去了,靠老师的强权镇压,班级管理将很难奏效了。除了对班级的放权外,我也学会了给孩子们更多自我陈述的机会。几个男生为什么老是约着去厕所玩呢,反复教育都没有什么效果。我耐心地询问,他们终于如实说了,原来他们想要玩奥特曼卡片,可因为我个人不支持舶来品,而且女生总喜欢打小报告,他们只好躲到厕所去聊。我试问,假设我同意他们在教室玩奥特曼卡牌,该如何实施呢?他们说,可以设一个小的区域,让他们展示自己的收集,他们也会自己去设计并展出自己的作品,提高动手能力。而且可以规定必须是上课认真听讲,作业正确率高,完成速度快的小朋友才可以参与,这样也可以调动男生们的积极性。这多好啊!为什么我以前没想过呢?

  一个"杠精"带动一群"杠精",班级逐渐面面精细化起来了。班规建设,有质疑,就说明有问题,精细化来解决。活动安排,有想法,就要各抒己见,精细化来组织。灯不拨不亮,理不辩不明,敢于从学生角度着想,敢于让孩子发声,民主与和谐才能真正产生。

我是一个兵

上海市金山区石化第一小学　王斌

新时代的班主任工作在教育行业中是非常具有挑战性的。每天和数十个性格迥异、各具特点的孩子们的相处，不仅需要班主任充满爱的付出与陪伴，在建班育人中还需要有教育智慧的灵光乍现。特别是一年级的班主任老师，在班中更是这样一个复合型的角色。这不，他们的聪明活泼、童言无忌就经常会给你惹点小烦恼或者带来意想不到的惊喜。

一年一度的校运会又要到啦，传统的入场式环节可谓是展示班级风貌与特色的大舞台。尤其是对于这群刚刚步入小学的孩子们，可都个个摩拳擦掌、跃跃欲试呢。在和小班干部们及家委会代表们商议讨论后，我们决定以班级特色文化——中国象棋为载体，进行班级入场式展示。"决议"在班内通过后，孩子们、家长们群策群力，纷纷提供金点子。队形造型，音乐选择，动作设计……没过几天，颇具特色的入场式方案已逐步成型了。独具匠心的 DIY 班服是我设想的点睛之笔。每位同学的班服胸前都印有一个独特的象棋棋子，如此一来，32 位同学正好组成了一副完整的象棋！于是乎，对象棋颇有研究的我便根据孩子们的身高队列和性格特点开始了"排兵布阵"。在孩子们穿上私人订制款的班服后别提有多神气了！穿上"将""帅"的同学不禁昂首挺胸地摆起"pose"来，穿上"马"的同学还不忘展示着背后"一马当先"的题字……教室里充满着欢声笑语。

正当我为孩子们的欣喜劲而洋洋得意时,我听见了班级一角中小方同学的喃喃自语:"为啥我就是一个小兵啊……"他是班中个头最高、但心智较小的一个孩子,平时有些调皮捣蛋,但他的天真无邪也让我印象深刻。看出他的些许失落,我便在课间和孩子私下进行谈心,进一步了解得知,原来是小方同学一心想做能横冲直撞、进退自如的大"车",有点看不上一步一行、前进缓慢的小"兵"呢。

运动会上,身着特制款班服,惊艳展示了"人体象棋"表演的我们班获得了入场式优胜奖的佳绩,比赛场上也是捷报频传,奖状连连。但在我心中盘踞的还是小方同学他那天略带沮丧的脸庞。如何才能改变孩子对小兵的偏见,心情从此多云转晴呢?思索再三,我决定从象棋文化的理念入手,让孩子们了解棋子的价值内涵。于是,我便开始着手借由本次运动会的契机,巧使连环计。

计策一:价值引领　抛砖引玉

比赛间隙,我与几个孩子一起围坐在操场上,小方同学也在其中。看他们几个还沉浸在入场式获奖的喜悦中,我不禁问道:"这次获得优胜奖,是谁的功劳呀?"

"当然是王老师啊!是王老师想到的好主意!""是小李同学!他是班长,要负责喊口令和指挥,最为重要!"……孩子们为此讨论得热火朝天,好不热闹。我也和他们分享了我心中的答案:"这是属于每一个人的荣誉。老师、家长、所有台前幕后的参与者都一样重要。尤其是你们,今天站在司令台前的每一个人,不管你是什么角色,什么任务,就和平时下棋的时候一样,试想今天如果 32 个小棋子中缺少了谁,我们还能在台前展示表演吗?所以不管是将帅也好,兵卒也罢,每个人都一样重要,缺一不可!"

在分享我的"全班一盘棋"的理念的同时,我也在默默关注小方同学的认知变化。和上次的喃喃自语不同,这次他的眼神中显露出来的更多是认可与接受。我琢磨着我的这步棋算是走对了,在以象棋作为班集体的比喻中,让每个孩子都产生了集体的归属感、认同感、荣誉感,这对班级凝聚力的合力培养是非常重要的。同时此举也获得了小方同学的思想认同,他不再认为自己是一个可有可无、没有存在感的"兵"了,这种思想上的初步转变也为我后续的思想工作奠定了基础。

计策二:实践感悟 远交近攻

拔河比赛是运动会上的压轴好戏,每一个活泼好动的孩子都盼望着上场一试身手,小方同学也不例外。我想对于他这样人高马大的力量型选手,拔河比赛正是他在班中大显神威的舞台。于是我把他安排在拔河队伍中"排头兵"的位置。拿到"C"位的小方同学脸上可算是笑开了花,在比赛中更是使出了九牛二虎之力。最终在全班同学共同的努力下,我们在拔河比赛中脱颖而出,获得了优胜!全班同学的欢呼雀跃响彻云霄。而在人群中,我观察到小方同学的笑容尤其灿烂,更多了几分平日中少见的自信洋溢在脸上。

赛后,我和小方并肩坐在操场边,和他聊起把他排在班级主力"C"位的原因。单纯的小方认为只是因为他力气大才把他排在最重要的位置上。我微微一笑,让他和班中另外4个分配到"小兵小卒"象棋班服的同学,关注班服背后印有的四个字——身先士卒。我结合今天拔河比赛的表现和几位同学一起分享讲述了"身先士卒"的含义,并给5个小士兵留下了一张"肩并肩"的宝贵合影。在心灵的沟通中,小方同学对"小兵"有了认知上的转变,能自我认知到"我是一个光荣的兵"。也和其他几位小兵一样,在班集体这个大棋盘上找到了自己的定位和精神属性。

计策三:内涵挖掘 树上开花

运动会后的一周,我又趁热打铁,抓住运动会上有关小方同学的生成资源,在班中开展了一堂有趣的"象棋德育课"。我组织学生进行了"三卒围城""单'车'难胜三卒"等象棋残局定式的练习。除了学习基本象棋技巧外,更在于通过棋盘上的实例,打破孩子们心中传统的"大'车'9分,小兵1分"的认知概念。"看似弱小的小卒过河联手的威力可抵大'车'。"象棋世界中的这个经典理论迁移到建班育人中,则很好地诠释了团结在班队集体中的重要性。

本次主题班会课后,运动会上那张5个"小兵"并肩前行的照片,也成了孩子们心中难忘的经典瞬间。全班同学都能为我们班中有几个可爱而有力量的"小士兵"而倍感自豪。我也欣喜地看到,通过对一个"小兵"的内涵挖掘,能够在整个班级中遍地开花,全面收获思想认知提升的丰硕果实。

借助独特的班级文化载体,可以让德育的种子无声地在每一个孩子的心中生根发芽。象棋是古代先贤智慧的结晶,也是中华传统文化的精髓所在。因此,我将象棋中蕴含的智慧哲理渗透到对学生的日常德育养成中,从象棋子力的价值等多方面帮助学生提升思想品质的认知高度。而从哲学的角度来看,棋道也是人道,其中包含了无尽的人生智慧。以此作为班级德育养成的重要抓手可谓浑然天成。通过棋文化的渗透能够有效地进行价值观的塑造。学生也更明晰了自身在班集体中所能产生的作用和影响,将棋理转化为指导自身不断前行的人生智慧。以象棋为载体,全面助推学生德育工作的开展和落实,促进学生健全品格的形成。这对促进"融合育人"的落地生根和班级德育的长期养成都具有极其深远的意义。

"特殊"学生的平凡岗位

上海市金山区张堰小学 黄佳丽

窗台上的"豆腐块"

"黄老师,你们班级窗台上的几块'豆腐干'不错,整整齐齐的,值得表扬哦!"德育处王老师检查完班级卫生,向我调侃道。"王老师,你猜猜看这是谁的杰作?"我卖起了关子。"谁呀?""是小王子!""是那个患有'阿斯伯格症'的小王子?"王老师不可思议地问道,"那你可要好好表扬表扬了。""确实是不容易呀!"我点头答应道。

说起我们班级的"小王子",那可是"远近闻名",并不是因为他的名字中带有王子两个字,而是因为患有"阿斯伯格症",他时常控制不住自己的行为和脾气,对学校和班级的纪律毫不放在眼里。鉴于他的种种"丰功伟绩",让我时不时地对他多加"关注"。这不,他又开始"瞎晃悠"了。

窗边的身影

今天中午,又到了节前的大扫除活动,小朋友们在自己的岗位上各司其职,干得热火朝天,擦窗户的、擦黑板的、扫地的、排桌椅的……我不禁为小朋友们热爱劳动和相互协作的精神点赞。

这时，我看到一抹身影——"小王子"站在窗户旁，手中不停地动来动去，他的"无所事事"勾起了我的好奇心。

"'小王子'，你在干什么呀？"

他头也不抬，说："我在给抹布翻面，这样能干得快一点，窗台上就不乱了。"原来是擦完窗户的同学把洗干净的抹布放在了窗台上晾晒。

听了他的话，我回想起鉴于"小王子"之前的种种行为，班级中实行小岗位制度至今，"小王子"还没有自己的小岗位，他还没有被伙伴们认可。我灵机一动：他是不是也想为班级做点贡献呢？

我满怀期待地问："那等抹布干了，你愿不愿意帮大家把抹布叠起来？"

"小王子"却斩钉截铁地说："不，我要写作业。"

一盆冷水浇下来，但是我不放弃，继续强调："老师的意思是等你作业写完了，你愿意帮大家叠抹布吗？我们班级还缺一个小岗位——抹布管理员，有了这个岗位，我们班级的窗台也就干净整洁啦！你愿意当这个管理员吗？""小王子"想了一下回答道："好的。"

为了更好地满足学生的成长需求，我们班级从一年级开始就设置了各个小岗位，我除了设置常规的班长、学科课代表等岗位以外，还特意为学生设置了其他的岗位，毕竟小学生的责任意识还不够强，各类岗位的设置不仅让每一位学生都能够胜任一个岗位，还能够借助岗位激发学生的"进取"之心。此时的我，特别期待"小王子"能够给我不一样的惊喜。

不一样的惊喜

下午，当大家都在走廊玩耍时，我发现窗台上的抹布还是一动不动地晾着，看来"小王子"已经忘记中午的事情了。

我走过去问"小王子"："'小王子'，你还记得答应黄老师要干什么吗?"

"小王子"再次干脆地说:"我不记得了。"果真,"小王子"又一如常态。

"那好,你过来吧。"我把"小王子"带到晾晒抹布的窗台边:"你中午答应我要帮大家叠抹布的,这个任务就交给你了。"

"好的。"这次他爽快地答应了。

因为我了解"阿斯伯格症"的各种症状,知道这样的孩子会沉浸于自己的世界,且不愿被打破、打扰,所以为了不给"小王子"造成压力,我没有给予他过多的指导,而是转身去指导其他同学的学业任务了。中途,我抬头观察了一下,果真他并未受外界的干扰,而是聚精会神地叠着那一小块一小块的抹布。我发现只要任务布置给他,他做得还是很认真的,这让我刮目相看。我悄悄拿出手机,记录下了这宝贵的时刻。

最后,他把所有的抹布都叠好了放在窗台上,虽然没有放到应该放抹布的指定位置,但是对于这样一个"特殊"的孩子,能安安静静地叠好所有的抹布已经非常不容易了,看着这一块块"小豆腐干"整整齐齐地码在窗台上,我是又惊又喜,禁不住对他竖起了大拇指,他居然一反常态,害羞地回到了座位上。

下午的班会课,我把"偷拍"的照片播放给孩子们看,教室里瞬间响起了热烈的掌声。同时,我问孩子们:"我们班级的小岗位中居然缺少了非常重要的抹布管理员,你们看,抹布帮助我们把教室玻璃、墙壁、黑板都擦干净了,可是自己却没有一个可以休息的地方,是不是很不应该呀?"只见"小王子"的头点得比任何一个孩子都起劲。"那'小王子',你愿意接受挑战,当好这个抹布管理员吗?"在我的循循善诱下,"小王子"大声而坚定地告诉我们:"好的。"简简单单两个字,却让我知道,我正在慢慢地深入他的内心,激发了他的内驱力,相信他能做得很好。

那天下午,"小王子"一改常态,异常安静、听话,让老师们甚至忽略了这样一个"特殊"学生的存在。

第二天,孩子妈妈的一席话更是为我之前的行为画上了圆满的句号:"黄老师,我要感谢您。昨天'小王子'回家路上就非常兴奋、非常高兴地对我说,他在班级中也有小岗位了,他也能为班级争光了,而不是给班级抹黑。您是真不知道,他昨天一晚上的兴奋,连带着作业完成的效率也非常高。……"

听了孩子妈妈的话,我不禁为"小王子"高兴,为他的妈妈高兴,更为我自己高兴。润物细无声,我利用劳动教育的形式,努力弥补学生身上所存在的个体性差异,让孩子们拥有了不同的小岗位,在平凡的岗位上获取自信心,也更好地融入班集体,更让"特殊"学生不再特殊,真正做到在教育的道路上不抛弃、不放弃每一个孩子!

乘风破浪 一起向未来
——我和我的家委会的故事

上海市金山区海棠小学 沈维

说到教育故事,总会想到老师助力个别孩子成长的感人、精彩的故事,但我们在面对一个个活泼可爱的孩子的同时,更多的是走进这40多个孩子组成的集体。这是一个充满童趣、充满活力的集体,是需要我用心、用爱去呵护的集体,并一步步带领集体走向未来。所以,我就想说说我和我的家委会的故事。

2020年8月,我接任了新一年级班主任的工作,45张新面孔来到了我的身边。他们活泼可爱,正式从幼儿园的小朋友转换成了真正的小学生。很荣幸,我成为这45个孩子的班主任。想想身边又要围绕着一群天真烂漫的孩子,心里就欣喜无比。这一届的孩子比较特殊,他们经历了疫情,大班的二分之一时间基本都是在家里度过的,没有参观过小学,对小学的学习生活情况也知之甚少。我将如何做好这个"孩子王",压力也随之而来。

家委成立,有组织,有目标

新生家访时,我就向每位家长提出了招募班级家委会的想法,希望热心的家长能积极报名。果然,有好几位家长向我报名,希望能为班级出一份力。经过自愿报名与筛选,我们选出了7位家长。所以,刚开学不久,我们班级的家委会就正式宣告成立了,并召开了我们家委会的第一次会议。会议议程是讨论我们要打造一个什么样的班级,并为班级取一个响亮又好听的名称。家长们各抒己见,积极讨论。最终,我们决定将班级命名为"锦鲤中队"。以我们海棠小学"让每一个孩子都成为一颗星"的理念为依托,希望孩子们能在海棠小学这一片美丽的大海中,努力成为积极、向上、努力又幸运的小"锦鲤",乘风破浪,逆流而上。同时也希望有缘走到一起的我们,结成一个团结友爱、充满欢声笑语、开心甜蜜的团队。有了响亮的名字,有了美丽的班徽,有了给力的"锦鲤"家委会,我们"小锦鲤"的生活从此发生了很大的变化……

活动多样,有欢笑,有收获

家委会是一座桥梁,是学校、老师、家长和孩子之间的纽带。我和我们班的家委会从成立之初就有着这样的共识——给孩子一个欢乐的课余时光。当然,精彩活动必不可少。我们有经验丰富的"策划师",有专业的"摄影师",有给力的"团队"。刚开学,我们就行动起来,有了第一次集体大活动。

那时,秋意正浓,我和家委会筹划着让小"锦鲤"们抓住10月的尾巴,组织了以"美丽山阳走起来"的亲子活动。我们一起动手做午餐,生活技能学起来。我们事先准备好了饺子皮和馅料,大家把手洗干净后,一起动手包饺子,每个小朋友都大显身手,饺子都包得有模有样,都是包饺子小能手呢!果然自己动手包的饺子特别香,家长们和小朋友都吃得特别开心。

除了动手自给自足,强健体魄也是必需的,孩子们来到大草坪,排列成四个小队,队伍整齐划一,和家长们一起参加亲子运动会。家长们与小朋友们一起动起来,在田野里展开了一场别开生面的"田园运动会",让孩子们获得了更多的自然体验。运动会上,通过各个亲子项目增进了团队的合作能力和亲子合作的能力。

收获满满的活动,这才是我们"锦鲤"中队正确的打开方式!当然,属于我们的活动一次又一次:我们一起欢天喜地闹元宵,动手做汤圆;我们一起化身"小雷锋",投入社区,进行志愿活动;我们齐心协力,用不同的才艺,拼凑成一台精彩的才艺表演;我们一起愉快地BBQ,用心地画扇面,认真地玩转科学实验课……

班级文化,有创意,有特色

随着时间的推移,我与锦鲤家委会的配合也越来越默契,班级的运转也越来越成熟。这让我们有了将班级进一步打造成一个特色班集体的动力。身为"小锦鲤",孩子们也读过《小鲤鱼跳龙门》的故事,所以我们的初衷就是希望孩子们也能成为有恒心、有毅力、坚持不懈的人,不怕困难,乘风破浪,逆流而上。

于是,我们决定先从班级环境入手,孩子身处其中,必受鼓舞(见图1)。当时,正值辞旧迎新之际,班级布置,说干就干。讨论商量——出谋划策——方案修改——任务分配,不夸夸家委会,真说不过去。就在元旦来临的前两天,以"乘风破浪,逆流而上"为主题的班

图1 班级主题活动布置图景

级布置完成了,因为结合了新年元素,整个班级环境积极向上,喜气洋洋,简直不能更赞。

既然有了不一样的环境,如何更加深入地打造班级文化特色,就成了我和家委会接下去要一起攻克的难题。虽然当时疫情严重,很多活动不能开展,但我们一直在努力。

"锦鲤"家委会成立一年多以来,我们精诚协作,不仅仅提升了班级的凝聚力,同时让孩子们的生活变得有声有色。可以这么说,随着孩子一天天长大,我和我们班的家长也在一同成长。在一次次和家长们的互动中,我发现,让家长一同参与学校教育活动,不仅是一种良好的家校沟通,更能刺激家长们的教育积极性,让学生受到多方面的教育。这是一种心与心的沟通和互动。

开心"逗"成长记

上海市奉贤区星火学校 路青眯

"瞧这一把青龙偃月刀,它的功力可非同小可!""哈哈哈……逗逗,你可太逗了!"逗逗正在班里绘声绘色地讲着故事,手里挥动着他用废纸板制作的"青龙偃月刀"。

我们小青竹中队的午后时光总是充满欢声笑语,每位"小青竹"都会尽情地施展自己的才华,最受欢迎的莫过于大家公选的"竹园总管"——逗逗。每一次他都能给大家带来不一样的惊喜,可谓是大家的开心"逗"。

时光倒回到一年前,那时的逗逗还是个沉默寡言的男孩,无论做什么,都比其他学生慢一拍。上课时,他总是低着头,每次回答问题总要磨叽很久才起来,一言不发,或者弱弱地问:"老师,您说了什么?能再重复一遍么?"平日里,他总是愁眉苦脸,看到其他同学一会儿就完成老师布置的任务,他会很焦虑,会不停拍打自己的脑袋,嘴里嘟囔着:"他们好厉害,我怎么都不会,这要什么时候才能完成呢?"说着说着眼泪水就不住地流了下来。他是个自卑的孩子,渴望自己能变得优秀,能得到老师的赞赏、同学们的认可。

一句赞叹,享受成功的喜悦

有一次美术课下课了,大家都在休息,我发现他还在埋头画画,走近一看,不禁赞叹了一句:"真好看!"他难以置信地看着我:"老师,您说的是真的吗?"我摸摸他的脑袋,笑着说:"当然咯,你看,你的颜色涂得不仅好看,还很有规律,很均匀,这个需要耐心的,很多同学都做不到呢!"那一刻,逗逗的眼睛里迸发出难以置信的光芒,他瞪大眼睛望着我,又涨红了脸低下头。从此以后,逗逗和我有了更多交流。他常常主动发给我他的绘画作品,也喜欢和我分享他的趣事。

不知不觉间,逗逗的绘画与表达能力都有了很大进步,我告诉他:"每天进步一点点,长时间下来,就是一个质的飞跃了。"恰逢学校读书节,要进行好书推荐卡制作比赛,我替他报了名。逗逗一脸不置可否地说:"老师,我行吗?"我摸了摸他圆溜溜的小脑袋说:"用心准备哦,老师相信你有这个实力,会有不一样的收获哦!"果然,他的作品深受大家喜欢,得到了入学以来第一张奖状,他兴奋得手舞足蹈。直到后来的家访中,我才知道,他花了好多时间细细品读那本书,反复画了好几稿,看到他如此用心对待一件事,作为老师,我很欣慰。后来,我发现他不仅更爱画画,也爱上了阅读,时不时和我分享阅读感受。

我的一次热情的鼓励与赞扬,点燃了逗逗内心的小火苗,让原本自卑暗淡的他自信开朗了许多,也拉近了我们彼此的距离。

一次体验,得到伙伴的认可

为了让学生们尽早熟悉班集体,也为了挖掘每个学生的闪光点,激发他们主动成长的潜力,让我们小青竹中队能够节节向上,我在班级中按学号实行"一日竹园管家"的体验活动,组织和维持好班级的一日行规。每日放学前请"小管家"总结自己发现的问题,并尝试提出建议,为制定班级公约做准备。

很快就轮到了逗逗,那天是他入学以来到校最早的一次,据逗逗妈妈说,这是他第一次那么早起床,快速吃完早饭,迫不及待要赶往学校,一路上还念叨着:"今天我是小管家!"午休时,教室外竟然没有学生，也没有大声喧哗的声音，正当我好奇时，突然，传来一阵笑声，紧接着又是一阵掌声，我按捺不住自己的好奇心，悄悄地去教室后门看了一眼，原来孩子们正在玩画鼻子的游戏。"很有创意的鼻子，谁来挑战他？小郭，坐得最好，举手最标准，就请你来。"逗逗那熟悉的声音让我忍不住多驻足一会，只见刚刚还哈哈大笑的学生们这回齐刷刷地坐端正了，纷纷举起小手。原来逗逗是这样组织同学们有序游戏的，还真是寓教于乐。逗逗不仅自信开朗了，变得幽默了许多，对于每个画完的同学，他都能用幽默且不伤人的话来点评鼓励他们。在那日总结评价时，同学们都说他非常棒，跟之前很不一样，希望他还能做"管家"，组织大家玩更多好玩的游戏。放学时，他见到妈妈的第一句话便是："我今天受到老师和同学们的表扬了，我太开心了！"

从那天起，他心中的求胜向好的小火苗燃烧得更旺了，他对我说："老师，我会努力，让自己变得更优秀的！"

一份信任，收获自信的力量

一次课间，经过教室走廊，我又被窗边的逗逗拖住了脚步，靠近一看，原来他正拿着自己喜欢的书在给同桌讲故事，那娓娓动听的声音一会儿就吸引了好几个同学围过来。于是当天的语文课上，我借机说："逗逗，你讲故事真好听，可惜老师课间路过，只听了一会儿，还意犹未尽，今天这节课的儿歌也很有趣，你能给大家示范读一读吗？"他毫不犹豫地站了起来，清了清嗓子，大声地朗读起来，他对每一个字的音节拿捏得都很到位，抑扬顿挫的声音更是赢得了同学们的一阵掌声。我让他做小老师带同学们一起读，并把"晨读百灵鸟"的岗位任命给了他。那一节课，他挺直腰板，目光始终跟随着我，也许他感受到了我对他的信任。

逗逗上岗的第一天，拿出了那天做小老师的架势来："你读得真好听，这个字的发音如果再准点就更好了，跟我读一下……"我走近他身边，拍拍他的肩膀，给了他一个大拇指："还挺像模像样的，老师果然没选错人。"他挺了挺胸脯，自信满满地继续他的工作。渐渐地，他的感觉越来越好了，不仅自己的朗读能力日渐提高，还学会了认真倾听，挖掘和他一样优秀的"百灵鸟"，请他们做自己的小帮手，一起参与体验这个岗位，助燃了更多学生想要展示自我的小火苗。在后来与家长的沟通中得知，逗逗为了不辜负我对他的信任，养成了每天早起晨读的习惯，家长也非常支持，经常和他分角色朗读，或者扮演学生配合他。看到那个不爱言语的逗逗每天滔滔不绝地分享自己在学校的情况，家长甚是喜悦与感激。

虽然学生们到校的时间参差不齐，但每天清晨，教室里总是井然有序，在逗逗的带动下，学生们不仅朗读能力提升了，越来越多的学生爱上了读书与分享，而活跃在人群中的逗逗俨然成了大家的开心"逗"。

学生之间的个体差异是天然存在的，不同的学生在学习和生活中都会有不同的表现，作为班主任，我们要走近学生，对其进行细致入微的观察和了解，挖掘他们的潜质和闪光点，有针对性地赏识及鼓励，点燃他们内心的小火苗，给予信任，创造机会，助推他们的小火苗越蹿越高，越烧越旺，在各个舞台绽放光芒，快乐成长。

成为一束光　照亮身边人

——一个"小捣蛋"的成长

上海市奉贤区柘林学校　汤海凌

有一个学生，陪伴我走过了十年的教育道路，他的成长与我对教育的思考紧密相连。

2012年，我入职第二年，接了一个棘手的班级——四(5)班。

小王曾是这个班级最令人头疼的"小捣蛋"之一。他冲动、倔强。低年级时和同学打架，三年级时在课堂上和老师冲突，上课时不听讲，还捣蛋影响其他人，成绩在班级倒数。和小王深入接触后，我发现他是一个讲义气、爱出风头、内心深处很善良的小孩。我曾细细梳理和他相关的打架事件，总能抓到一些他的敏感脆弱和对公正的渴望。家访中，我得知他的家庭经济状况糟糕，父亲有些不靠谱，四处举债，母亲常年兼职几份工作还债。小小的他就能体谅母亲工作的辛苦，分担些家务，对姐姐也诸多谦让。

小王的境况和懂事让我心疼。为了帮助他，他打架后，我和他一起去道歉；他受欺辱时，我站出来为他讨公道；他作业不做时，我利用课余时间陪他做；他题目不会时，我耐心教；活动课时，我们一起打篮球、做游戏……学习有了预习和巩固，他逐渐能跟上我上课的思路，不再捣蛋，甚至积极发言。我设置了积分奖励，默写全对的孩子能够得到积分。他总是得不到全对而拿不到积分，很不服气，就偷偷检查默写全对的默写本。有一次，他发现我的批改有个错误，特别高兴地向我指出。我欣然接受，并感谢他的检查。之后我就热情邀请他检查我的批改，其他几个成绩不理想的孩子也纷纷要求加入检查的队伍。后来，他们检查得多了，自己的默写正确率也提高了。

接班一个学期后，小王从不及格考到了B。他很高兴，有了自信，更把我当成了自己人。有时，班级里遇到事情了，他和他的那些捣蛋朋友就根据我平时处理事情的方式处理了。到了五年级，小王和他的捣蛋朋友们都成了我的宝贝，班级有什么活动和劳动都冲在前面。

小学毕业进入初中后，小王和五班的孩子仍时常来看望我，时不时给我些小惊喜。

然而，遗憾的是，进入初中后，小王接触了社会上的不良青年，无心学习，我曾多次劝阻，他答应我不会做违法的事，但仍然无法斩断这些交集。学习上落下的知识越来越多，初中的老师也曾努力帮他补习，然而，学习终究荒废。初三临近毕业，他来找我，对我说："老师，我好后悔！初中全玩完了！"我悲从中来，有些境遇，终究人力不可为。

他在初中的这几年，眼看他陷入不良的境遇，眼看他荒废学业，我却无能为力。那些年我常常陷入迷茫：教育到底能做什么？我在他小学时付出的努力意义何在？

初中毕业后，小王去了浙江的亲戚家干活。每天12小时，一周休息一天，一个月4000元。他做的活很脏，时常满身油污。他对我说：老师，我待在浙江山区里挺好的，终于彻底摆脱了初中那些纠缠不清的社会不良青年，赚的钱也花不出去，都攒着呢！我以后要干别的，我不会混得比其他学习好的同学差的！

他的父亲欠的债越来越多，母亲赚的钱只够还利息。姐姐在读技校，生活费没有了着落，他就把自己工资的一部分给姐姐当生活费。我的生日，他从没忘记，几乎每年都预订好蛋糕让蛋糕店送到学校。有一年他回上海，身上长满了湿疹，我带他去皮肤科看病买药，他回老家上班，我又给他寄了几次药，直到痊愈。

现在，小王用自己的积蓄报了美发班学习美发，到周五学习结束，他就赶到长宁区做临时送菜员。来来回回，每个星期，他只有星期天下午休息半天。他曾说想吃我做的菜，这个假期趁他周日回来，我给他做了一顿饭。吃完，我收拾好后发现他已经因为疲惫趴在桌上睡着了。

今年，小王20岁。他说：老师，我要努力学好美发技术，和朋友约好了，以后我们一起开理发店。等我稳定了，我要接女朋友来好好过日子。

小王以后会发展成什么样？我不知道，但我相信他，会越来越好。我们身为老师，要把学生培养成什么样的人？我们常常为那些优秀的孩子喝彩，我也不例外。和小王一届的学生，高考考上了"985""211"高校，来报喜，我很欣喜。但，小王这样的孩子，曾经年少不懂事，但在社会的洪流中仍心怀感恩，充满希望，凭着自己的勤劳走好自己的人生路，我很感动，很骄傲！

审视我和小王共同成长的9年，我想教育最要紧的就是我们老生常谈的一个字——爱。陶行知说：真教育是心心相印的活动，唯独从心里发出来，才能打动心灵的深处。小王作为我的学生时，我是一个非常稚嫩的老师，谈不上什么教育方法，教育行为和语言甚至都是极其粗糙的，唯有一腔对学生和对教育工作的热爱。只是我的用心让小王和那班孩子感受到了，联通了我们师生的心灵。

去年暑假，我参加了市级班主任工作室统一的培训，老师讲了不少教育的方法和话术，但培训的最后，老师们都会强调：所有的教育方法和话术都建立在爱学生的基础上，没有爱，方法和话术都是没用的。反之，用心爱学生，就会看见学生，就会对教育工作充满学习和实施的热情。

另一方面，我想，作为老师，我认真工作的劳动态度，不放弃任何一个学困生的努力，培育了学生正确的人生观和价值观。我们做老师的都知道，有的学生受限于各种各样的原因，哪怕我们努力利用课余时间去辅导,学习成绩仍收效甚微。但小王让我深刻明白,教育,不止为学习成绩,更重在育人。老师的不抛弃不放弃,老师对孩子的每一份努力都是孩子心灵的养分,让他充满生长力,让他在未来的困境中坚强,在抉择中选择正确的方向,让孩子们在未来有责任有担当。

　　虽然小王没有在学业上取得好的学习成绩,但他在老师的关爱中成长,逐渐形成正确的人生观、社会观、劳动价值观。相信他在人生道路上能够凭借自己的辛劳和智慧前进,这样的孩子也是教育的成功。

　　最后,感谢小王。我曾用心照亮小王,而今,小王是我内心的一束光,给予我在教育道路上源源不断的力量。

拯救桌肚大作战

上海市浦东新区明珠临港小学　钟艳

"叮铃铃"悠扬的放学铃声荡漾在校园的每一个角落里，孩子们齐刷刷地冲向教室外的走廊排队准备放学。眼看队伍中同学们的数量差不多了，我在门口催促着教室里的孩子们抓紧时间，可是左等右等，队伍里面还是缺少一位同学。"这位同学怎么还没有好呢？"带着这份疑惑，我走进教室，空荡荡的教室里，一眼就看到小朋正在不紧不慢地整理桌肚，丝毫不受外面热烈的放学气氛所感染。我走到他的身旁，他正一手从桌肚里拿出一张语文练习纸，一手拿着文件袋，看了眼文件袋上写的是英语，又把语文练习纸一把塞进桌肚，再从黑压压的桌肚中寻找英语练习纸的身影。可怜那些书本的纸张早被狠狠地揉搓，成为"枯枝烂叶"，毫无生机地躺在桌肚中。书包倒在一旁静心地观看着小主人这每天一出的"整理大戏"。

看来是时候要帮助小朋解决这个"黑桌肚"，明天就开始拯救桌肚大作战！

第一步：师——任务上岗，思习惯

最近班级卫生需要人手来帮忙，于是我特意为小朋安排一个职位——清洁维护员。我在全班面前宣布这个职位的任务是帮助值日生完成教室地面的干净整洁，还特意告诉同学们："这个任务是很艰巨的,需要这位同学每天完成维护工作,虽然不是值日生,但是要检查出值日生有所欠缺之处,需要更加认真和负责才能完成这个任务。老师该把这个重要的任务给哪位同学呢? 有同学自愿担任吗?"话音刚落,小朋高高举起了他的小手,这下正合我意,我授予了他"清洁维护员"的标志,希望他为班级贡献自己的劳动,同时希望教室的干净和整洁也能让他自己混乱的桌肚有所改观。

一个月过去了,小朋已然成为大家心中的维护员了,"小朋,垃圾桶满了!""小朋,教室里有点垃圾!"一声声话语满是同学对小朋的信任,让他将这份"工作"干得热火朝天,信心满满。但是反观他的桌肚,却是没有丝毫改观,我只能走到他的桌子旁,温柔地说:"小朋,教室在你的维护下非常干净,但是你的桌肚也要干净起来啊!"小朋微微一笑,小手挠挠头,腼腆答道:"钟老师,你说得对,我马上整理!"他意气风发地整理起桌肚来,他知道整理桌肚就像打扫班级一样,虽然辛苦,但是付出劳动后整洁干净的教室是同学和老师喜爱的,同样自己的桌肚也需要整洁。

第二步:伴——携手互长,养习惯

劳动的种子在小朋的心里开始生根发芽,但是观察他平日的课间习惯,我还是能看到他随意乱丢的书本、水杯、餐具,这可怎么办呢? 我又不能总在他身边提醒呀! 想想,同学不就是每天在他身边的好伙伴吗? 于是,我在班会课上重点表扬几位桌肚整理的小能手,让孩子们自己来分享整理的心得经验,下课再让同学们去观摩。只听到课间教室里传来一句句赞叹,"哇! 小雯的桌肚太干净了吧!"同学们毫不吝啬地夸奖着。于是,我趁此良机每日挑选一位整理小能手,提醒同学下课及时整理桌肚,及时更换上课书本。榜样的作用可是不能小看,大家纷纷对整理桌肚这件事重视起来。课间我一走进教室表扬同学桌肚干净,就能看到小朋默默地整理起来。看来,整理桌肚这件事开始慢慢浸入小朋的内心,内化为日常习惯。放学的铃声再次响起,只见小朋早已整理好书包,帮助值日生一起劳动,看着他们忙碌的身影,默默地付出,辛勤地劳动,我不禁感叹,这就是孩子们对班级的责任感!

第三步:家——润于细微,成习惯

同小朋父母的交流中,我提到整理的问题。小朋父母也在为此事感到困扰,孩子学习能力很强,特别爱阅读,是个小书虫,只要拿起书来一看就是半天,全然不顾桌上东倒西歪的一切。此时,我建议父母在家及时提醒孩子整理好自己的物品,并送给父母帮助孩子在家整理收纳的四字小诀窍:清、分、收、归。清,即清理每日垃圾和不需要的物品要做适当的取舍。分,即对所有的物品进行分类。收,即每样物品规定好收纳的位置,书本置于书架,文具收于抽屉等。归,即每次用完一样物品要及时放回原处,便于下次拿取。只要牢记四个字,转眼就能成为归纳能手。

在寒假的家访中,我来到小朋家中,一进门就看到他特意为我准备的欢迎词。我心中已然满是欣慰和感动,跟随他的脚步又来到他的书房,听着他神采飞扬地介绍着他爱看的书籍,看着他整整齐齐归类的物品,我看到小朋的改变,看到他学会整理后愈加自信的脸庞。原来,劳动能改变一个孩子成为更好的模样。

拯救"黑桌肚",创造劳动财富

班级中许多孩子的生活是这样的,奶奶整理衣服,爷爷整理玩具,妈妈整理书包,爸爸整理柜子,一家人的帮助让孩子觉得自己没有必要做这些事情,自然会有人帮忙解决,这让初入校园的新学生们着实为难,一地的纸屑,摆放杂乱的桌面,还有就是那一个个"黑桌肚",背后所反射的就是孩子所缺乏的劳动能力。劳动是身而为人最基本的生存方式,简单的劳动,带给孩子的独立、自信、自强都是一生的财富。今天的小朋用劳动这把金钥匙拯救"黑桌肚",他切身感受到劳动让课桌"重获新生",让书房井然有序,这一切的美好景象都是劳动所赐予的。带领孩子们使用劳动这把金钥匙去开启纷繁世界的大门,这将是我今后的使命!

"糖衣炮弹"也需要方向

上海市松江区新闵学校　程仁慧

苏霍姆林斯基说：世界上没有才能的人是没有的，问题在于教育者要去发现每一位学生的禀赋、兴趣、爱好和特长，为他们的表现和发展提供充分的条件和正确的引导。的确，每个孩子都是独一无二的存在，与学生建立心与心的联系，方能打开一扇成长的大门。

故事要从四年级转学生小郑说起……初次见面，小郑乖巧听话的模样给我留下了深刻的印象，她的妈妈也是温柔可亲，说起话来轻声细语，给人一种难以抵抗的魔力。可这一切似乎只是错觉，一段时间的相处后，我发现了这孩子存在诸多问题：学习上基础差、惰性强，每天作业拖延，几乎天天在学科老师的"黑名单"上；生活中，爱撒谎，作弊，骂脏话，课堂上吃东西，甚至和男生打架。开学一个月，这么大的反差，让我对这个转学生充满了好奇。

这期间，我通过家访、电话、面谈等多种方式与家长进行沟通，而她的妈妈，每次反馈问题，都只是用那超级温柔的笑容及语气，对我说："好的，老师，我知道了，回家我批评教育她，您辛苦了！"原来，孩子从小生活在溺爱的家庭环境中，以至于随心所欲，没有规则意识及吃苦耐劳的品质。到了上学阶段，因为学习习惯差，经常被老师批评，同学不愿意和她玩儿。受挫后家长不但不帮助孩子纠正问题，反而频繁换学校。这导致小郑内心既自卑又不愿意尝试改变，长此以往，便染上了一系列不良行为习惯。

美国著名心理学家威廉詹姆斯说过,人类本性中最深刻的渴求就是受到赞美。在与小郑相处的初始阶段,我采取了"糖衣炮弹"攻略。当她主动回答问题,我会夸她:"给积极回答问题的你点个赞!"当她按时交作业,我会夸她:"你今天有进步,作业都能准时上交了,继续加油!"不得不说,耐心让我和她拉近了一点点距离,赞美让她找到了一点自信。然而好景不长,持续的"糖衣"输出,也让她渐渐失去了新鲜感,没过几天,她就坚持不住了,继续开始她的散漫式学习。就在每天和她斗智斗勇的日子里,一件小事发生了。

12月24日圣诞节前夕,学校策划了一个"图书义卖"的活动,很多班级为了促销,批发现成的小零食进行售卖。我思前想后,觉得还是让孩子们和家长一起动手制作一些点心零食会更好。活动开始前,当志愿者们拿出精心准备的零食时,小郑同学也悄悄拿出了两盒精美的纸杯蛋糕放进了班级售卖台。她明明没有报名志愿者,甚至没有提前说自己会准备蛋糕。于是我走上前去:

"这是你准备的蛋糕吗?"

"嗯,这是我昨晚和妈妈一起准备的,做到11点多呢!"

"你还会做烘焙呀,好厉害!"

"这是我的兴趣爱好,我经常在家跟妈妈一起研究做些好吃的!"

"那你为什么不提前告诉程老师呢?"

"我怕你会批评我不写作业,做烘焙。"

"不写作业,我肯定会批评,做烘焙是你的兴趣爱好,我肯定也会鼓励,那你想想,如何平衡这两者之间的关系呢?"

"……"

就这样,我们开始了促膝长谈,有关于如何合理分配时间的,有关于之前学校生活的,也有对现在学校生活的评价……通过聊天,我了解到她有很多的爱好:种花、养猫、烘焙、做手工等。她也很渴望交朋友,这里的同学和老师都很友善,她希望融入这个班集体。她也承认自己因为惰性,坚持不下去,才会偷懒。活动结束后,我特意在全班面前表扬了小郑烘焙的手艺。女生们听说后,一个个面露惊讶,对她投之以赞许的目光。那一刻,我看到了她自信的笑容。

那天之后,我总是请她发挥自己的动手能力,给我帮忙。比如植物角布置,我让她制作一个小花架,她做的花架,不仅实用,还很美观,又是被同学一顿夸赞。图书馆里,我让她去帮忙整理图书,她的表现也收获了图书馆老师的好评。元旦晚会,她用自己制作的道具,帮助小组获得了最佳表演节目。渐渐地,小郑积攒了越来越多的赞赏,也变得越来越自信了。当月总结班会课上,小郑被评为了"进步之星"。生活中,她也变得越来越健谈,交到了不少好朋友。虽然学习依然存在懒惰散漫的现象,但一些生活上的坏习惯,已经慢慢地消失不见了。

看着每天进步一点的小郑,我内心无比欣慰。趁热打铁,我通过班级心语信箱给她写了一封信:

亲爱的小郑同学:

你好!程老师忍不住要给你写封信,为你近日的进步点个赞!

本月,你积极参加班级志愿者活动,并运用自己的巧手,为班级活动助力,勤劳乐观的你,真惹人喜爱。乐于奉献的你也因此交到了很多好朋友,真为你感到高兴。未来的时光,希望你能在这个班集体,继续加油,扬长避短,积极努力,成为更优秀的自己,收获更多的朋友!

班主任 程老师
2021 年 1 月 13 日

此后,小郑没有让我失望。生活上越来越自信的她,学习态度也产生了较大变化。课堂上不再是走神、吃东西,而是举手回答问题;作业不再是拖沓不交,而是积极完成,主动向老师、同学请教。

这样的变化,也让我思考,究竟是什么让她发生了变化,是一次促膝长谈?还是赞赏的力量?亦或是发现了她的兴趣爱好闪光点?应该是综合的吧!没有方向的糖衣炮弹是没有意义,一味的唠叨说教也只会引起反感。真正的教育,应该是善于抓住每件小事,从小事中发现孩子的闪光点,将其放大,从而树立学生的自信心。

苏霍姆林斯基曾说过:在每个孩子的心中最隐秘的一角,都有一根独特的琴弦,拨动它,就会发出特有的音响,要使孩子的心同我讲话,我自身就需要同孩子的心弦对准音调。每个孩子都藏着一颗被理解、被认可的心,也许老师的一句激励的话语、一个赞美的眼神、一个鼓励的手势,就能给学生和自己带来意想不到的收获。

为孩子撑起一片晴空

上海市松江区中山第二小学　陈芳

"老师,您好,我想请问马老师是在这个办公室吗?"正在批作业的我听到有学生在办公室门口询问,立即抬起了头。"陈老师!""小宸!"几乎同时,我和刚才那位学生一起叫了出来。"我来找马老师拿我弟弟的作业!"小宸说,"陈老师,好久不见您啦!我可想您啦!"

我觉得天空是灰色的

已经升入六年级的小宸是我上一届带的学生,个头小小的。犹记得一年级时,周一的早上,全校总能听到她大声哭喊的声音,无论我们老师怎么哄骗,都劝不住她。若强拉着她进班级,瘦弱的她总能爆发出大力气,拼命往学校门口跑去。我后来了解到原因是这样的:父母刚离婚,她跟着爸爸,一到周末她就可以去妈妈那住,周一早上,妈妈送她来学校,她就不愿意来上学,因为她想跟妈妈在一起。

有天美术老师来找我,跟我说小宸画的画都偏灰色调,竟然把天空涂成了灰色。我找来小宸,带她来到操场上,一起感受蓝天白云的美景。"小宸,快看,蓝蓝的天空飘着朵朵白云,阳光照在我们身上好舒服呀!""陈老师,我觉得天空是灰色的呀。"看着小宸,我的心一颤,一年级的孩子说出这样的话,该是多么的忧伤呀!

父母离异,教育失当,孩子的天空似乎蒙上了一层暗云,不再明朗。我不能改变现实，却可以改变孩子的心情，让阳光冲散暗云，洒进孩子心间。

我不会再哭闹了

父母离异后，孩子出现问题最大原因是在父母身上，是父母疏忽了对孩子心理的疏导。我找来小宸的父母，分别跟他们深入地谈了一次，告诉他们大人虽然分开了，但要随时关注孩子的身心健康，对孩子的教育方式要统一，不要觉得亏欠孩子了就纵容孩子。因为小宸是跟着爸爸的，爸爸是男人，管理孩子的方式比较简单粗暴。爸爸还经常因为小宸不乖或没达到他们约定的要求，而不允许孩子去妈妈那。这样一来，小宸一有机会和妈妈在一起就不肯离开妈妈，所以她会在妈妈送她来学校时哭闹，以此达到留在妈妈身边的目的。而小宸妈妈觉得孩子平时都不在自己身边，一旦见面，孩子提什么要求都尽量满足，甚至全天看电视、不做作业等都可以。我告诉他们这样的想法和做法是错误的，不会让孩子健康成长，只会对孩子的心理产生严重的后果。我跟家长推心置腹地聊天，希望他们不要因为自己的事情，最终毁了孩子。在保证爱孩子的前提下，一定要达成教育共识，爸爸平时改变一下教育方式，可以跟孩子多亲近一些，不要拿能否去妈妈那儿当作要挟孩子的一个"武器"；妈妈也要有原则地爱孩子，孩子喜欢妈妈是很正常的事，如果妈妈一味宠溺孩子，孩子想干嘛就干嘛，孩子心理的天平就会越来越倾斜，她就不会接受爸爸的教育方式，也不会愿意跟着爸爸。家长也感觉到了小宸问题的严重性，爸爸妈妈都能接受我的建议，愿意为了孩子做出改变。父母的改变，小宸感受到了，慢慢地，小宸能够坦然接受周一离开妈妈来上学。

但我依然很担心，每周五放学的时候，我总是跟小宸约定："周一的时候，老师会在校门口等你哦！"周一，我总会在校门口翘首以盼。见到她虽然很舍不得妈妈，但能跟妈妈说再见，然后走向我，我悬着的一颗心才会放下。

某一个周一,小宸说:"陈老师,您不用到学校门口接我了,我不会再哭闹了!"望着她不好意思的小脸庞,我甚是欣慰。

我不应该那样做

就这样过了两年,我经常关注着她,我感觉一切都好了。突然有一天,隔壁班的胡老师领着小宸来跟我说,她在上课时间借口上厕所溜出来,把三(4)班所有学生的成长记录册装进了垃圾袋从教室北窗扔出去了,因为三(4)班去专用教室上课了,没人在教室,而恰好她趴在北窗所做的一幕被去班级的胡老师看到了,顺藤摸瓜知晓了全过程。我满脑子疑问地看着她,问她为什么。她又回到了一年级时的状态,一副任你怎么说,我都不说话的样子。看到她的异常,我知道问不出所以然来,鉴于这件事太怪异了,我也没有急于批评她。

我通过电话询问小宸的爸爸妈妈,最近孩子是否有什么奇怪的事情发生。爸爸妈妈也表示很迷惑,后来小宸妈妈猜测是不是孩子前天晚上给她打电话,因为那天累,睡得早,没能及时接听电话。

理出头绪后,我找来小宸,跟她说:"不开心的事就跟垃圾一样,我们要把'垃圾'扔掉,我们愿意当你的'垃圾桶'。相信我,我绝对是一个守口如瓶的'垃圾桶'。"她见我自称"垃圾桶",忍不住笑了出来。事情真如妈妈猜测的那样,妈妈没能及时接听电话导致了这一次无厘头的恶作剧。最后,小宸跟我说:"老师,对不起,我不应该那样做!"

这件事给我提了个醒,还是要经常关注小宸的心理状态,一旦有异常情况,要及时疏导她,帮助她把坏情绪赶走!

今天是我最开心的一天

离异家庭的孩子容易出现心理问题,一般大都因为父母离异后,他/她所感受到的"爱"跟以前比不一样了,甚至他/她感受不到"爱"了,父母带给孩子的安全感变少了。在和小宸的多次交流中,我发现她心思敏感,要想赢得她对我的认可,必须从点点滴滴中走进她的内心。穿得少了,我会问她需不需要让爸爸送件衣服来;头发松散了,我会随手给她绑紧;穿新衣新鞋了,我会夸她很好看;假期刚过,我会和她聊去哪儿玩了……简单的嘘寒问暖,带给孩子的是暖意,慢慢地,小宸自己也会来主动说:"我端午节和妈妈去江苏外婆家了,还自己包粽子了呢!"

一切都在往好的方向发展着。

三年级的"庆六一"活动,班级要邀请几位家长来当志愿者,陪孩子一起过节。我第一时间想到了小宸的妈妈。我瞒着小宸,跟她妈妈约定了当天来学校当志愿者。当小宸妈妈出现在教室门口的时候,小宸非常激动地喊着"妈妈",扑向妈妈的怀里,这一幕我至今记忆犹新。那一天的小宸欢呼雀跃,特别开心。活动结束后,她跟我说:"陈老师,今天是我最开心的一天!"

自那以后,我深深觉得小宸变了,经常在同学前眉飞色舞地说着什么,也经常来跟我聊家常,各方面都有明显的进步。看到她的转变,我放心了。

天空是蓝色的呀

"陈老师,陈老师!"小宸的喊声拉回了我的思绪。看着眼前已经长高很多的小宸,我问了问她的近况。现在她和妈妈住在一起,因为爸爸被公司派去外地了,一个月才能过来看她一次。小宸临走时,我笑着问:"天空是什么颜色呀?""天空是蓝色的呀!"她坚定地回答我。无论她能否记起曾经我和她在操场上看蓝天的场景,我都相信这句话是出自她的真心。

著名教育家苏霍姆林斯基说过:教育应该首先是关怀备至地,深思熟虑地,小心翼翼地去触及年轮的心灵。因此,对离异家庭的学生我们要多加关心,多加观察,多加引导。只要我们投入自己的真心,去帮助他们勇敢地面对父母离异的事实,用真情去感动父母,赢得父母的配合,共同关注孩子的心理,为孩子撑起一片晴空,慢慢地,这些孩子会心中充满阳光,懂得去感受身边的美好。

云中谁寄锦书来

上海师范大学附属金山龙航小学　金辉召

亲爱的二(5)班伙伴们：

大家好！大家还记得我们班名里的派大星为什么叫派大星吗？

金老师来帮你们回忆一下：

海绵宝宝问派大星："派大星，你为什么叫派大星？。派大星回答说："因为我是上天派来守护你的大星星。"

是呀！因为派大星要守护海绵宝宝，所以他一直在海绵宝宝的身边，陪他玩，陪他闹，陪他去探险……我们是派大星中队，我们更应该学习派大星的守护之心，所以金老师想在这封信里对大家说：希望在这个特殊时期，你们也能成为守护家人、守护同学、守护老师的大星星。

……

2022年12月28日

班主任：金老师

随着鼠标点下发布键，在这个特殊的时间，给派大星班家长和孩子们的第十五封信成功发送。看着发送成功的画面，我的脑海中不由得回忆起了这"每周一信"的由来……

一封案头信

那是去年的五年级的第二学期,"新冠"袭来,日常的教育教学工作一下子转成了线上。

4月3日下午,刚上完网课,突然微信弹起,我打开一看:

"我要被接走了,金老师!"

"接走?不会是……你别吓我呀!"

……

4月4日凌晨3点:

"我要去隔离点了。"

"车子来了。"

……

薇薇是我们班性格内向的孩子,她的医生爸爸终日奋战在抗疫一线,妈妈也是保供单位里的抗疫"大白"。网课期间,因无人照顾薇薇,她就寄宿在舅奶奶家里,但是屋漏偏逢连夜雨,同住的亲人竟出现了确诊,而她也出现抗原异常……

看到薇薇发来的消息,我第一时间联系到她的妈妈,了解具体情况。幸好薇薇的身边还有舅奶奶,带了手机,也带了笔记本电脑,有足够的5G流量,那便为我和薇薇的沟通建立了条件。

薇薇太累了,一直到5日的下午,我才和她打通了视频电话:

"东西都带了吗?"

"应该都带了吧。"

"中饭吃了吗?"

"刚吃完。"

"昨晚睡得着吗?"

"还好吧。"

……

薇薇嘴里逞强地说着还好，神情之中却是对陌生环境的紧张与不安。无法想象小小年纪的她，半夜3点，第一次坐上救护车，是怎样的心情，想到这儿，我彻夜难眠，挥笔给孩子写下了我对她的牵挂信，放在案头，想等她结束隔离的时候亲手给她：

"今天你早饭吃了啥？""今天晚饭几点送来的？""薇薇，你下午在干嘛？""这本书不错，你可以下载来看看！"

"今天早饭一点都不好吃，就两个白馒头。""今天的晚饭还可以，比学校里的好吃！但是和妈妈做的差远了！""金老师，你今天做了什么好吃的？""正在做您布置的语文作业……"

薇薇正式隔离的第一天，我便与她开始了"每日的叮咛与早晚的问候"模式，从一开始视频聊天，到后来孩子主动与我分享隔离状态中感受和学习情况，我与她好像都忘记了这是在特殊时期正经历的事情。然而，渐渐地，我从屏幕那头感觉到了薇薇对每日问候的疲劳。

一封求助信

"什么时候才能回家啊！"薇薇叹息道，神情中难掩焦虑与伤感。听到这句话，我一下子明白了，就算是班主任，一个人的力量也是独木难支的。看来，是时候改变策略了。于是，我和薇薇的妈妈一起商量对策，将薇薇最要好的几个同学的家长一起拉了一个"为薇薇打气"的微信群。

在群中，我写下了一封求助信：

亲爱的家长们和同学们，我们的薇薇急需我们的加油和鼓励，让我们一起助力她度过这段艰难的时光吧！

"薇薇怎么了？""难道是……"一石激起千层浪，家长们一下子激烈地交流起来。最终，大家一致决定为薇薇录制加油打气的视频。令我喜出望外的是，个别孩子也安慰起薇薇的妈妈，让阿姨不要担心。

一句句"加油"、一声声"奥力给"、一个个"说好的约定"、一幕幕暖人的画面……深深感动了隔离中的薇薇,使她更坚定了面对困难的勇气和克服逆境的决心。她一看完加油视频,就迫不及待地联系了我,哽咽着对我说:"金老师,谢谢您!真的谢谢您,大家的关心驱散了我内心所有的不安,相信我一定能早日回家的!"我们常说大爱无声,但此时此刻,我认为,有些说出来的爱才更弥足珍贵!

一封感谢信

"金老师,我隔离结束了,我可以回家了……"听到薇薇隔离结束回家的消息,听着屏幕那头传来了阵阵咯咯的笑声,此时,我的内心比她还激动!也就在到家后的第一时间,薇薇写下了一封感谢信,并录制了一份 vlog 将这份喜悦分享给了每日"爱"她的人。同时,我却有一份忧虑:面对整个班级,这样的经历会不会让薇薇觉得自己很"特殊"?恰逢这周要开展以"责任"为主题的云班会,我便想把薇薇的隔离经历和伙伴们关怀之举作为"同伴责任"的环节融入班会之中。

于是,我便与薇薇说了自己的想法。没想到的是,薇薇欣然接受与大家分享她的隔离经历。

"一开始我还是很害怕的,特别是半夜 3 点,救护车送我去隔离点的路上……其实隔离也没什么可怕,放宽心,积极面对,很快就会过去。"云班会上,听着薇薇的分享,同学们和家长们既惊叹又感动,更多是对薇薇的勇敢充满由衷的敬佩。

晨光熹微,"新冠"也终将离我们远去,当我们责任在肩,相互守护,朝阳如期而至!然而,当时亲手写给薇薇的那封未寄出的信将永远藏在我案头底下。

同年 9 月,我接手了现在的派大星班。兴许是从薇薇的故事中得到了启发,带班伊始,我便开始以"每周一信"为载体,通过班级叙事记录孩子们成长的点滴,树立学习的榜样,也与家长们沟通教育的理念,一起探索着家校协同育人的方法。

2022年年底,又一轮的"新冠"来袭,孩子、老师、家长一个个接连中招。网课时,授课老师的沙哑声与咳嗽声相伴,家长们也不停地私聊各种最新情况,朋友圈更是看到家长发烧后"赶孩子"的信息……于是,为了给班级中孩子们、家长们更多的情感支持,我马上写下了这第十五封每周一信"派大星,你为什么叫派大星"。

"新冠"散去,拨云见日,但是这一封封在晨光熹"薇"的云端孕育出的"每周一信"还在不停地继续下去……

秋天的果实

上海市金山区朱行小学　董国凤

午餐风波

"老师,小宇把肉都捞到了自己碗里!""真是的!"午餐时间,教室里乱成一团。只见小宇的桌上放着一碗即将溢出来的汤,里面还躺着几块肉。我瞬间明白:一个班只有一桶汤,排在队伍前面的小宇,把为数不多的肉优先盛到了自己碗里。

我对小宇说:"一桶汤,只有那些肉,前面盛汤的同学,要给后面的同学留一些料。肉要一起吃才更香。"他没说话,只是用冰冷的眼神看着我。

缺失的爱

通过家访我了解到:小宇是朱行本地人,五年前爸妈就离婚了,妈妈改嫁到了山东,有了自己新的家庭和孩子。这些年,爸爸杳无音讯,不曾回过家。小宇跟着爷爷奶奶生活,两位年迈的老人为了生计,依然在外面工作,平时只有他一个人在家。手机是他的玩伴,不写作业更是家常便饭。

被留守的小宇缺失父母的关爱和教育,性格敏感、自卑,不愿轻易敞开心扉。为人师,我希望自己可以用爱的温暖驱散那眼神中的冰冷;我希望可以拥有一把万能的钥匙去打开那一扇心门;我希望可以在小宇心中播下阳光的种子,让他成长为一名阳光少年,温暖自己和他人。

劳动教育

从小宇奶奶口中得知,小宇很爱干净,常常帮助爷爷奶奶打扫卫生。我想:这是一个爱劳动的好孩子,那就从劳动着手吧,于是我安排他做了图书管理员。

学校两周一次的午间劳动,小宇总会把图书角的书按照从大到小的顺序,整理得整整齐齐。有一次,我看到小宇把书一半一半挪开,用半湿的抹布擦干净书底下的灰尘,然后再用一块干抹布轻拍书面,最后整齐地放好每一本书。那个午后,阳光洒进教室,我看到他陶醉在劳动中,即使再小的一件事,他都做得那么细致、用心,那个画面多么美好!

我特意开了一次劳动总结会,让小宇说说怎么整理图书角。他腼腆地笑着说:"其实也没什么,就是一点一点去擦。"我能感受到他的笑意是发自内心的,他收获了劳动带来的成就感。

用心陪伴

我开始寻找不同的突破点。

课堂上,我表扬他的每一次回答,并真诚地为他点赞,让他赢得掌声和自信。

课间,我把他拉在身边,指导他补上每一项作业,让他感受学习的快乐,懂得自律。

体检时,我搂住怕扎针抽血的小宇,蒙上他的眼睛,告诉他不要怕,要自强。

……

在每一个日升日落中,我都用心陪伴,将一缕一缕的阳光,透过时间的缝隙,一点一点洒进小宇的心里。渐渐地,小宇变了。他不再拖拉作业,甚至努力写好,力求得 A;他不再一个人躲在角落,不再敏感好哭,而是和同学们闹成一团。

收获果实

又是一个午餐时间,我照常走进教室陪着孩子们一起吃饭。突然,一碗里面盛满了肉、即将溢出来的汤,被端到了我的面前。小宇羞涩地对我说:"老师,你喝汤。"那一刻阳光洒在他的脸上,也洒在我心里。

这个秋天,朱行小学的校园里一派丰收的景象。柿子迎着阳光艳压枝头,橘子在秋风里悄悄泛黄,柚子偷偷地压弯了枝条……在这样美丽的校园里,我陪伴孩子们在柿子树下劳动,在桂花树旁读书,在硕果累累的小农场前留影。春华秋实,我最得意的果实,还是每一个孩子阳光灿烂的笑脸。

参考文献

[1] 教育部:《中小学德育工作指南》(教基[2017]8号),2017年。

[2] 顾建军:《建构一体化劳动课程为义务教育劳动育人奠基——〈义务教育劳动课程标准(2022年版)〉解读》,《全球教育展望》2022年第7期。

[3] 《关于全面加强新时代大中小学劳动教育的意见》,《职业技术教育》2021年第3期。

[4] 《大中小学劳动教育指导纲要(试行)》,《教育科学论坛》2020年第24期。

[5] 常保晶:《当前小学生劳动教育问题探析》,华中师范大学硕士学位论文,2005年。

[6] 卢懿蕾:《以班级岗位为载体的劳动教育有效途径初探》,《现代教学》2021年第Z2期。

[7] 史安琪:《构建岗位体系"新生态"焕发班级管理"新活力"》,《安徽教育科研》2022年第2期。

[8] 黄新华:《小学班干部轮岗制的实践与思考》,《文教资料》2010年第33期。

[9] 季玲琳:《小学劳动教育班本课程的构建与实施》,《求知导刊》2021年第26期。

[10] 孙荧荧:《小学劳动教育实施策略探究——基于某市4所小学

的调查研究》,喀什大学硕士学位论文,2021年。

[11] 陈向明:《小组合作学习的组织建设》,《中学语文》2004年第9期。

[12] 王飞、徐继存:《大中小学劳动教育实施现状的调查研究》,《课程·教材·教法》2020年第2期。

[13] 邢若琳:《小学劳动教育实施现状调查研究——以石家庄市四所小学为例》,河北师范大学硕士学位论文,2020年。

[14] 刘小静:《突破从转变开始:班主任工作案例》,《读与写(中旬)》2016年第8期。

[15] 王琳:《立足劳动教育,多元开发综合实践主题活动——以厦门市天安小学校本劳动实践主题为例》,《四川教育》2021年第2期。

[16] 史旦萍、董明华:《以竹化人 以竹载道——太华小学少先队探索"竹文化"育人之道》,《少先队活动》2016年第11期。

[17] 吴婷:《基于学生自治的班级岗位建设》,《江苏教育》2019年第79期。

[18] 张世娇:《家校社协同:劳动教育实践新样态——以深圳市龙岗区麓城外国语小学为例》,《教育信息技术》2021年第4期。

附录：工作室成员简介

金辉召（上海师范大学附属金山龙航小学）

先后获得2015年见习教师规范化培训班、2017—2018年度金山区初任班主任培训班、第八届上海市郊区优秀班主任培训班优秀学员。在各类专业比赛中，荣获上海市第九届中小学心理健康活动课大赛二等奖，金山区第二届"金穗杯"中青年班主任基本功大赛一等奖，第三届"育苗杯"班主任基本功大赛二等奖，金山区全员导师制案例一等奖，金山区中小学在线教育成果一等奖、家国情怀主题教育课方案评比活动一等奖等。代表金山区教育局参与第四届长三角地区中小学德育创新论坛并提交论文。

黄佳丽（上海市金山区张堰小学）

担任班主任工作多年，获金山区园丁奖，同时荣获金山区第二届"金穗杯"中青年班主任基本功大赛三等奖，"学党史，感党恩，争做时代好少年（好青年）——2021年金山区中小学优秀主题班会课评比活动"三等奖，金山区全员导师制案例二等奖，金山区"我的特殊教育故事"征文比赛一等奖等。被评为金山区中小学骨干班主任研修班优秀学员、金山区优秀班主任，所带班级被评为金山区优秀少先队中队等。

王斌(上海市金山区石化第一小学)

曾被评为金山区中小学骨干班主任研修班优秀学员、石化街道社区优秀教育工作者。获金山区辅导员风采展示(情景说课)一等奖、金山区第九届教育科研成果评选二等奖、金山区融合育人成果评比二等奖、金山区"育苗杯"班主任基本功大赛三等奖、金山区中小学优秀主题班会课评比活动三等奖等。

陈芳(上海市松江区中山第二小学)

松江区德育名师,松江区第三期班主任工作室带头人。曾获松江区德育先进工作者、松江区优秀班主任、松江区园丁奖等荣誉称号。曾在上海市"崇明杯"班主任基本功竞赛中获二等奖,在松江区第五届班主任基本功竞赛中获一等奖。参与多项区级课题研究,撰写的教育论文曾获区级奖励。

沈维(上海市金山区海棠小学)

金山区海棠小学班主任。曾获金山区第二届"育苗杯"班主任基本功大赛二等奖,金山区中小学骨干班主任研修班优秀学员;撰写的论文获得了全国幸福教育联盟评比活动特等奖;主持有上海市中小学德育研究学会立项课题。

范宁(上海市金山区前京小学)

获金山区优秀少先队辅导员、金山区优秀班主任、金山区园丁奖等荣誉称号;参加金山区中小学骨干班主任研修班,被评为"优秀学员";参与多个区级课题,并在各类德育和教学论文案例评比中获等第奖,荣获金山区基础教育"教学改革成果奖";在《现代教学》《金山教育》等发表多篇文章。

程仁慧(上海市松江区新闵学校)

曾荣获松江区优秀班主任、松江区骨干教师等称号。撰写的学科论文荣获上海市优秀论文评比活动二等奖,德育案例荣获松江区劳动教育案例评比活动一等奖;荣获松江区青年教师课堂大赛三等奖、区少年队说课比赛三等奖、教育集团教学大赛一等奖等。所带班级多次评为校级优秀班集体。

汤海凌(上海市奉贤区柘林学校)

曾获上海市优秀少先队辅导员称号,入选奉贤区卓越教师培养工程对象,获优秀骨干教师称号;获得奉贤区行政嘉奖;所带班级被评为奉贤区"新成长班集体";获"我最喜欢的少先队活动课"评比活动二等奖;所撰写的少先队活动案例获奉贤区一等奖。

钟艳(上海市浦东新区明珠临港小学)

所带班集体获得浦东新区优秀中队;积极参加郊区学校优秀教师培训和班主任培训,获见习教师规范化培训优秀学员;并获得浦东新区健康教育示范课教案评比活动二等奖和校级优秀班主任等。

路青睐(上海市奉贤区星火学校)

获得奉贤区"三星级"班主任、奉贤区"优秀班主任""师德先进个人""优秀青年教师""优秀骨干教师"称号;在奉贤区中小学"温馨班集体"创建评选活动中获三等奖;在奉贤区少先队辅导员风采技能大赛知识竞赛中获三等奖。所带班集体曾获奉贤区"快乐中队""动感中队""自动化小队"等称号。

后记:"建"特色文化之橼 "筑"劳动教育之基

当下,劳动教育俨然成为学校育人的热词。为更有效凸显班主任以劳育人的价值体现,我们在劳动项目实施过程中注重五育融合,提升孩子综合素养,并绽放班主任育人风采,这成为我们工作室每位德育人共同的研究话题。全体学员在两年的研究与实践过程中,聚焦班主任育人平台——"班级",创设特色班级文化,体现家校劳动教育融合育人实践,凝聚学员们的教育智慧,发扬团队合作精神,迸发个性育人特色。

正所谓"一个人走可以走得快,一群人走可以走得更远",从2020年5月至今,我们团队紧紧围绕工作室研究项目"班级特色项目推进家校劳动教育融合育人的实践研究",在导师蒋雯琼老师的指导与关心下,凭借着所有学员的心血与智慧,完成了《"劳"有乐 "动"生慧》的书稿。这本书,以第五期上海市班主任带头人丁向阳工作室团队成员为研究的主要力量,将德、智、体、美融于劳动项目研究过程,真正做到体现"以劳育美""以劳健体""以劳增智""以劳树德"的育人理念。

本书一共分为五章,第一章为特色项目助推劳动教育:融合育人,第二章为带班方略建设特色班级:智慧蕴劳,第三章为实践活动促进班级文化:"乐"在其中,第四章为主题班会搭建展示平台:特色彰显,第五章为育人理念引领学生成长:以劳润德。这五章研究层次清晰,结构合理,从每位老师研究的特色项目出发,结合劳动教育融合育人的实践,形成特色劳动项目。本书充满了个性化的带班育人方略、项目引领下的劳动方案的系列设计、融合育人的劳动主题班会以及一个个生动的劳动教育故事。学员们在独创的"一班一品"特色文化中,形成具有班本特色的劳动教育课程,充分发挥家校劳动的综合育人功能,体现以劳树德、以劳增智、以劳强体、以劳育美、以劳创新的意义,在融合育人的实施过程中促进学生德、智、体、美、劳全面发展。本书最大的亮点在于不仅形成了班本化的劳动教育课程,而且聚焦了班主任个性化劳动教育项目,为一线班主任劳动教育研究打开了一扇窗户,凸显了班主任建班育人中的劳动教育智慧。

本项目在研究、实施过程中,要衷心感谢上海市班主任带头人丁向阳工作室的导师蒋雯琼老师,以及在研究中给予我们指导与关心的孙红、陈镇虎、张鲁川、洪耀伟、王卫明、姚瑜洁、叶文婷、秦蓁、冯志兰、沈丽瑾等领导与专家们。同时也要感谢金山区教育局、金山区教育学院德研室的领导与老师们,包括金山区松隐小学校长和参与研究的学员们的辛勤付出。

劳动教育的研究我们永远走在路上,本书也只是我们在研究过程中的智慧火花,必定还存在着许多疏忽与不足,衷心希望读者伙伴提出宝贵意见与建议,并共同为劳动教育的研究献计献策。

2022 年 12 月

图书在版编目(CIP)数据

"劳"有乐 "动"生慧:特色班级文化创建下的劳动教育/丁向阳编著.—上海:复旦大学出版社,2023.6
ISBN 978-7-309-16705-4

Ⅰ.①劳… Ⅱ.①丁… Ⅲ.①劳动课-教学研究-中小学 Ⅳ.①G633.932

中国国家版本馆 CIP 数据核字(2023)第 015014 号

"劳"有乐 "动"生慧:特色班级文化创建下的劳动教育
丁向阳 编著
责任编辑/关春巧

复旦大学出版社有限公司出版发行
上海市国权路 579 号 邮编:200433
网址:fupnet@fudanpress.com http://www.fudanpress.com
门市零售:86-21-65102580 团体订购:86-21-65104505
出版部电话:86-21-65642845
苏州市古得堡数码印刷有限公司

开本 890×1240 1/32 印张 13.125 字数 341 千
2023 年 6 月第 1 版
2023 年 6 月第 1 版第 1 次印刷

ISBN 978-7-309-16705-4/G·2466
定价:68.00 元

如有印装质量问题,请向复旦大学出版社有限公司出版部调换。
版权所有 侵权必究